粮食标准对粮食进口的影响及对策研究

杨丽娟 ◎著

中国社会科学出版社

图书在版编目（CIP）数据

粮食标准对粮食进口的影响及对策研究／杨丽娟著.
北京：中国社会科学出版社，2024. 8. -- ISBN 978-7
-5227-4181-9

Ⅰ. F752. 652. 1

中国国家版本馆 CIP 数据核字第 2024S7W582 号

出 版 人	赵剑英
责任编辑	戴玉龙
责任校对	周晓东
责任印制	郝美娜

出　　　版	中国社会科学出版社
社　　　址	北京鼓楼西大街甲 158 号
邮　　　编	100720
网　　　址	http://www.csspw.cn
发 行 部	010-84083685
门 市 部	010-84029450
经　　　销	新华书店及其他书店

印　　　刷	北京明恒达印务有限公司
装　　　订	廊坊市广阳区广增装订厂
版　　　次	2024 年 8 月第 1 版
印　　　次	2024 年 8 月第 1 次印刷

开　　　本	710×1000　1/16
印　　　张	17.25
插　　　页	2
字　　　数	283 千字
定　　　价	128.00 元

前　　言

　　粮食标准是规范粮食进口的技术准则。中国是粮食进口大国，已制订了一系列粮食领域的重点标准，建立起较为完整的粮食标准体系。近年来，中国粮食标准对粮食进口的影响日益明显。然而，已有研究侧重于考察动植物卫生标准等对农产品贸易的影响，缺乏针对中国粮食标准影响粮食进口的理论和实证研究。本书旨在考察中国粮食标准对粮食进口的影响及对策。

　　本书基于贸易成本理论和标准经济学，分析粮食标准影响粮食进口的作用机理；结合当前全球发展倡议及深化共建"一带一路"等框架下粮食安全合作进展，基于计量模型提供中国粮食标准影响粮食进口的经验证据；对比借鉴国内外粮食标准建设经验和实践，给出完善中国粮食标准体系，提出规范粮食进口的对策建议。

　　本书发现：第一，中国粮食标准体系正处于完善发展时期。粮食标准的层次、性质和领域不断拓展。第二，粮食标准影响粮食进口的作用机理可以结合贸易成本理论和标准经济学进行阐释。基于贸易成本理论，粮食标准通过贸易成本效应影响粮食进口。结合标准经济学，粮食标准通过正向的质量信号效应、信息效应和共同语言效应，以及负向的标准遵循成本效应和进入壁垒效应影响粮食进口，最终效应取决于净效应。第三，粮食标准对中国粮食进口具有抑制效应。这一效应与粮食出口国所占贸易份额是否与中国签署自由贸易协议相关。在中国加入世界贸易组织以后，粮食标准对粮食进口的影响力度和显著性增加。粮食标准的贸易抑制效应对来自发达国家的粮食进口更大且更为显著。粮食标准也抑制了中国来自"一带一路"共建国家的粮食进口。第四，国际标准制定组织以科学、协商、动态为特征的粮食标准建设经验，以及欧盟、美国、日本、印度、巴西和南非在粮食标准领域的实践与经验，为中国粮食标准体系建设提供了借鉴和参考。第五，中国应掌握粮食标准话语权以规范和引导粮食进口，推动粮食进口多元化和健康化。具体对策包括：增强粮食标准精准性，提升粮食标准响应能力。提高粮食标准制定能力，增加投入并加强技术研发与应用。完善粮食标准分类和层次体系，鼓励企业自主创新。推动中国粮食标准国际化和向公众传递标准信息，加强粮食标准执行和监督。优化进口方式，多方协同、推动质量检验技术创新和升级。

目　录

第一章　导论

第一节　问题提出与研究价值

一　问题提出

粮食是烹饪食品中各种植物种子的总称。粮食中含有丰富的营养物质，主要包括膳食纤维、维生素、蛋白质、脂肪和淀粉。粮食是人类生存的重要物质基础，在人类营养供应中不可替代，在社会经济发展和国家安全层面具有重要的战略性价值。在食品价值链全过程中（从生产到消费），粮食都占据关键位置。全球粮食贸易基于世界市场匹配粮食资源，对保障国家粮食安全、繁荣农业发展、提高居民生活水平和质量至关重要。粮食进口在粮食贸易中具有基础性地位，有助于满足国内消费需求，调剂粮食资源，促进农业和经济发展，实现资源优势互补和国际合作。从宏观经济学和社会福利角度来看，粮食进口可以缓解国内供需矛盾，利用全球价值链的多样性特征促进农业效率提升。

粮食标准①是对涉及粮食领域相关标准的总称，构成关键性的行业规范。制定和遵循粮食标准旨在获得粮食生产经营范围内的最佳秩序和最大社会效益，确保粮食贸易中的产品质量、安全和环境可持续性，为全球消费者提供健康可靠的粮食产品。粮食标准作为粮食贸易发展的技术支撑，是规范粮食贸易与合作的通用技术语言，是实现环境可持续性和履行社会

---

① 标准是度量事物的准则和通行技术语言，是社会发展和经济活动的技术基石，也是国家治理能力现代化和治理体系的基础性制度。国际标准化组织（International Organization for Standardization，ISO）将标准定义为做某事最佳方式的公式。标准经协商一致确定并由权威机构批准以供反复、共同使用。

责任的有力工具。[①] 粮食标准也是粮食贸易重要的非关税贸易措施之一（Curzi et al.，2018）。粮食标准作用于贸易规范和国际合作，影响全球粮食市场的稳定性。鉴于当前世界粮食生产和贸易形势，全球粮食贸易合作亟待加深，粮食标准合作是国际粮食合作和粮食产业发展的关键所在。

中国是世界上最大的粮食进口国，粮食进口呈现稳步和持续增长态势。海关总署数据显示，2014 年以来中国粮食进口超过 1 亿吨，2021 年达到 1.65 亿吨。根据国家统计局数据，2022 年中国粮食总产量为13730.6 亿斤，相对前一年增加 73.6 亿斤，增长率为 0.5%。这显示中国粮食产量已连续八年稳定在 1.3 万亿斤以上。进入 2023 年第一季度，数据显示中国粮食进口数量同比增长 4.21%，总量达到 1867.91 万吨。前四个月中国粮食进口额排名前十的国家和地区分别为澳大利亚、美国、乌克兰、加拿大、巴西、法国、阿根廷、越南、缅甸和泰国，合计占中国总粮食进口额的 94.21%。相关数据表明，中国在全球粮食供应链中占据重要地位，粮食需求的持续增长为国内粮食供应稳定提供了有力支撑。

与此同时，中国已制订了一系列粮食领域的重点标准，建立起较为完整的粮食标准体系。《中国标准化年度发展报告（2020）》指出，截至2020 年年底，共有国家标准 39847 项。当年新发布国家标准 2252 项，其中农业类（含粮食）国家标准 73 项。《中国标准化发展年度报告（2022）》显示，截至 2022 年年底，共有 43027 项国家标准。国家粮食和物资储备局在 2021 年全国食品安全周·粮食质量安全宣传日上强调：粮食标准是保障粮食安全的基础之一。国家发展和改革委员会在 2022 年"全国食品安全宣传周·粮食质量安全宣传日"上强调，把标准质量工作摆在更加突出的位置，推向更高水平。2023 年国家粮食和物资储备局明确，进一步健全完善粮食全产业链标准体系，强化相关标准制订，充分发挥标准基础性、引领性作用，更好服务保障国家粮食安全。粮食标准在保障国家粮食安全领域的作用不断强化，在全球粮食贸易中发挥更加重要的规

---

① 标准对农食贸易具有重要影响。世界贸易组织在《贸易、标准与 WTO》中指出，在过去几十年的时间跨度内，标准以显著的速度在国际贸易中得到广泛使用。特别是在持续的多边贸易自由化和关税逐步削减的大背景下，非关税贸易措施逐渐成为贸易政策的重要组成部分。在国际农食贸易领域，非关税贸易措施对食品质量和健康的重要性日益增长，例如动植物卫生标准和技术性贸易壁垒。这标志着国际商品进口竞争从侧重价格转向更多考量质量，使得非关税贸易措施对本国进口策略和国际贸易格局的影响日益凸显。

范和引导作用。中国粮食标准的制定和执行将更加严格和规范，为促进粮食贸易提供技术指导。

近年来，中国粮食标准对粮食进口的影响日益凸显。例如，由于不符合相关标准，2019年中国曾暂停从越南进口粮食；中国也曾暂停从俄罗斯进口粮食。已有研究侧重于考察动植物卫生标准等对中国农食产品贸易的影响（Mangelsdorf et al.，2012；唐锋等，2018；杨丽娟等，2021；Yang and Du，2023），针对中国粮食领域标准贸易效应的研究不足。缺乏针对中国粮食标准影响粮食进口的理论和实证研究，不利于增强以粮食标准为政策工具调节粮食进口以保障粮食安全供给水平的有效性，不利于推进以高标准保障高质量粮食贸易的发展策略，不利于提升中国粮食标准在世界粮食贸易中的发言权。

鉴于此，本书基于贸易成本理论和标准经济学，考察粮食标准影响粮食进口的作用机理，结合当前全球发展倡议及深化共建"一带一路"等框架下粮食安全合作进展，基于计量模型提出中国粮食标准影响粮食进口的实证经验证据，借鉴国内外粮食标准建设的先进经验，给出完善中国粮食标准体系[①]、规范粮食进口的对策建议。

二 研究价值

第一，丰富和发展农食标准影响农食贸易的机理研究。本书应用贸易成本理论细分粮食标准的贸易成本，应用标准经济学考察粮食标准影响粮食进口的异质性效应，可以丰富农食标准贸易效应的机理研究。研究粮食标准对粮食进口的影响，对拓展农食标准与农食贸易关系的研究领域具有独到的学术价值。全球粮食供应链日益复杂和多元化，研究标准贸易效应的异质性有助于制定精准和高效的贸易政策，是确保国内粮食安全和推动"一带一路"共建国家粮食合作的关键。

第二，补充针对中国国家标准贸易效应的研究，推进标准经济学学术前沿。随着中国标准的国际影响力不断扩大，围绕中国标准贸易效应

---

① "完善标准"或"完善标准体系"，这两种说法都见使用。在标准化领域中，"完善标准体系"强调标准与标准之间的联系和相互作用。"完善标准"通常指对单个标准进行更新或修订，以提高其质量、精确性和适用性，如在新技术领域中，标准需要经常更新以反映市场发展和技术进步。"完善标准体系"指对整个标准体系进行维护和改进，包括制定新标准、更新现有标准和消除标准冲突等。通过完善标准体系，可以实现标准互通、协作和一致性，提高标准的效力和权威性。结合本研究的研究对象，使用"完善标准体系"这一说法。

的研究成为标准经济学的前沿议题。本书基于实证模型量化粮食标准与粮食进口的关系，提供中国粮食标准影响粮食进口的经验证据。针对粮食标准异质性效应的分析，有助于推进有关中国国家标准贸易效应的相关理论和实证研究。本书对于理解粮食标准如何在微观和宏观层面上塑造贸易格局具有理论和实践意义。

第三，为具有中国特色的标准经济学学科建设提供参考。标准经济学建设已取得进步，是国外经济学研究的前沿和热点领域，针对中国标准的相关研究有待推进。粮食标准是重要的技术标准实践领域和保障国家粮食安全的基础制度。本书可以为完善中国粮食标准体系提供参考，为立足中国粮食贸易实际，深化标准经济学在粮食贸易领域的学术研究提供支持。本书有助于拓展标准经济学的研究领域，强化标准经济学在解释现实问题，特别是在中国粮食贸易情景下的实用价值。

第四，本书的结论有助于把握中国粮食标准现状，为完善中国粮食领域标准体系、促进中国粮食进口来源多元化提供信息参考。研究结论可以为调整或优化与粮食相关的贸易政策和合作机制提供依据，突出以标准合作实现粮食贸易合作的潜在价值。本书可以为中国在农业领域的战略定位——建设农业强国和实施具有中国特色的粮食安全道路——提供参考，有利于发挥融入粮食标准的粮食贸易政策的积极政策效果，为助力农业发展和粮食安全战略的实现提供信息参考。

第二节 研究的主要内容与方法

一 主要内容

本书的研究目标是研究中国粮食标准对粮食进口的影响。

本书将研究对象限定为粮食领域的正式标准，即国家标准化管理委员会发布的粮食领域的国家标准。[1]

本书采用多维度的研究框架，分析粮食标准影响粮食进口的作用机

---

[1] 新的《中华人民共和国标准化法》发布实施后，中国由原来政府单一供给的标准体系，转变为由政府主导制定和市场自主制定的标准共同构成的新型标准体系。目前，中国标准包括国家标准、行业标准、地方标准和团体标准、企业标准。政府主导制定的标准分别是强制性国家标准和推荐性国家标准、推荐性行业标准、推荐性地方标准；市场主导制定的标准分为团体标准和企业标准。本研究讨论的中国粮食标准体系主要侧重于国家标准。

理。整体思路和主要内容为：第一，导论。主要包括：问题提出与研究价值、研究的主要内容与方法、研究的主要观点、研究的创新点。第二，学术史梳理。综述关于标准影响农食贸易的国内外研究，为后续理论和实证研究提供支撑。第三，中国粮食标准和粮食贸易的现状前景及问题分析。融合时间维度，分析发展现状及存在的问题。第四，理论研究。贸易成本理论视角下和标准经济学视角下粮食标准影响粮食进口的作用机理研究。第五，实证研究。结合中国粮食进口及来自"一带一路"共建国家粮食进口数据，开展粮食标准影响粮食进口的经验实证研究。旨在检验前述理论提出的假说并提供实证支持。第六，经验借鉴研究。对国内外粮食标准建设经验和实践进行借鉴，为完善中国粮食标准体系提供参考。第七，对策建议。包括完善中国粮食标准体系的对策建议，规范粮食进口的对策建议。第八，说明主要研究结论，研究的不足之处及未来研究方向。相关组织结构和逻辑关系如图1-1所示：

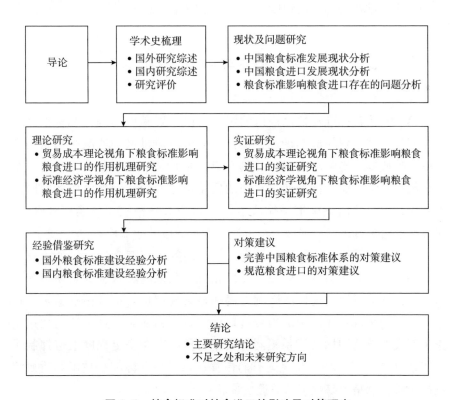

图1-1 粮食标准对粮食进口的影响及对策研究

二 研究方法

本书选用如下具体研究方法：

第一，文献研究法。充分研读与系统梳理关于标准与粮食进口的国内外学术文献，掌握国内外学术研究现有知识体系和前沿趋势，为确定理论框架、设计研究方法和构建实证模型以研究粮食标准对粮食进口的影响奠定基础。

第二，理论和实证分析中采用比较研究法。包括基于贸易成本理论和标准经济学对粮食标准贸易效应的比较研究，针对中国粮食进口和来自"一带一路"共建国家粮食进口的比较研究，国内外粮食标准体系建设的经验比较研究等。

第三，经验实证研究法。基于反对数引力模型和拓展引力模型，建立中国粮食标准影响粮食进口的计量分析模型，结合中国数据实证检验粮食标准对粮食进口的影响。在经验实证方法中，综合考虑粮食标准规模和粮食标准执行的严格程度对粮食标准进行描述。

第三节 研究的主要观点

第一，粮食标准对粮食进口的影响可以由贸易成本理论和标准经济学来解释。基于贸易成本理论，粮食标准可以通过增加或减少与贸易有关的各种成本来影响粮食进口，具有影响粮食进口的贸易成本效应。结合标准经济学，粮食标准通过正向的质量信号效应、信息效应和共同语言效应，以及负向的标准遵循成本效应和进入壁垒效应影响粮食进口。粮食标准对粮食进口的最终效应取决于正负效应的净效应。

第二，中国粮食标准对粮食进口的抑制效应与粮食出口国所占贸易份额，以及与中国签署自由贸易协议相关。在中国加入世界贸易组织以后，粮食标准对粮食进口的影响力度和显著性增加。粮食标准的贸易抑制效应对于来自发达国家的粮食进口更大且更为显著，这可能与发达国家生产成本较高和标准体系不同有关。粮食标准在一定程度上也抑制了中国来自"一带一路"共建国家的粮食进口。粮食标准是技术和质量管理的工具，也是贸易政策的关键变量。

第三，中国应掌握粮食标准话语权以规范和引导粮食进口，推动粮食进口多元化、健康化和质量提升。完善粮食贸易标准体系，增强粮食标准精准性，提升粮食标准响应能力，是中国粮食贸易政策发展的关键领域。这有助于维护国内消费者利益，提升粮食贸易可预测性。加强与"一带一路"共建国家在粮食标准领域的合作，丰富中国粮食进口结构，降低依赖风险，提升中国在全球粮食标准制定和管理以及全球粮食贸易体系中的话语权和影响力。

第四节　研究的创新点

第一，提出通过研究中国粮食标准对粮食进口的影响，完善粮食标准体系、规范粮食进口的研究思路。中国是粮食进口大国，面临复杂的国内外经济环境和制度环境挑战，应设计针对粮食进口的粮食标准对策。

第二，提出完善粮食标准体系、规范粮食进口的观点。基于理论和实证分析结果，完善粮食标准体系是中国实施积极粮食贸易政策的关键领域，在规范粮食进口中发挥重要作用。

第三，采用反对数引力模型、面板模型、泊松伪极大似然估计（Poisson Pseudo-Maximum Likelihood，PPML）回归方法等开展实证分析。在研究中引入比较研究法和多案例分析方法，实证研究粮食标准对粮食进口的影响。

第二章　学术史梳理

第一节　国外研究

一　SPS 和 TBT 标准

近年来，非关税贸易措施显著提升了其在全球贸易政策中的重要性，特别是与健康或食品质量直接关联的卫生与植物卫生措施和技术性贸易壁垒。尽管根据世界贸易组织（World Trade Organization，WTO）的《实施卫生与植物卫生措施协议》（Agreement of the Application of Sanitary and Phytosanitary Measures，SPS）和《技术性贸易壁垒协议》（Agreement on Technical Barriers to Trade，TBT）等相关多边框架协议，这些措施原则上应当遵循最小限制原则，即不应对国际贸易施加不必要或歧视性的限制。然而，非关税措施经常被质疑为一种隐性的贸易保护主义政策手段。[1] 这一现象引发对全球贸易平等性和公平性的关切，对多边贸易体系的稳健性和可持续性提出挑战。

在全球贸易治理体系中，非关税贸易措施的合理利用尤为重要。进口国制定严格的 SPS 标准和 TBT 标准有助于确保粮食的安全性、质量和合规性，维护消费者基本权益，促进公平竞争的贸易环境。出口国需充分了解并满足进口国的 SPS 标准和 TBT 标准要求，确保其产品能够进入目标市场，并持续获得全球市场份额和确保国际贸易公平性。与此同时，世界贸易组织基于多国相关数据的报告发现，约 60% 的农食产品贸易受动植物卫生检疫措施标准的影响（WTO，2015）。在全球贸易生态中，农

---

[1] 学者针对标准对贸易成本的作用进行分析。也有研究将标准视为非关税贸易壁垒，认为技术上能够将非关税壁垒换算成关税的等价物，非关税壁垒在技术层面被视为类似关税。

食贸易是非关税贸易措施（特别是 SPS 标准和技术性贸易壁垒）影响最为显著的领域之一。一些国家过度使用技术性贸易措施会限制特定产品进口。这些做法对其他国家的生产商构成障碍，导致不公平竞争和贸易扭曲。

SPS 标准指确保动植物产品及其衍生品不会对人类、动物和植物健康带来危害的卫生与植物检疫标准。当一国或地区制定严格的 SPS 标准时，进口粮食必须符合这些标准才能被允许进入国内市场。粮食出口国需在生产和出口过程中遵循进口国的 SPS 标准规定，确保其产品符合相关的卫生和植物检疫标准。SPS 标准可以有效防止疾病传播和食品污染，发挥提供保障食品安全和质量的作用，保护消费者健康和福利。SPS 标准的实施涉及复杂的科学评估和风险管理措施，对于构建科学透明的全球食品贸易体系至关重要。在全球贸易治理中，SPS 标准不仅局限于单一的市场准入机制，也是促成可持续贸易的关键要素。

TBT 标准指世界贸易组织框架内技术性贸易壁垒措施的相关标准，旨在保护消费者健康和安全，防止虚假标记和误导性营销行为，促进贸易公平、公正和透明。TBT 标准涉及产品质量、安全性、识别标志等多方面的技术性规定，有助于维护消费者福利，促进全球贸易环境的稳定和健康发展。如果某一国家或地区制定了特定的 TBT 标准，进口粮食必须符合这些技术要求才能被允许进入市场。粮食出口国需要遵守进口国 TBT 标准的技术性要求，确保其产品遵循相关的技术标准。TBT 标准可以防止劣质或不安全产品的市场流通，对粮食进口发挥提供公平竞争平台和保护消费者权益的作用。

各国食品法规和标准的异质性构成国际食品贸易的挑战。在高度全球化的经济体系中，一国可接受的食品标准在另一国并不适用。食品领域相关标准的不一致性可能造成国际食品贸易摩擦，导致资源配置低效。尽管关税和其他传统贸易壁垒已经在多轮谈判中大幅削减，非关税措施（如食品和农产品标准）却呈现明显的增长趋势。一国存在使用非关税壁垒替代关税保护的动机和可能，需分析非关税壁垒带来的消费者或社会利益，如非关税壁垒在减少信息不对称、降低消费风险和增强可持续性方面的作用。非关税壁垒可能与贸易保护主义相联系，加剧了全球贸易不平衡。非关税壁垒的实施和维护成本可能会迫使不遵守规定的国家被迫脱离全球价值链，导致全球贸易的碎片化。评估特定的非关税措施是出于公共利益还是出于保护主义的动机时，面临显著的理论分析和政策挑战（Swinnen，2016）。

在经济学研究领域，标准贸易效应的方向并不清晰，具有复杂性和多维性。标准如何影响贸易和福利仍然是经验主义的领域。标准作为贸易壁垒还是催化剂的讨论始终在持续推进。农业贸易文献中，部分学者得出的普遍结论是：各国政府制定的公共强制性标准对贸易的影响具有国别差异性。这类标准会增加贸易成本进而阻碍农产品贸易（Swann，2010），还会降低贸易发生的概率、出口贸易的价值以及减少商品种类（Ferro et al.，2015；Disdier and Mimouni，2008；Disdier et al.，2015；Fernandes et al.，2019；Fiankor et al.，2021）。这些结论尚未给出全面的应对机制，尤其是在如何缓解各国标准和监管异质性对农产品和食品贸易可能产生的负面影响方面。标准贸易效应领域的进一步研究需要综合考虑政策制定、国际合作和创新技术的应用，以形成更为完善和可行的解决策略。

学者使用涵盖 61 个进口国和 114 个出口国的约 5000 种产品（包括农产品和制成品）的双边贸易数据，研究 SPS 标准和 TBT 标准对国际贸易的影响（Disdier et al.，2015）。研究采用受限 Tobit 计量模型，考察这些标准对 OECD 国家、发展中国家和最不发达国家进口的不同影响。该研究对标准变量的构建方法为：计算进口企业在 HS 六位数产品中的 SPS 通报数量，并将该数量与 HS 四位数级别各类别产品项目的 SPS 通报总数进行标准化。研究发现，在新鲜食品和加工食品贸易领域，SPS 标准通常会对来自发展中国家和最不发达国家的进口构成限制。然而，对于制成品的大多数类别，SPS 标准或具有积极影响，或未产生显著的负面效应。这一结论在不同发展水平的国家中得到验证，包括 OECD 国家、发展中国家和最不发达国家。这些发现强调了制定合理、平衡的标准政策的重要性，特别是在农食产品领域。

联合国贸易和发展会议（United Nations Conference on Trade and Development，UNCTAD）明确规定：世界贸易组织成员国有义务对非关税措施进行透明通报。Disdier et al.（2008）基于引力模型，结合 154 个进口国和 183 个出口国的数据，对包含 690 种农产品双边贸易中的 SPS 标准和 TBT 标准进行分析。该研究使用三种方法来衡量 SPS 标准。第一种方法中，如果进口国通报至少一个技术性贸易措施，则用等于 1 的二进制变量表示。第二种方式是应用频率指数，该频率指数由分类产品中 SPS 通报和 TBT 措施占汇总通报量的比例进行定义。第三种方式是使用相关数据的从价等价物。数据显示相关 SPS 通报和 TBT 措施中，约 115 项措施是出于环境保护、野生动植物保护、健康或安全目的而实施，其中有 43 项措施被强制执行。进一步细化后，这些措施可以归纳为六个主要目标：保护人身安全（七项）、保护人类健康（十项）、保护环境（九项）、保护植物健康（六项）、保护动物健康（六项）以及保护野生动植物（五项）。整体上，SPS 和 TBT 标准对农产品贸易具有负面影响，尤其在发展中国家与 OECD 国家之间的出口关系中表现得尤为明显。这些非关税措施可能作为一种隐形的贸易保护工具，影响全球贸易的自由流动，加剧发展中国家与发达国家之间的贸易不平衡。从发展中国家向欧盟市场的出口受 SPS 和 TBT 这类措施的负面影响最大。

在国际食品贸易发展过程中，非关税贸易措施，如卫生和植物检疫措施以及与健康或食品质量有关的贸易技术壁垒的影响日益凸显。关于食品标准和国际贸易之间的积极关系有两种解释。首先，遵循标准会直接引致需求增加。标准有助于实现质量升级或减少消费者对产品质量和安全不确定性的顾虑。其次，这些标准可能在国际竞争中带来某种程度的扭曲。严格标准对某些国家造成贸易壁垒，尤其是对于那些难以满足这些标准要求的发展中国家。对于能够成功实施和遵守标准的国家，其竞争地位会因标准合规而得到增强。

基于这一背景，学者研究了国际贸易中食品标准的异质性影响（Medin，2019），从理论和实证两个层面揭示食品标准扮演贸易壁垒抑或贸易催化剂的双面性。这一综合分析采用世界贸易组织的 SPS 通报数据，以及挪威对不同国家和不同类型海产品的出口数据，重点分析了外国食品标准对挪威海产品总出口量、出口企业数量（贸易广延边际）和平均出口量（贸易集约边际）三个关键贸易指标的影响。研究结果显示，尽管 SPS 通报对挪威海产品出口有负面影响，但对各类别产品的影响存在显著的异质性、多维性和复杂性。对于新鲜海产品，以 SPS 通报衡量的食品标准对贸易的正面影响抵消了负面影响。

在全球食品贸易领域中，大部分研究支持 SPS 标准对出口具有负面制约影响，但对不同产品的影响存在异质性。这一异质性意味着某些特定产品的出口，正面效应会超过负面效应，如一些产品因为高标准而得到更广阔的市场认可。在其他情形下，正面促进效应会被负面影响所抵消，如增加的生产和合规成本可能导致其在国际市场上的竞争力下降。因此，食品标准对不同产品的影响存在异质性，其背后发挥作用的机理仍有待进一步识别和明确。综合考虑标准和非关税壁垒的影响下企业如何实现长期生存和获利，也是需要深入研究的领域。

各国制度差异会对双边贸易产生影响，但关键问题在于，各国如何在面对这些分歧时加强贸易。学者基于出口与治理视角研究私营自愿性农业食品标准对贸易的作用（Fiankor et al.，2019）。该研究引入治理距离作为衡量国家间治理和制度差异程度的指标，以欧盟/欧洲自由贸易联盟（European Union/European Free Trade Association，EU/EFTA）的进口产品为样本，基于结构引力模型框架研究私营农业食品安全标准如何改变治理距离对果蔬特别是苹果、香蕉和葡萄出口的影响。研究结果表明，尽管治理距离的增加一般会抑制双边贸易，但标准和治理距离的交互项与出口正相关，从而部分抵消后者的直接贸易抑制效应。此外，对于获得全球良好农业操作认证（Global GAP）的国家，治理距离对出口贸易的抑制效应减少了约50%，对未获得该认证的国家则没有显著影响。这些研究结果增强了对食品标准与贸易关系复杂性的认识，为在国际治理和制度差异背景下优化贸易政策提供了有力的实证支持。

进一步的研究发现，在考虑监管强度和多样性以及贸易伙伴之间监管模式的相似性后，SPS 和 TBT 标准的贸易效应表现出显著的异质性（Peci and Sanjuan，2020）。这一异质性表现在非关税贸易措施的数量和多样性方面。为准确反映监管模式及其对贸易影响的复杂性，需要采用单一和双边指标的综合分析。值得注意的是，双边贸易伙伴的非关税贸易措施相似性相对较低，大约仅有 30% 的共同 SPS 标准和 20% 的共同 TBT 标准。这一结果为贸易政策一致化提供了理论和实证参考。该研究进一步揭示，在贸易活动活跃的部门和国家，更倾向于实施 SPS 标准而减少可能引起贸易保护主义争议的关税措施。此外，当采用双边非关税贸易措施的相似性指标对各国的监管模式进行排序时，发现欧盟在 SPS 标准领域与中国或美国更为接近，而与加拿大或新西兰的相似度则相对较低。这一发现具有实践意义，在双边或多边贸易协议的背景下，贸易伙伴需要更加积极地采取行动以减少监管差异。

学者进一步运用反对数引力（Translog-Gravity）模型研究食品标准

对农产品贸易的异质性影响（Fiankor et al.，2021）。该研究重新审视了标准作为贸易壁垒的观点，并在多维度上对其进行评估。相较于先前的文献，该研究提出，标准减少了贸易量，这一负面影响在贸易规模较小的国家中更为显著。该研究的识别策略考虑了特定贸易议题下的国内差异性，并进一步考察这种差异性如何影响贸易成本弹性。研究发现更严格的进口商品标准具有一定的贸易限制性，这种限制性的程度与两国贸易的密集度相关。随着出口国在进口国总进口中相对份额的增加，该出口国出口额的下降幅度将减缓。原因在于，对于贸易规模较大的伙伴国，遵循更严格的进口标准可以实现更高的成本效益。在关于标准影响贸易的讨论中，该研究强调不应忽视由现有贸易份额所导致的重要异质性。如果进一步放宽非关税贸易措施，相对较小的贸易伙伴国会相对于更成熟、更大的贸易伙伴国获得更多的贸易利益。

二　私有标准

粮食领域的私有标准由非政府组织、行业协会或企业在自愿基础上制定和执行。在粮食领域，许多企业和组织制定私有标准，确保其产品满足特定的要求和规定。私有标准通常基于各方的利益和偏好，具有针对性和灵活性，旨在满足特定的产品质量、可追溯性以及环境可持续性等多维度要求。这些标准涉及一系列热点议题，包括农药残留、基因改造、有机认证、可持续种植和生产等。企业和组织可以通过遵循私有标准以增强产品的市场竞争力，加强与消费者之间的信任关系。与官方的SPS 和 TBT 标准相比，私有标准的法律约束力和普遍性相对较低，遵从性和强制执行程度相对较弱，属于自愿遵守的范畴。同时，私有标准的多样性和多样化带来一系列挑战。由于各个企业和组织会根据自己的需求和市场定位来选择适用的标准，因此有可能出现需要适应多个标准的局面，这会增加企业运营的复杂性和成本。在宏观层面上，私有标准在粮食领域发挥重要作用，推动可持续性和高质量的粮食生产。制定和执行私有标准的过程需要谨慎考虑其实施的可行性、持久性和社会经济影响。

私有标准对粮食进口产生影响，尤其是在市场准入和贸易竞争领域。具体包括：第一，准入壁垒。私有标准可能设置较高的要求和门槛，企业需符合这些标准才能进入特定市场。这可能会增加进口粮食的准入壁垒，使得部分出口国或企业难以满足要求，从而限制粮食进口。第二，产品差异化。私有标准鼓励企业提供独特和优质的产品，以满足消费者的需求和偏好。进口国更倾向于接受符合私有标准的产品，因为这些产品在质量、可追溯性、环保等方面具有竞争优势。因此，符合私有标准的粮食产品更容易进入特定市场。第三，市场竞争。企业通过遵守私有标准来证明其产品的质量和可持续性，从而在市场上获取竞争优势。这可能引发其他企业追随并提升其生产水平，进而提高整体市场的质量标准。因此，私有标准对于推动粮食生产和市场竞争具有一定的促进作用。第四，成本和负担。私有标准的执行需要额外的成本和资源投入。对于出口国或企业而言，符合私有标准需要进行技术改进、培训、认证等方面的投资。这有可能增加粮食进口的成本，从而影响国际贸易的平衡。整体上，私有标准有助于提高质量和可持续性，但也会增加准入壁垒和成本负担。在制定和执行私有标准时，需要平衡市场需求、贸易自由化和可持续发展的目标，以确保粮食进口在公平和可持续的环境中进行。

有关食品标准与贸易之间关系的文献主要集中在标准是贸易壁垒还是贸易催化剂的争论上，特别是对发展中国家而言。标准有利于减少信息不对称、降低交易成本、提升产品竞争力并促进贸易。然而，这一观点面临争议。首先，当私有标准在某些市场成为事实上的强制性准入条件时，其潜在的排他性不容忽视。由于标准遵循成本相对较高，这尤其会对小规模生产商构成障碍，将其排除在全球出口价值链之外。其次，一系列研究也证实了私有标准的贸易抑制效应。如在一组发达国家样本中，食品和农业领域的私有标准表现出贸易抑制的倾向（Moenius，2004；2008）。这一发现在美国和欧盟的案例中尤为突出。美国的严格食品安全标准对发展中国家，特别是海产品出口国，产生了负面影响。同样，欧盟食品和农产品市场上的私有产品标准在实践中显示出贸易抑制性（Shepherd and Wilson，2013），这在易腐和轻加工产品的贸易中，特别是对来自发展中国家的产品产生不利影响。

在全球食品贸易领域，私有标准认证通常被视为较高产品质量的标志，有助于促进市场准入。对于希望进入食品安全要求很高的高收入国家零售商市场的发展中国家来说，相关标准尤为关键。然而，发展中国家在食品安全公共法规的制定或执行领域通常存在不足，这会导致其作为贸易伙伴被视为具有风险和缺乏吸引力。在这种情形下，发展中国家的生产企业可通过私有标准认证来发送高质量产品的信号，以便突破贸易壁垒，进入原本难以接触的市场。这有助于为其打开新的销售渠道，提升在全球供应链中的竞争力。私有标准认证除了提供质量信号外，还可能在生产者层面引发效率提高。具体而言，私有标准认证可以带来更高的生产率和更低的投入成本，从而增加出口的可能性。

从进口企业的角度来看，私有标准认证对于降低贸易成本具有双重意义。首先，私有标准通过提供一种信息交流机制和质量保证方式，有助于降低进口企业每笔交易的可变成本。预计较低的可变进口成本将在交易的集约边际上产生积极影响，即增加进口量。其次，私有标准认证还会影响进口活动中的沉没成本，包括搜索成本和质量控制成本。标准认证作为信号机制，可以简化合格供应商的搜索过程，进而减少搜索成本。此外，由于第三方认证机构承担部分质量控制责任，进口企业可以实施更为经济、高效的质量控制措施，进一步降低沉没成本。研究显示沉没成本对外贸企业进口具有重要意义。降低这些成本可以在贸易的广延边际上产生积极效应。由于数据和样本限制，现有研究结果也呈现出不一致性。前期关于私有标准和贸易的实证研究使用的样本有限，通常是基于调查数据的案例研究，在一定程度上限制了其普遍性和可推广性。

有学者提供了关于欧盟在食品和农产品领域私有标准对全球贸易影响的实证基础（Shepherd and Wilson，2013）。该研究基于多国、多产品面板数据进行分析，重点考察私有标准在贸易广延边际和集约边际上的显著影响。研究发现私有标准具有显著的贸易抑制效应，尤其在发展中国家，以及易腐或轻加工商品领域。欧盟标准也表现出贸易抑制效应，与国际标准一致的欧盟标准（那些等同采用 ISO 国际标准的欧盟标准）相比，通常具有较弱的贸易抑制效应，甚至在某些情形下，表现出积极的贸易促进效应。该发现揭示了国际标准与地区或私有标准在贸易影响上的异质性。该研究还发现标准贸易效应存在显著的跨部门异质性。如在加工产品行业，尽管欧盟标准数量增长迅速，但加工度更高的产品相对较少受到这些标准的负面影响。这一现象尤其对发展中国家出口商构成负面影响，特别是在其出口加工度较低的产品时。从政策层面来看，虽然大多数讨论通常集中在食品安全法规和其他强制性公共标准上，但在全球供应链日益复杂和全球化的背景下，私有标准的影响不容忽视。因此，该研究强调在全球贸易治理中，特别是在世界贸易组织和其他贸易政策论坛，需要更全面地讨论产品标准，包括私有标准。Shepherd 和

Wilson（2013）的研究不仅与其他类型标准和贸易的文献保持一致，同时扩充了有关标准如何影响全球食品和农产品贸易模式的理解，尤其是在考虑到发展中国家和不同加工度产品的影响方面。这一发现提出应扩大产品标准在全球贸易政策讨论中的地位，并讨论私有标准在塑造全球食品和农产品市场中所扮演的日趋重要的角色。

运用面板数据方法的研究发现，不同私有标准（包括 Global GAP 标准）认证对秘鲁企业在集约或广延边际的出口表现（Schuster and Maertens，2015）具有影响。有学者通过考察全球良好农业操作认证（GLOBAL GAP）标准认证对欧盟 15 国在水果和蔬菜进口方面的影响，补充了现有私有标准和贸易的相关文献（Andersson，2019）。农食部门（Agri-food sector）的变化持续推动了私有食品标准的使用。这些私有标准为自愿遵循，通常可以用作为风险管理工具。该研究基于 2009—2013 年的年度数据，涵盖全球水果和蔬菜项目在产品级别的认证生产商和证书持有者的数量信息，以此作为各国具体产品类别的标准认证覆盖率指标。实证研究发现，全球良好农业操作认证对贸易的广延边际和集约边际将产生积极影响。欧盟 15 国的进口企业更倾向于从拥有大量认证生产企业的国家进口产品，并持续从这些国家进口更多的农食产品。全球良好农业操作认证作为进口商品的质量保险机制，有效降低了信息不对称和交易成本。此外，全球良好农业操作标准认证与贸易之间的正相关关系在高收入国家和低收入国家中均成立。对于低收入国家，标准认证覆盖率的增加所带来的正向贸易效应甚至更为显著。研究结论不仅与现有关于发展中国家的经验证据相符，还进一步强调了私有标准认证在全球农食贸易中的角色，尤其是对于那些有意进入高收入市场的发展中国家而言。

学者认为，全球良好农业操作认证主要针对初级生产阶段，因此，不能根据相关结论来推断该标准在后期生产阶段也会产生同样的贸易促进效应。假设全球良好农业操作认证在后续生产过程中有积极效果的假设过于简化。不同产业部门在应对标准时，其影响和策略可能存在显著差异（Shepherd and Wilson，2013）。因此，对下游私有标准进行考察，有助于更全面地解析食品标准如何影响贸易流动的微观机理，识别标准在供应链不同环节的具体作用。从宏观角度来看，相关研究也需要进一步阐明，出口国在面临多种私有标准时会选择某一标准，以及这种选择如何影响其在目的地市场的整体出口表现和综合竞争力。这对于需要在标准选择和目标市场战略上做出决策的生产者具有重要的政策含义。

在研究全球贸易认证及其对各个市场进入的影响时，不同的地理和经济环境可能产生不同的策略和结果。相关研究结果表明，全球良好农业操作认证对进入欧盟 15 国市场的初级生产企业开展贸易具有较高的相关性（Andersson，2019）。然而，私有标准在全球范围内的应用和影响并非均匀。尽管欧盟市场上私有标准的使用普遍增加，非欧盟市场上私有标准的重要性并未显示出明显的增长趋势。如在考虑进入美国市场的初级生产者的情况下，其他与全球良好农业操作认证具有竞争性的标准可能更具相关性。因此，需要对欧盟以外市场和与全球良好农业操作认证有竞争关系的其他私有标准进行实证研究，并结合多国样本以比较不同标准在贸易促进或抑制方面的相对效应。

学者结合实证方法，针对私有标准与秘鲁农食贸易开展研究（Schuster and Maertens，2015；2017）。首先，研究秘鲁私有食品标准对出口企业出口绩效的影响。研究运用固定效应模型和广义矩估计（GMM）模型，结合涵盖 18 年时间跨度的 87 家公司的面板数据。研究结果并未支持私有标准对企业出口表现产生影响这一观点。具体而言，私有标准在秘鲁食品贸易的广延边际、集约边际、出口量和出口价值等方面均未显示出显著影响。私有标准在秘鲁出口贸易的情形下，并未扮演预期中的贸易催化剂角色。其次，研究进一步拓展了视角，考察私有标准如何赋予工人权力，特别是在秘鲁园艺出口部门。研究使用差异倾向得分匹配（Propensity Score Matching）方法，并结合使用特定企业以及两轮员工问卷调查的相关数据进行分析。该研究的结果显示，私有标准对工人赋权[1]有积极影响，其中核心劳工标准（Core Labor Standards）的影响相较于其他劳工标准的影响更为显著。这一结果丰富了关于私有标准对劳动者福利影响的实证证据。

私有可持续发展标准的影响范围和适用对象在不断扩大，包括更多的生产领域和农户群体。这些标准提升了消费者对食品生产和贸易方面的经济、道德和环境影响的期望，吸引更多利益相关者对有关标准认证过程的资助和参与。如果没有针对这些标准的经济或环境效应做出综合评价，标准的可持续性影响仍不清晰。学者对乌干达咖啡产业进行案例

_____

① 赋权是指劳动者对自身权利的认识和劳动者对改善就业条件的能动性。

研究，考察私有咖啡标准在改善社会经济和环境可持续性方面的潜在作用与局限性（Vanderhaegen et al.，2018）。该研究主要采用经济调查数据和生态实地调查数据，涵盖了获得和未获得私有标准认证的咖啡农场样本。研究结果表明：私有咖啡标准在提升咖啡生产方的生产效率、增加咖啡农场收入、促进生物多样性和碳储存方面表现出正面影响。然而，即使农场获得了多重私有标准认证，仍然难以有效地平衡社会经济和环境绩效之间的权衡。研究还认为多重私有标准认证可能导致适得其反的效果，复杂化标准实施和管理，进而削弱其在实现可持续目标方面的效果。该研究认为，相对于依赖多重标准认证来提高咖啡价格和增加控制机制，更可行的政策方向是在生态范围内提高咖啡生产方的生产能力。这不仅有助于促进经济效益，也能更有针对性地解决环境挑战。该研究强调对私有可持续发展标准进行改进的迫切性。

随着全球食品零售商和制造商对供应链中农业可持续性问题的日益关注，企业主导的供应链标准逐步取代传统的生态认证标准，成为解决该问题的主要工具。学者研究了企业主导的供应链标准在改善农业环境实践方面的作用和有效性（Thorlakson et al.，2018）。该研究选取一家具有代表性的食品零售企业作为关键案例，评估这种由企业主导的供应链标准在改善环境农场管理实践中的成效。研究采用了两种不同的数据分析方法：一种策略是对950多个农场审计数据进行面板分析；另一种策略是运用原始调查数据进行截面匹配分析。两种方法的结论均保持了稳健性，证实企业主导的供应链标准在南非水果、蔬菜和花卉种植领域有助于促进最佳环境管理实践。与其他私有环境标准相比，企业主导的供应链标准在多个方面显示出其独特优势，这包括对核心员工的审计访谈，对零售企业与相关种植企业之间密切业务关系的特别关注，以及对企业能力建设的精细化管理。这些维度的综合考虑有助于提高标准实施的有效性，并且进一步凸显企业主导标准在促进环境可持续性方面的潜力。该研究建议在全球环境农场管理的改善中，应更多地利用私有标准和企业主导的供应链治理机制，以有效应对农业可持续性问题的挑战。

非关税壁垒对全球贸易流动的影响日益增加。食品标准作为一项非关税措施，在农产品贸易流动的作用仍然有待推进。学者研究了私有标准对发展中国家制成品出口的影响（Ehrich and Mangelsdorf，2018）。该研究利用 2008—2013 年涉及 87 个国家通过国际特色标准（International

Featured Standard，IFS）认证的食品加工企业相关数据。该研究发现，国际特色标准认证显著增加了七个农产品类别的出口规模。然而，正向影响在高收入和中等收入国家中较为显著，而在低收入国家样本中则相对缺乏影响力。这揭示出全球食品标准体系在低于普及方面的不均衡性，也指出了低收入国家在融入全球高价值链方面存在的困境。进一步产业部类分析表明，国际特色标准认证的贸易促进效应主要集中在烘焙面包、乳制品和饮料等特定行业。这一发现强调了标准对不同农产品类别具有异质性影响，而且隐含单一标准在不同文化和经济环境下的适应性问题。该研究解释了非关税壁垒特别是食品标准在农产品全球贸易中的复杂作用。虽然国际特色标准认证一般会增加出口规模，但对于低收入国家而言，并非是一种能有效促使其融入全球高价值链的适宜发展工具。

学者从印度尼西亚和马来西亚可持续棕榈油标准出发，提出基于标准的跨国治理作为东南亚经济发展动力的潜在重要性（Nesadurai，2019）。研究探讨了企业和非政府组织（Non-Governmental Organizations，NGO）如何并基于何种动机扩展其自愿性的私营可持续发展治理监管范围，以纳入针对小农户的提升性标准实践。研究综合运用俱乐部理论、全球生产网络和国家发展理论，明确私有监管标准促进私营企业发展的条件。干预措施与经典的国家财政激励和产业政策相类似。对于依赖小农户供应的棕榈油企业而言，小农户普遍存在的低产出和环境不可持续性种植实践对私有可持续标准的可信性构成挑战。依赖小农供应商的私营企业和全球化的棕榈油企业积极与非政府组织建立合作关系，以支持小农户提高生产效率，采用可持续农业实践，并改善其经济生计。这类合作的范畴较为广泛，涵盖供应链管理、知识服务的伙伴关系，以及中间商主导的合作模式。多元化的伙伴关系可被视为兼具典型实践机构功能的治理结构，包括绩效监测和技术支持，并有助于协调各方行动者以形成更为广泛的创新网络。该研究预期基于标准的跨国治理将在促进东南亚地区，尤其是印度尼西亚和马来西亚棕榈油产业的可持续发展方面发挥重要作用。

三　最大残留限量标准

最大残留限量（Maximum Residue Limits，MRLs）标准界定了农产品中可容许的农药和兽药残留物的最高浓度。这一标准是各国和地区通过法规所确立的食品安全阈值，也是全球食品供应链中的关键风险管理机制。最大残留限量标准通常由政府机构或相关专门机构制定，旨在维护消费者健康和国际贸易的稳健运行。联合国粮食及农业组织（Food and Agriculture Organization，FAO）、世界卫生组织（World Health Organization，WHO）等联合推动国际食品法典委员会（Codex Alimentarius Commission，CAC）的标准设定工作，其中涵盖粮食和农产品最大残留限量标准的相关规定。国际标准在全球范围内获得了广泛认可，并在国际贸易中发挥重要的调节作用。根据国际惯例和各国法律规定，农产品中的农药和兽药残留量必须遵循已设定的最大残留限量标准。超过这一阈值的产品可能会被认为非法或不合格，进而面临由监管机构实施的各种制裁，包括销售禁令或其他限制措施。不同农药或兽药在不同农产品中的最大残留限量有所区别，增加了食品安全检测和监管的复杂性。在全球粮食贸易和食品安全治理中，对农产品进行精细化、系统性的检测和监管至关重要。这有助于维护消费者的健康和权益，促进全球食品贸易的可持续性和稳定性。

　　最大残留限量标准在粮食进口方面的影响具有多重复杂性，可从四个维度进行系统分析。第一，从公共健康视角考察，最大残留限量标准的构建初衷是为了确保消费者健康和食品安全。这些标准通过约束农药和兽药残留物的容许极限，从而推动进口粮食安全性符合国际及国内的食品安全法规。标准有助于减少食品中有害物质对人类健康的潜在危害，并增强消费者对进口粮食的信心。第二，从国际贸易壁垒和市场准入角度，最大残留限量标准可能形成隐性的贸易壁垒。各国和地区的标准差异可能导致进口粮食在目的地面临被扣押、拒绝或限制销售的风险，这对粮食的贸易流动性构成明显制约。第三，从合规成本和监管机制角度，遵循这些标准通常需要进口商进行额外的财力和物力投入，包括且不限于农产品的抽样检测、实验室验证和第三方认证。为保障供应链的完整可追溯性，进口商和监管机构需加强对粮食的监管，确保持续合规。第四，从可持续发展和环境责任方面，最大残留限量标准可以作为一种促进生态友好农业实践的激励机制。标准的存在鼓励农产品生产者减少农药和兽药的使用，转向更为可持续、环境更好的农业模式，从而在全球范围内提升产品的市场接受度和竞争力。最大残留限量标准在公共健康、国际贸易、合规成本以及推进可持续发展等多个领域具有显著影响。进口商和政策制定者必须针对目标市场的特定标准进行管理和应对，以确保贸易的持续可行性及其对公共利益的积极贡献。这需要一个多方参与、多层次调控的复杂治理结构。

全球化背景下，食品安全问题成为多国日趋关注的核心议题。应采取多种策略，包括实施标准化措施，控制食源性疾病，并提升国内生产和进口的食品安全质量。最大残留限量标准是许多国家采用的主要限制标准之一，最大残留限量标准规定可以进入农产品市场的农产品特定农药残留的最高可接受水平。联合国粮食及农业组织和世界卫生组织均指出，该类严格标准可视为各国政府对食品安全和消费者保护重视程度的反映，有助于改善食品安全问题。过于严格的标准可能会成为贸易的技术壁垒，被特定国家用以保护国内本土食品产业，进而对全球食品贸易格局产生不利影响。这样的做法会导致双重损害：一方面，严格标准限制了消费者对高质量、多样性农产品的诉求；另一方面，严格标准也会对食品出口企业造成较大的福利损失，影响国际贸易平衡和全球食品供应链的稳健性。

学者研究了农药最大残留限量标准对苹果和梨及相关加工产品贸易的影响，考察标准的相似性或差异性如何作用于贸易（Drogue and DeMaria，2012）。研究关注进口国的卫生法规和监管水平，综合多种农药和检测物质，而非仅仅局限于某一特定类型。研究引入了相似性指数，进一步嵌入引力方程模型，用以定量评估农药最大残留限量标准差异对国际贸易的影响。该方法提供了更全面的视角，允许研究者考察监管水平以及标准本身差异性如何影响贸易。研究结果揭示，标准差异性不容忽视，具有足够的潜力在特定情景下显著阻碍贸易流动。研究结论强调了制定国际贸易政策对该类微观因素进行考量的必要性。更为综合的政策议程需考虑进口国的规制，以及出口国的现行规则和实践。

日本作为全球食品安全标准最为严格的国家之一，其最大残留限量标准对不同种类蔬菜进口具有显著的异质性影响。有学者使用引力模型对该标准进行考察，将其视为一种微观层面的解释变量（Choia and Yue，2017）。该研究包括多个外部变量，如关税、国内生产总值、人口、双边地理距离和汇率，以提供更全面的贸易影响框架。同时，通过引入标准相似性指数来量化日本与其他国家在农药残留限量标准上的差异或相似性。研究发现，最大残留限量标准对不同种类蔬菜贸易的影响表现出异质性。具体而言，对叶菜和果菜进口的负面影响最为显著，而对鳞茎类蔬菜（如洋葱、大蒜）进口和根茎类蔬菜（如胡萝卜、甘薯）进口的影响则相对较小。这一结论强化了农产品种类在最大残留限量标准影响下的差异性，为出口国制定有针对性的出口策略提供了有价值的参考。值得注意的是，如果进一步考虑出口企业遵循日本最大残留限量标准的成本因素，则对日出口企业的经济负担将更为沉重，尤其是在面临严格标准导致出口量减少的情形下。这一研究有助于深化对日本最大残留限量标准在多类蔬菜进口上异质性影响的理解，提出了可扩展的研究方向，包括如何更全面地量化实施和调整最大残留限量标准的成本，以及标准的严格程度如何影响生产者和消费者价格，进而作用于出口企业的贸易利益和消费者健康。

与此同时，学者通过政治经济学框架，针对东南亚国家实施食品安全标准的贸易限制理由进行考察（Saraithong，2018）。该研究聚焦于这些国家如何对 113 种不同食品实施最大残留限量标准的情况。研究利用Logit 模型和边际效应分析来考察东南亚国家最大残留限量标准实施的多维决策因素。实证估计包括七个东南亚国家，并深化对单一国家模式的相关分析。结果表明，东南亚国家实施最大残留限量标准时具有双重目的。通过实施最大残留限量标准，东南亚国家能够提升其公民的生活质量，同时保护本国生产者免受进口食品的竞争。对单一国家模式的分析有助于明确指出该国实施最大残留限量标准的主要动机：或是出于贸易保护主义，或是出于社会福利的整体提升。这一多维度的解读为理解食品安全标准在全球政治贸易中的角色提供了新视角，有益于评估如何在维护公众健康与促进国际贸易之间达到平衡。

此外，一些标准经济学领域的相关文献指出，最大残留限量标准与贸易之间可能存在内生性问题，这一内生性可能会扭转异质性标准影响贸易的作用方向。学者重新审视了 2005—2014 年最大残留限量标准的差异如何影响贸易伙伴的双边贸易关系（Shingal et al.，2021）。该研究考虑了 Beghin 等（2015）提出的观点，即更严格的标准既会产生贸易成本，也存在需求提升效应，整体影响取决于何种效应占主导地位。通过运用Heckman 选择模型的估计，研究显示，在不考虑标准贸易关系内生性的情况下，更严格的标准通常导致贸易成本效应占主导地位。然而，一旦纳入内生性考量，农药最大残留限量标准对贸易的影响方向可能发生逆转，显示出非负面的整体影响。该发现有益于针对内生性和需求增强效应问题的讨论。若国内生产方在满足国内标准监管方面具有比较优势，并且出口产品目的国的消费者更加偏好于食品安全，那么更严格标准所引发的需求增强效应将超过贸易成本效应。相反，若标准更多是为了保护国内产业而设置，而非基于科学或健康的理由，那么在国际市场上具有成本效益的进口产品可能会继续保持竞争力。了解内生性和需求增强效应的相互作用能为政策制定者提供更为精准的工具，以便在食品安全与贸易利益之间找到平衡点。

四 食品标准

食品标准作为确保食品质量和安全的规范性工具，其制定和监管通常由相关政府机构或行业组织制定和监管。在全球粮食领域中，不同国家和地区的食品标准具有复杂多样性。主要包括：第一，食品质量标准。食品质量标准涉及食品的外观、气味、口感、色泽、营养成分等。该类标准的制定基于精密的科学测量，以确定不同粮食产品需符合的质量参数。第二，食品安全标准。食品安全标准集中于制定食品中有害物质、微生物和残留物等方面的限量规定。其中包括农药残留量、重金属含量、添加剂使用等方面的科学依据和监管政策。该类标准旨在保护消费者免受潜在的健康风险。第三，食品添加剂标准。食品添加剂标准规定在粮食加工中可用的各种添加剂的类型、用量和使用准则。这些标准旨在确保添加剂的安全性和有效性，不会对人体健康构成风险，并保持食品质量稳定。第四，标签和包装标准。标签和包装标准主要关注粮食产品标识的透明度和准确性，包括产品名称、成分表、生产日期、保质期和存储条件等。这样的规范有助于消费者做出更为明智的购买决策。需要注意的是，在全球粮食贸易背景下，不同国家和地区的食品标准可能存在显著差异。因此，在粮食贸易中，进口商和出口商需要了解目标市场的具体要求，并确保产品的质量和安全性符合目的地的法律和社会预期。遵守食品标准有助于确保粮食贸易的流畅性和市场竞争力，在更广义上服务于消费者权益的全面保障。食品标准构成了社会经济生态系统的关键节点，影响公众健康、市场稳定和国家安全。因此，在设计和实施食品标准时，需充分考虑各方的复杂性和互动性，实现持续和全面的食品安全和质量保证。

粮食领域的食品标准对粮食进口有着重要的影响。主要包括：第一，健康与安全保障的经济效应。食品标准的制定旨在保护消费者的健康和安全。这些标准通过规定农药残留、重金属含量、微生物污染等限量因素，来确保进口粮食符合国际卫生和食品安全标准。相关规定有助于减少食品中有害物质对人体健康的潜在风险，并增强消费者对进口粮食的信任度。第二，贸易壁垒和市场准入的策略性影响。不同国家和地区对粮食的质量和安全要求可能存在差异，食品标准往往成为市场准入的重要壁垒。未能符合目标国或地区的食品标准将导致产品被限制或被拒绝进口，进而对粮食贸易的流动性造成直接影响。第三，合规成本与供应链管理的微观效应。为达到食品标准，进口商需要投入额外的资源，如采样检测、实验室测试和认证程序等。这不仅增加了合规成本，而且还要求进口商建立和维护供应链的可追溯性。对于监管机构而言，需要对进口粮食进行检查和监测，以确保粮食贸易的合规性。第四，市场竞争和消费者选择的市场动力。符合食品标准的粮食产品更容易获得市场接受，因为消费者逐渐将食品质量和安全视为购买决策的关键因素。进口商通过确保其产品符合目标市场的食品标准，提高产品的市场竞争力，更好地满足消费者需求，进而增加产品销售和市场份额。整体上，粮食领域的食品标准对粮食进口产生决定性影响，包括保障健康与安全、市场准入、合规成本和市场竞争。因此，进口商和政策制定者必须密切关注目标国或地区的食品标准，并确保粮食产品符合相关要求，以满足市场需求并保持贸易的长期可持续性。同时，制定一致的国际食品标准也有助于促进粮食贸易的公平和可持续发展。

Blind（2004）的研究为理解标准在农业和食品技术部门的贸易效应提供了证据。该研究发现，在农业和食品技术部门，一国拥有的超过平均水平的标准存量能够显著促进其出口盈余。特别在农业部门，国家标准对贸易流量的影响效应要强于国际标准，而在食品技术部门，国际标准的效应相对更强。近年来也出现了关于技术标准与中国农食贸易的实证研究。Mangelsdorf（2011）首次探讨了技术标准如何影响中国与欧盟之间的双边贸易。该研究发现，对于欧盟向中国的出口，中国特有国家标准表现出一定程度的抑制效应。与国际标准一致的国家标准，则发挥了推动欧盟向中国出口的积极作用。该研究为政策制定者提供了关于标准与贸易关系动态性的参考。Mangelsdorf等（2012）针对技术标准如何作用于中国农产品出口开展进一步研究。研究结果揭示，特定的中国国家标准，尤其是强制性特定国家标准，对中国农产品出口具有明显的正向推动作用。那些与国际接轨的一致标准在促进出口贸易方面的效应尤为显著，并且其边际贡献要比同等数量的国家标准更大。相关研究加强了对技术标准在农业和食品技术部门中所扮演角色的理解。

全球价值链在食品市场中的作用逐渐增强，与之相关的是质量标准的持续提升。这些市场渠道（通常纵向协作关系）的开发与质量标准的提升密切相关（Swinnen，2017）。如在水果和蔬菜市场中，现代零售公司的影响力日益增加，突出了质量标准在供应链中的核心地位。质量和安全标准，无论是由私人部门还是公共部门设定，都在国内和国际贸易以及全球价值链的构建和维护中发挥关键作用。标准会阻碍贸易，也可以成为贸易的催化剂（Maertens and Swinnen，2009）。虽然质量和安全标准会增加生产成本，但同时可以显著减少国内和国际贸易中的交易成本。原因在于高标准减少了信息不对称和质量不确定性，从而提高了市场效率。在全球价值链背景下，质量标准可以加强供应链的整体竞争力，对上下游关系和整体供应链效率产生综合性影响。更高的质量标准可以加强供应链的整体竞争力，为参与方创造更高的附加值。

欧盟农业领域标准规模的扩大已成为动态趋势，对发展中国家向欧盟出口的贸易格局及其成本构成产生显著影响（Shepherd，2015）。学者研究表明，欧盟等目标出口市场所制定的农业标准倾向于对出口企业带来较高的固定标准遵循成本。针对 16 个发展中国家 600 多家企业进行的大规模调查显示，每家企业的平均标准遵循成本高达 42 万美元，占其总出口附加值的 4.7%（Maskus et al.，2005）。为进一步考察食品安全标准对农产品出口的具体影响，学者引入了标准限制性指数（Ferro et al.，2015）。该指数依据 61 个进口国 66 种不同产品的农药最大残留限量标准来设定，旨在量化每种产品受管制的农药数量以及各进口企业对这些农药的允许使用水平。经验研究发现，限制性标准的增加明显降低了农产品贸易的概率。通过控制样本选择偏差和出口企业在引力模型中的代表性，研究结果进一步表明，严格标准对发展中国家出口贸易的限制性作用更为显著。然而，大多数情况下，实证研究很难准确区分标准对贸易强度的影响是否微乎其微或为零。这一现象可能因为一旦企业成功地调整生产流程以符合国外目标市场的规定标准，这些标准便不再对其在特定出口市场的贸易强度产生进一步影响。

学者研究了如何通过安全最低标准（Safe Minimum Standards，SMSs）

来平衡农业中的多元公共产品（Bullock et al.，2016）。在研究构建的总体理论框架中，两种公共产品可能表现出竞争性或互补性，取决于提供一种公共产品是否会增加另一种公共产品的边际成本。基于该框架，学者们考察了维持两种公共产品（如粮食安全和农业生物多样性）安全最低标准的政策含义。研究进一步利用挪威农业部门的实证数据，分析比较静态模型中设置的约束条件，如粮食安全、农业生物多样性和温室企业排放的安全最低标准。模拟结果显示，即使两类公共物品存在潜在的相互冲突，仍然可以通过更明确、更有针对性的政策措施实现安全最低标准，而且这一实现过程的社会成本相对较低。与此同时，学者还以摩洛哥的果蔬出口供应链为案例，系统性考察国际食品供应链组织面临的食品安全标准问题（Hou et al.，2015）。该研究根据生产者或出口企业、单纯出口企业和合作社的纵向联系类型对经营者进行分类，讨论经营者类型、目标市场、现行食品安全治理模式，以及食品安全标准的合规成本与效益之间的关联。研究建议完善摩洛哥食品安全立法和监管体系，并提出一系列具体政策建议以提高出口企业预先符合目标市场标准的能力。合规策略有助于降低整体合规成本，为出口企业在全球市场中的可持续竞争力提供保障。

标准制定逐渐成为食品贸易领域的关键议题。主要国家标准规模的快速增长引发学者对标准对国际贸易影响的争论。针对标准是否构成非关税贸易壁垒并促使贫困群体边缘化这一问题，有学者综合采用经济学和政治学理论模型，建立概念框架，研究食品标准、贸易与经济发展的关系，并提供针对公平与效率效应以及标准政治经济学效应分析的实证证据（Swinnen，2016）。研究认为，标准的存在在贸易领域能够创造福利，但同时涉及租金的再分配问题。这一再分配机制通常会激励利益集团积极游说，以确保标准制定更符合其自身的利益。挑战在于，如何在社会可接受的适宜标准和由于政治寻租行为而产生的低效标准之间做出明晰的判别。在考量标准如何影响经济发展和贫困问题时，该研究强调需要首先明确价值链内各组织的内生性，如在全球价值链中，小农户与大型农场的相对角色和贡献需进行权衡。小农户可能面临更高的标准合规承诺，而大型农场可能提供更多的就业机会。

食品标准在贸易中历史悠久，且规模不断增长、领域逐步扩大，影响范围在全球价值链上持续扩张，对地域性价值链也产生显著影响。这些标准有潜力提高经济效益，还可能重新分配各方利益，对政策分析带来复杂性。由于经济和政治因素在标准制定过程中通常相互交织，对标准动态性的研究变得尤为重要。有学者提出综合性的分析框架，用以描述标准在封闭和开放经济体中如何在政治和经济维度上进行动态变化（Swinnen，2017）。该框架通过整合三个主要决定因素——偏好、标准实施成本以及随时间演变的贸易保护主义压力——为不同国家之间标准的持续差异提供了解释性理论基础。该研究进一步指出，即使标准最初并非出于贸易保护主义的动机而制定，由于这一动机的滞后效应，标准依然会持续受其影响。标准的适应性和动态性在历史案例和国际一体化趋势中得到证实。随着全球化和地域一体化进程的推进，标准不断调整，以适应多变的国际贸易环境和持续演变的社会和经济需求。

在欧盟这样的多国联盟体系中，统一食品安全标准的实施可能更为复杂。学者以水果和蔬菜的安全通报为切入点，考察欧盟成员国在食品安全标准实施方面是否展示出统一性（Tudela-Marco et al.，2017）。该研究利用食品和饲料快速警报系统（Rapid Alert System for Food and Feed，RASFF）记录的边境食品安全通报数据进行量化分析。数据集涵盖2001—2013年的时间范围，并被细分为两个子时段（2001—2007年，2008—2013年），以考察边境食品通报的路径依赖效应和声誉效应。① 研究结果表明，即使欧盟成员国存在向统一性趋近的措施，各成员国在食品安全标准实施方面仍然显示出显著的差异性。这一发现对于理解非关税措施（如食品安全标准）的跨国调控具有重要启示，即不能简单地将欧盟视为单一的政治和经济整体，② 需考虑欧盟的多样性和成员国特定情景。

学者基于技术政治经济学的三元模式，研究全球有机农业领域的自愿标准、认证和认可机制（Fouilleux and Loconto，2017）。该研究提出三元标准治理体系（Tripartite Standards Regime，TSR）的概念，整合了标准制定机构、标准认证机构和标准认可活动三个核心要素。三元模式揭示了全球有机农业的制度化轨迹，为传统争议提供了新的解释角度。这一治理体系有助于解析标准和市场之间的复杂相互作用，突出随之而来的服务市场分层现象，该现象与有机产品认证市场紧密相关且不可割裂。

---

① 路径依赖可能导致某些历史性的决策或实践继续影响现今的决策过程，而声誉效应可能使某些国家在食品安全事件后更为谨慎。

② 将其视为一个均值的单元具有不合理性，应考虑其内部的复杂性和多样性。

研究进一步细化了三元治理体系的动态演变，解释了不同参与者——政府机构、非政府组织和企业——在这一过程中所扮演的各种角色。其中，政治利益关系在标准制定、标准认证和标准认可这三者之间表现得尤为复杂，涉及相互竞争或合作的多维愿景和利益。该研究始于20世纪90年代，强调有机领域制度化以及21世纪初在可持续领域中纳入标准这一事实。在动态演变过程中，公共行动者和私人行动者均对此做出积极贡献，进一步推动有机产品认证活动与替代政治方案之间的逐渐分化。三元标准治理体系具有启发性，可以作为一种分析工具以全面审视当代全球监管问题，特别在技术和政治经济相交织的复杂场景中。这对于解构市场机构之间的互动性，以及对技术支持的审查过程如何局限和指导相关争议的方向具有学术与实践意义。

学者针对食品安全标准的扩散开展研究，尤其关注国际标准认证机构在国际贸易中的作用（Mohammed and Zheng，2017）。通过对六大私有食品安全标准的跨国采用情况进行量化评估，该研究考察国际标准认证机构如何影响国际贸易表现。该研究采用多变量分析方法，证实国内现有认证机构数量、食品出口量，以及对北美食品出口比例等多个因素均与一国食品安全标准的成功采纳有显著的正相关关系。该发现意味着标准认证机构在促进国际贸易中发挥核心作用，在某种程度上塑造了全球食品安全生态系统的架构。研究也揭示了地理距离在产品标准差异化中的关键影响。这种地理因素使非洲和亚洲的发展中国家在采用基于美国或欧洲制定的产品标准时处于相对不利地位。为非洲和亚洲的发展中国家提供获取标准认证机构认证的途径，可以在一定程度上缓解这一地理劣势。该研究扩充了对国际标准认证机构在全球食品安全标准体系扩散中作用的认识，对如何更有效地整合发展中国家进入全球标准体系提出了具体建议。

有机标准被认为是一种复杂的治理机制，旨在确保治理透明度以满足消费者期望，并推动食品体系朝着更可持续的方向发展。尽管第三方认证（Third Party Certificate，TPC）和参与式保障体系（Participatory Guarantee Systems，PGS）在有机食品生产管理方面取得了一定成效，但关于这两种机制如何影响可持续性的系统性知识仍有不足。在此背景下，学者考察了有机标准在可持续粮食系统中的作用，特别是在社会公正性、生态再生性、经济活力和政治包容性方面的潜能（Lima et al.，2021）。

该研究基于对有机食品系统治理的批判性回顾，以四个可持续性维度作为评估框架，分析第三方认证和参与式保障体系各自的价值和意义。研究发现，尽管第三方认证机制存在一些不利因素，如在社会和政治可持续性方面的局限性，但在生态和经济可持续性方面表现出明显的潜力。在专业市场中，第三方认证通常带来溢价，从而使农户通过在有机生产领域建立最佳做法，有机会进入这些市场。相反，参与式保障体系展示了更全面的可持续性优势，包括社会、生态、经济和政治层面。参与式保障体系通过各种参与性机制，如将农户和消费者聚集在一起共同制定标准、推广农业生态实践等，实现了更广泛的可持续性目标。然而，第三方认证的传统权力结构和制度性特点可能构成对参与式保障体系可持续努力的挑战。尤其在技术专长和管理能力不足的情况下，农户可能面临信心和执行力的问题。该研究强调，针对有机标准制度化的市场驱动趋势需进行批判性评估。因为这种市场导向的模式可能会侵蚀有机运动本身的核心价值，如社会公平和生态平衡，从而削弱其在全球食品生态系统内可持续发展中的潜在贡献。该研究为有机食品系统的多元治理提供了理论和实证依据。

学者以公共强制性标准为例，对标准贸易效应的讨论进行重新审视（Fiankor et al.，2021）。研究基于理论的反对数引力模型，使用1998—2017年66个国家的双边农产品贸易流量数据，其实证策略重点关注进口国采用严格标准对贸易流量造成的国内差异化影响。与已有研究一致的发现是，进口国标准缺失具有贸易抑制性。不同之处在于，该研究显示贸易成本弹性并非固定参数，而取决于两国贸易间贸易的密集度。这意味着对于贸易量较大的国家，即使严格标准具有争议，其产生负面影响也较为有限。该研究同时结合扩展引力模型的经典理论来解释出现这种贸易异质性的来源。无论是包括或排除零值贸易额，这些结论均具有稳健性。研究进一步推断，相对较小的贸易伙伴更有可能从非关税贸易壁垒或标准一致化进程中受益。因此在关税壁垒逐渐降低的背景下，如何合理实施非关税措施，如食品安全和质量标准，成为决策者面临的紧迫问题。标准应适当、透明并以科学为基础，特别是在当前多边贸易体系受到削弱的情形下。政府间组织，如食品法典委员会，应更多参与以确保大多数成员国可以接受。该领域的进一步研究包括多个方向。首先，更详细的商品或产业级别的分析，可以通过基于反对数引力模型在特定产品层面的应用来实现。其次，企业级别交易和海关数据的分析有助于进一步理解标准贸易效应的微观机理。该研究丰富了对农产品标准贸易效应的实证研究，有助于评估与标准相关的政策的实施效果。

农产品贸易的全球化增强了食品供应链的互联性，也放大了食品安全的挑战。这一现象引发了对疫病和病原体跨境传播的风险，以及农药、食品添加剂和药品残留等方面严格监管需求的关注。复杂风险构成对依赖畜牧业作为生计来源的群体产生显著影响，并可能对国内和国际市场造成破坏性冲击。为解决这一问题，各国积极采取一系列贸易措施，尤其是符合世界贸易组织的卫生和植物检疫措施①和技术性贸易壁垒协议的措施。相关协议旨在不施加非必要贸易限制的前提下解决粮食安全问题，并确保食品安全、动植物健康以及环境保护。这些措施提供了解决贸易争端和执行标准的透明机制（WTO，2015；2018）。技术性贸易措施也构成特殊类型的非关税壁垒，可以改变贸易数量和价格，或者两者兼有，进而在理论上产生贸易扭曲。由于这些措施具有技术复杂性和多样性，很难准确判断其是否出于合法的国内目标（如食品安全）而设定，还是主要用于保护国内生产者免受外部竞争。此外，设计不当或目标不明确的非关税壁垒可能会增加不必要的贸易和生产成本，最终导致消费者负担增加（Swinnen，2017）。对这些措施的影响进行评估至关重要，对比不同国家在食品安全标准上的相对严格程度也有助于优化和协调全球食品安全治理体系。

为了缓解由于非关税壁垒引发的贸易保护主义问题，标准一致化成为可行且高度受重视的政策手段。该政策不仅能够降低出口企业的运营成本，而且能够在全球范围内提升食品安全标准。因此，多数区域贸易协议，尤其是欧盟主导的协议，通常会包括与非关税贸易措施相关的专门条款，特别是那些鼓励标准一致化和相互承认标准的条款。研究者通常将区域贸易协议中的技术性条款与贸易分析信息系统（Trade Analysis Information System，TRAINS）中的非关税贸易措施数据库相结合，以量化评估协调一致化、相互承认和合规性评估等深度整合条款可能带来的成

---

① SPS 措施旨在通过限制或禁止物质的使用、实施卫生要求或规范（如检疫、隔离）以防止疫病传播，保护动植物和人类的健康。技术性贸易壁垒措施涉及产品、工艺和生产方法特点，如技术规格和质量要求以及标签、标记和包装等，目的是保护环境、消费者安全和信息。SPS 措施和 TBT 措施还包括认证、抽样、测试或检验要求等合格评定程序。

本效益。这种方法对推动国际贸易政策和商业实践具有重要意义。标准一致化有助于消除贸易壁垒，为国际贸易体制提供更为合理和可持续的框架。

深化区域一体化的过程中，对非关税壁垒的全面理解和动态跟踪至关重要。这可以为政策制定者提供更具针对性的指导方针，还有助于识别与解决跨境贸易中的阻碍。学者采用多元化研究方法，考察欧洲与非欧洲国家在贸易标准上的差异，并针对国际橄榄委员会（International Olive Council，IOC）的精密度测试方式进行深入检验（Gonzalez et al.，2017）。国际监管机构根据橄榄油有关化学研究提供的信息制定标准。在该特定案例中，国际橄榄委员会主导了橄榄油相关的标准设置。然而，面对美国油脂化学家协会（American Oil Chemists' Society，AOCS）、国际标准化组织、国际纯粹与应用化学联合会（International Union of Pure and Applied Chemistry，IUPAC）以及含油种子和脂肪协会联盟（Federation of Oil Seed and Fats Association，FOSFA）等多个机构提出的替代方案，国际橄榄理事会也需要确保其标准的适应性和全球普遍接受度。需要注意的是，这些国际机构间存在的主要分歧通常在于各种测量参数的具体限度。由于气候变化和地理因素对橄榄油的化学成分有明显影响，标准设定通常需要周期性的修订与更新。这进一步强调了标准一体化和参数协调在促进全球贸易中的重要性。与此同时，持续性的质量控制和标准检验则成为必不可少的环节。从管理和决策的角度来看，对橄榄油真实性评价的多方参与和相应标准的持续优化是动态系统问题。其解决方案不仅局限于单一的精密度测试，更涉及灵敏度、选择度、检测限度、定量限度等多个关键性指标。这些指标共同构成复杂但高度相关的评价体系，对橄榄油行业各参与方，特别是消费者的信任度有着直接且深远的影响。全面而持续的方法验证和参数更新，有助于确保橄榄油产品在全球范围内的质量与真实性，还为国际贸易提供了更为稳健和可持续的监管框架。长远来看，这将有助于塑造全球橄榄油市场，促进相关产业的可持续发展和国际竞争力的提升。

食品标准是监管机构制定的计量规则，由政府、食品企业和零售商执行，其设定与实施构成监管行为。从规制经济学与信息不对称的理论角度出发，食品标准的核心目的可视为减少信息不对称，提升市场效率和社会福利。在食品领域中，标准通常可被分为三大类：过程标准、产

品标准和信息标准。过程标准关注食品生产和加工的各个阶段，确保从
农场到餐桌的全链条可追溯和符合预定的质量控制准则。产品标准则涉
及食品本身的物理和化学属性，如营养成分、保质期以及可能的污染物
水平。信息标准集中于产品标签和其他形式的信息传播，旨在减少消费
者与生产者之间的信息不对称，增加市场透明度。大多数法规将这三种
标准相结合并综合应用，以达成食品安全、质量控制和市场准入等多重
目标。对于食品加工商和零售商而言，合规性是法律义务，更是一种战
略优势。通过标准化的生产流程和信息披露，企业能有效降低交易成本，
提升消费者信任，在市场竞争中获得差异化竞争优势。在全球范围内，
特别是针对发展中国家，食品标准的问题尤为复杂。发展中国家的食品
企业在遵循国际标准时通常面临诸多挑战，包括技术瓶颈、资金限制和
人力资源缺乏等。然而，标准本身具有排他性和强制性，不达标的产品
将会被排除在国际贸易之外。对于发展中国家而言，需平衡标准的严格
性与本地企业的实际执行能力。各国政府、国际组织和私营企业有责任
在维护最低标准的基础上，采取技术援助和能力建设等配套措施，减轻
发展中国家的合规负担。这不仅能够提升全球食品贸易整体水平，也符
合可持续发展和全球贸易公平性的基本原则。

在全球食品供应链管理背景下，跨国企业与食品标准的关系尤为凸
显。以巴西牛肉产业为例，该产业主要针对国际市场出口，并在 2001—
2002 年实现超过 10 亿美元的出口额。主导这一产业的主要是本土企业，
而非跨国食品公司的子公司。这一局面为分析食品标准在发展中国家，
特别是在与全球供应链互动中的角色提供了新的视角。有研究考察巴西
牛肉链中的私有和公共标准（Vieira，2006），强调巴西牛肉出口企业如
何根据标准的演变来重新定位自身在供应链上的战略地位。从理论框架
来看，该研究关注国际食品标准、专利和全球连锁治理等多个维度。学
者研究表明，对意图提高国际竞争力的企业而言，标准具有重要战略价
值。然而，从巴西牛肉零售业的竞争力分析来看，供应链标准的不协调
是降低竞争力的主要因素。不协调源于多重因素，包括企业对供应链管
理的疏忽，以及政府在相应政策制定方面的不足。公用政策和企业战略
应相互促进，共同解决这一问题。具体而言，政府应制定有针对性的公
共政策，积极促进供应链标准的统一和协调。企业也应更加重视供应链
管理，以实现与全球最佳实践的对接。鉴于巴西牛肉零售业高度集中的

市场结构，相关政府部门应考虑该结构对国内牛肉连锁店组织和运营的影响，为实现有效和可持续的治理提供依据。该研究进一步从国际贸易发展和标准影响日益扩大两方面提出具体建议，尝试将标准协调的概念扩展到更广泛的治理领域。研究结论有助于了解巴西的牛肉供应链如何面对不断变化的国际市场，政府如何制定有关牛肉供应链的相关国内条例和适当公共政策以完善私有标准和公共标准管理，从而提高牛肉出口业的整体竞争力。

食品标准对国际贸易而言为强制性，特别是对于致力于进入高价值食品市场的发展中国家出口企业。这些企业面临一系列挑战，需满足国内消费者对食品安全和质量的高度关注，同时应对全球市场动态和供应链管理问题。对于食品行业，特别是易受污染和疫病影响的牛肉行业，标准的重要性进一步提升。标准来自各个层面，如国际公共标准、进口国的公共标准（可能因国家而异），外国零售企业的标准、国内公共标准、国内零售企业的标准，同时需要在整个供应链中实现高度整合和一致性。标准是质量和安全的保证，也是一种风险规避机制。在发展中国家视角下，这些标准被视为国际贸易的非关税壁垒，对资源和能力有限的企业构成了额外的合规成本和复杂性。与此同时，若发展中国家的企业能够符合农产品和食品领域的多层次、多维度的公共和私有标准，将有助于获得更高的市场接受度，进而扩大高价值和高附加值食品的出口贸易。

全球商品链（Global Commodity Chains，GCC）管理作为国际商务研究的核心领域，提供了透视全球生产与交易体系的高度结构化方法。该分析框架综合考察治理结构、权力分布和体制规范，进一步推动对发展中国家制造业扩散和社会经济影响的理解。[①] 有学者区分了两种类型的连锁管理和治理结构（Vieira，2006），即生产方驱动和消费方（买方）驱动，丰富了全球商品链分析的理论维度。这两种治理模式呈现出不同的权力动态，反映了不同领域和产业的特征。例如，生产方驱动的模型，常见于资本和技术密集型产业，如汽车和计算机行业。而消费方驱动的模型更多与零售和品牌商品相关，如超市等。大型企业在这些全球商品

---

① 全球商品链分析方法有助于考察全球化的复杂议题以及发展中国家的经济增长和减贫前景。全球商品链分析通过强调买方驱动供应链的主导地位来达到这一目的。

链中通常担任治理者角色，负责制定和实施标准，并涵盖对这些标准的持续监督。治理的范畴由此从单纯的制度层面扩展到包括多个主体和多层次因素在内的复杂网络。大企业可能是拥有技术和生产信息的制造企业（在生产者驱动的系统中），或者是拥有并专注于传达市场信息的零售或品牌企业（在买方驱动的系统中）。因此，在全球商品链管理中，标准的制定和执行尤为关键。不同治理结构下的标准反映了供应链复杂性，也是权利和责任分配的核心机制。例如，在食品行业，传统上由大型加工企业（如雀巢和海因茨）主导的生产方驱动模型正在受到大型零售企业的挑战，这些零售企业通过成功的品牌战略推动了更多的买方驱动特性。全球商品链管理能够深化对全球化复杂议题、发展中国家经济增长与减贫前景的理解。具体而言，治理结构的不同形态直接影响了出口企业进入国际市场的机会以及其国际竞争力。

研究进一步描述了不同代理人在制定与监督标准方面的角色（Vieira，2006）。对于明确各方在供应链中的责任和权利，以及塑造和实施治理模型，该种角色分配至关重要。治理主体通常作为战略决策者出现，对供应链的结构和动力进行微观调整，还在宏观层面影响着整个供应链的未来发展趋势。治理模式并非单一或固定，存在多样性，如世界贸易组织等多边机构主要负责立法治理，为全球供应链设定规范和标准。在国家层面，如巴西农业部，则更多体现为司法治理，即执行和监管国内法律和标准。私有企业或行业协会通常在行政治理方面发挥作用，基于市场需求和竞争状态制定并执行自有标准。不同层面和形态的治理相互影响，构成多维度的供应链治理体系。治理涵盖技术规范，也包括市场信息的传递。这使得企业能够适应技术更新，准确预测消费者需求和市场趋势，并确定利基市场。连锁治理的形式会影响出口企业进入国际市场的机会及其国际竞争力。供应链模式将直接影响其进入和在国际市场上的表现。

全球农食贸易不仅是经济现象，而且具有社会、道德和政治维度。世界贸易组织的农食管制体系，特别是《实施卫生与植物卫生措施协议》，聚焦于农产品和食品作为商品的工具价值，将其纳入全球贸易规范和法律框架之内。该模型强调产品质量、安全性和交易规则，贴近唯物主义价值观。在全球化和后工业社会背景下，诸如全球良好农业操作认证和各种有机标准出现，表现出不同的价值导向。私有或第三方标准关注产品的物质属性，反映了后物质主义的价值观。有研究考察农食伦理标准体系与全球贸易是否与世界贸易组织规则平行（Daugbjerg and Boitterill，2012）。研究表明，两种不同的价值观并非相互排斥，而是在复杂且多层次的全球治理体系中共存。共存体现在各自的法律和规范框架内，表现为如何解释和理解事物和农产品共存的多元视角。价值观的多样性和共存为全球农食贸易体系提供了解释框架。

在非传染性疾病防控的全球卫生挑战中，饮食相关的政策与法规至关重要。在全球贸易自由化背景下，各国在饮食方面的贸易政策展现出不同程度的成效。限制食品供应中含脂肪肉类能有效预防非传染性疾病。以加纳为例，其政府成功地实施一项创新性的食品标准政策，限制不断增加的低质量高脂肪肉类进口。食品标准政策在贸易部门和卫生部门的多部门合作下得以实施，旨在降低食品供应中的高脂肪肉类，积极应对相关健康问题。多部门合作模式在满足加纳在多边贸易框架下的承诺的同时，也提供了一种可行的、遵循全球贸易法律的手段。该政策具有两大优势：一是非歧视性，因为这些标准适用于进口和本土肉类，符合全球贸易法的基本原则；二是合理性和合法性，这些标准基于公共健康风险，并与世界贸易组织的相关规定相符。然而，这样的标准在实施中仍面临挑战。首先，在全球尚缺乏高脂肪肉类的统一标准，导致了实施难度。其次，标准的归类问题，在世界贸易组织的不同政策审查中，同一措施可能被区别分类，影响了其在全球贸易法中的合法性和合规性。针对这些挑战可能的应对策略包括：第一，明确措施与总体政策目标（减少高脂肪肉类消费）之间的明确关系；第二，采用非歧视性的机制在基于公共卫生风险的背景下制定政策。这些策略不仅可确保政策的合规性和合法性，还能在全球贸易法的框架内提供更为持久和可持续的解决方案。加纳的实践表明，通过合作与创新的政策设计，尤其是在贸易和卫生部门的合作下，有效执行高脂肪肉类的标准是可行的，尽管在中低收入国家可能存在一定的执行成本。

马来西亚的食品部门受到一系列严格监管，包括植物与卫生检疫标签、技术性贸易措施、产品质量和限制性物质的技术性规定。学者以马来西亚食品进口为例，研究东南亚国家联盟（Association of Southeast Asian Nations，ASEAN）食品贸易标准与法规协调的案例（Devadason et al.，2018）。由于各成员国在统一食品标准的进展缓慢，管制的异质性被认为是阻碍东盟食品贸易的主要挑战。研究利用综合性非关税措施数据库，考察马来西亚粮食部门非关税措施的覆盖面、频率和多样性，并进一步分析非关税措施对东盟粮食进口的影响。实证结果表明，这些技术措施总体上限制了粮食进口。该研究指出，协调区域级别的食品标准和法规对于促进跨国贸易较为重要。特别在农食部门，应创建共同的食品安全法规领域，集中于技术性贸易措施和特定行业以实现监管趋同发展。原因在于，在现实和政治层面完全统一农食标准难以实现。通过在区域级别实施协调机制来实现各成员国法规的部分驱动，是更加可行和高效的策略。

食品安全标准是全球贸易的主要非关税壁垒之一。有研究考察了欧盟贸易标准对埃及中小农产品企业出口绩效的影响，尤其在食品安全和质量标准逐渐强化的背景下（Hatab et al.，2019）。基于调查数据和Probit 模型开展的实证研究表明，标准认证成为埃及农产品进入欧盟市场不可或缺的市场准入工具。研究进一步发现，企业在农产品出口业务方面的经验能显著影响其通过遵循标准而减少边境拒绝和扩大现有出口市场的可能性。与此同时，学者基于引力模型和平衡面板数据的实证分析，研究食品安全标准（尤其是汞限量标准）对伊朗鱼类产品出口及其在全球贸易格局中的影响（Mohammadi et al.，2020）。该研究实证数据涵盖2006—2015 年八种主要鱼类产品进口国。结果表明，汞限量标准等食品安全标准是影响鱼类出口的重要因素之一。国家间食品安全监管标准的一致性也会促进贸易伙伴国之间的鱼类贸易。双边地理距离、双边贸易协议和实际汇率等因素对鱼类产品出口具有显著影响。具体而言，伊朗的鱼类出口与进口企业的汞限量标准水平呈负相关。调整鱼类产品标准并采用符合进口国实施的汞限量标准要求的处理方法进行生产，对提升伊朗在全球鱼类贸易中的竞争地位至关重要。这两项研究强调了食品安全标准在决定农食产品国际贸易流动中的核心作用，以及应对标准以优化出口绩效的对策。

五 转基因标准

转基因技术将外源基因整合至目标生物的基因组内，旨在改变植物或动物的特定性能，如提升产量、增强耐病性和适应性等。该技术在粮食生产领域具有显著应用价值，其监管和标准化方面存在全球性差异。核心问题包括：第一，标识要求。许多国家强制规定转基因食品需要在产品标签上明确标示。标识通常包括特定的图形符号、文本描述或警示性文字，以便消费者明确识别含有转基因成分的食品。第二，阈值要求，涉及转基因成分含量的限定。一些国家制定了转基因成分的具体阈值要求，即当食品中转基因成分的比例达到或超过某个设定的数值时，该食品需要满足特定的标识或监管要求。第三，风险评估和审批程序。大多数国家会对植物或动物源的转基因食品进行全面的风险评估，该过程包括评价其对人体健康的安全性、对生态环境的影响，以及是否含有潜在过敏源等。第四，国际标准与对策。多个国际组织和机构参与制定转基因食品的标准和指南，如世界卫生组织、食品农业组织、国际食品标准委员会。由于全球范围内对转基因食品的立法、监管和标准要求存在显著差异，因此在跨国粮食贸易中，进口国和出口国需要达成关于转基因标准的共识，以确保产品符合目标市场的要求，遵循相关法规和标准，最大限度保障消费者权益和自主选择权。这也有助于避免因标准不一致引发潜在贸易争端。

粮食领域转基因标准的制定和执行对粮食进口产生的影响包括：第一，市场准入和贸易壁垒。转基因标准逐渐成为许多国家和地区评估进口粮食合规性的基础准则。若进口粮食产品中包含未经批准或超过法定阈值的转基因成分，可能会被视为不合格产品，面临各种贸易制裁，如限制、拒绝进口或扣留处理。这增加了进口商对目标市场准入的不确定性，形成隐形贸易壁垒。第二，监管和合规成本。符合转基因标准需要进口商承担额外的成本和资源投入，以确保粮食产品符合标准。成本涵盖从转基因成分检测、实验室品质测试，到相应的认证程序等多个环节。进口商需要建立和维护供应链的完整性和可追溯性，并确保供应商端的全面合规。同时，监管机构也需要加强对进口粮食的常规检查和监测活动，监管和合规成本加大了整个粮食贸易链条的成本负担。第三，消费者需求和认可度的多元性。消费者的态度和偏好对转基因食品的市场准入具有显著影响。部分消费者对转基因食品的潜在风险持谨慎甚至拒绝的态度，倾向于选择符合严格转基因标准的产品。因此，进口通过符合目标市场的转基因标准，可以获得消费群体的信任，提高市场竞争力。反之，如果进口粮食未能符合目标市场的转基因标准，可能会受到消费者抵制，进而影响整体市场表现。第四，推动国际标准的统一与协调。转基因标准在不同国家和地区存在明显差异，这种非一致性会成为导致贸易争端和纠纷的诱因。在此背景下，推动国际组织和机构间的合作以达成统一的转基因标准尤为重要。一致性可以减少因标准差异导致的贸易壁垒和技术障碍，并提升全球粮食贸易体系的可持续性和有效性。

不同国家和地区对转基因生物的公共政策存在较大差异，这一现象导致全球市场分裂，并对国际贸易体制构成挑战。例如，日本和欧盟在农产品进口方面采取了严格的转基因法规，与此相反，美国和阿根廷等出口主导国家持相对宽松的立场。法规上的差异性为发展中国家确定转基因作物生产和监管战略时增加了复杂性。尽管一些亚洲和非洲国家通过转基因作物有望获得较高的经济收益，但发展中国家企业同时也面临来自消费者对转基因产品进入发达国家和本土市场的潜在反对，带来经济和社会损失。学者们针对转基因标准进行研究，建立转基因监管的综合指数并利用引力模型，定量分析转基因标准对农产品双边贸易流动的影响（Vigani et al.，2012）。该研究发现转基因监管的双边差异会对贸易流量产生负面影响，这一负面影响尤其受到标签、批准流程和可追溯性等因素的驱动。从政治经济视角来看，转基因标准与贸易流动之间存在内生性关系。学者关注潜在的转基因标准对贸易流动的内生性问题，研究结果保持稳健。与此相似，也有学者使用引力模型来分析欧盟事实上暂停转基因生物（如禁种转基因植物）对贸易的影响，发现这些禁令和其他欧洲转基因标准对出口国造成了负面贸易影响（Disdier et al.，2015）。在转基因法规方面存在明显差异的国家之间，贸易额明显减少。因此，国家间转基因标准一致化对于促进全球贸易流动具有重要意义。这一结论也与其他行业研究一致（Czubala et al.，2009）。有关转基因标准贸易效应研究的主要政策含义在于，转基因标准的全球协调进程将对贸易体系产生积极效应（Vigani et al.，2012）。

此外，消费者对转基因食品的接受度不断变化，这在很大程度上受到了各国法规与企业自愿标准的影响。学者研究了美国和欧盟的食品加工商和零售商非转基因标准及法规的积极推动作用（Castellari et al.，2018）。该研究突出了自愿性标准在重塑欧盟和美国的非转基因标签体系方面日益重要的角色。[①] 基于对比性分析，考察欧盟与美国两大市场内涉及转基因食品生产或与转基因食品共存的生产体系，关注各自的强制性和自愿性标签方案。结果显示，在转基因领域内，公共标准和私有标准

_____

① 这对于理解国际食品贸易和消费者选择行为具有重要意义。

之间存在趋同现象。在公共政策制定与企业自行规定之间，存在隐性互补的关系。公共标准和私有标准的趋同显示了两者之间潜在的协同效应，同时明确非转基因市场未来发展的巨大潜力，有助于在全球范围内有效协调各方利益和推动非转基因食品在全球市场上的持续增长和可持续发展。

学者研究了消费者对转基因食品标签系统（如含转基因与非转基因标签）的态度是否存在显著差异（Zheng and Wang, 2021）。该研究特别关注消费者对中国转基因食品标签体系的认知，进一步细分为强制性含有转基因标签和自愿非转基因标签。结合调查数据的多层次分析发现，推动自愿性非转基因标准制度与强制性含有转基因标准制度的因素存在差异性。在参与者中，相对于自愿性非转基因标签制度，消费者认为强制性含有转基因标签这一制度更为重要。进一步分析表明，如果消费者拥有更客观的转基因食品知识、更关注转基因食品的健康影响、购买转基因食品的意愿更低以及收入更高，则更倾向于认可这两种标签系统均具有重要性。在消费者权益方面，如果消费者认为自己可能未被告知就消费了转基因食品，则更可能认为强制性地含有转基因标签更为重要。那些认为转基因食品不安全和反对转基因技术的消费者更倾向于认为自愿性的非转基因标签更为重要。研究结果为实施强制性转基因标签提供了制度视角的支持，强调信息透明度和消费者教育在转基因食品接受度和规制方面的核心地位。

学者研究瑞典媒体关于转基因作物的辩论，考察受媒体关注的农户议题（Fischer and Hess, 2022）。研究对瑞典媒体关于转基因的争论进行纵向分析，比较普通媒体和农业媒体对转基因的相关报道。资料主要包括 1994—2018 年农业出版物上发表的近 1400 篇关于转基因食品和农业的文章。学者结合内容分析和统计模拟技术，确定数据集中的结构性断点，并识别争论焦点如何随时间推移而转变。研究结果表明，瑞典媒体对农户的重要问题给予特别关注。这场辩论在 20 世纪 90 年代中期最为激烈，此后，报道转基因生物的频率总体下降，辩论的负面影响逐渐减少。然而，普通媒体对农户观点的关注度超出了预先设定的期望。尽管全球南方的小农农业和粮食安全问题始终被视为全球各方关于转基因辩论的核心议题，但这些问题并未对瑞典的媒体讨论产生显著影响。相关分析为理解转基因技术如何在特定文化和社会环境中被接受或抵制提供了有力证据。

由于消费者对转基因生物持负面态度，以及不同国家的转基因生物标签立法存在不一致性和模糊性，一些零售商和加工商因此推出自主制定的非转基因标准，意在避免其产品中存在转基因成分。学者应用交易成本经济学与基于资源的视角，研究这些自主非转基因标准如何影响家禽供应链的治理结构（Ghozzi et al.，2016）。研究旨在了解这些新兴的、零售商驱动的标准如何影响供应链治理，以及推动这一变革的各种决定因素。研究设计包括对法国和意大利家禽业的案例研究，采用深度访谈方式收集供应链各个环节（从零售商到动物饲料和作物生产）的主要参与者数据。调查结果表明，非转基因产品的引入在供应链治理中产生多样化影响，通常会促成更广泛、更多层次的交易联系。这种变化的理论相关性具有多维特征，具体取决于观察到的交易类型和考虑的治理结构。基于资源的观点能够解释在某些特定场合下，供应链治理可能会发生从市场导向转向分层治理的结构性变化。该研究丰富了关于采用新标准对供应链上游影响的实证文献，揭示了粮食领域转基因标准对粮食进口产生的多维影响。转基因标准在市场准入、监管成本和合规性、消费者需求和认可度以及国际贸易方面起着重要作用。进口商需要密切关注目标市场的转基因标准，以确保粮食产品符合相关标准要求，保证市场准入并满足消费者需求。同时，制定一致的国际转基因标准有助于促进粮食贸易的公平和可持续发展。

第二节　国内研究

一　SPS 标准和 TBT 标准

随着全球贸易一体化的深入，SPS 标准与 TBT 标准在农产品出口领域的作用受到学术界广泛关注。2020 年以来的最新研究文献集中探讨 SPS 标准、TBT 标准与农产品出口贸易相关的不同主题和方法，尤其集中于评估其对贸易的实际影响，探讨贸易壁垒的发生机理及相应规制、措施对特定国家和产品的影响等，如基于新理论框架测量 SPS 措施贸易保护水平的方法（董银果等，2021）。进一步的实证分析（董银果等，2023）揭示了 SPS 措施的异质性如何造成不同国家之间的贸易壁垒，并据此提出关于 SPS 措施合理协调、异质性监管和农产品出口管理的综合建议，为国际贸易研究和政策制定提供更为具体、有效的参考。

一些研究关注贸易自由化及改善国际卫生管理，为政策制定者和贸易企业提供指导和启示，有助于应对 TBT 措施对农产品出口的影响，如戚亚梅（2008）考察日本在技术贸易措施领域进行的活动，涉及建立咨询机构、便利化信息交流机制、通报审查等领域。相关经验可以为其他国家应对技术性贸易措施提供参考。何雅静等（2021）探讨中国水产品在 WTO/SPS 措施下的贸易关注问题，指出 WTO/SPS 措施对于水产品出口管理存在不足。学者发现 SPS 措施导致中国生鲜水果出口的贸易关系和贸易持续时间受到限制，强调制定具体应对方案的紧迫性（彭世广等，2020）。冯洁菡（2020）关注额外卫生措施的国际法规制，分析国际卫生条例和 SPS 协议下额外卫生措施的法律地位和影响，提出针对性的额外卫生措施国际管理建议。田曦和蔡晨晨（2020）选取中国农食产品企业的出口数据，从多角度实证分析 TBT 措施对农食产品出口的影响。研究发现，TBT 措施限制对农食产品出口企业产生重要影响。中国应加强在世界贸易多边体系下与农食贸易伙伴进行谈判的能力。多元化农食产品出口的市场选择，有助于农食产品企业应对这一调整，并加快农食行业发展进程。

研究文献的实证研究结果表明，SPS 措施对农产品出口贸易会产生显著影响，这些措施也促使企业提高质量和技术水平，进一步实现贸易升级。董银果研究团队的系列成果深入探讨了 SPS 措施对出口农产品质量和贸易的影响。董银果（2011）以中国农产品出口受国外 SPS 措施的影响为出发点，考察一系列影响因素和应对策略，提出加强监管体系和提高农产品质量是应对 SPS 挑战的有效手段。SPS 标准是中国加入世界贸易组织后农产品出口面临的主要障碍。以孔雀石绿标准为例，该标准越严格，产生的贸易抑制效应越明显。具体而言，来自日本、美国和欧盟的 SPS 标准每提升 1PPb（Part Per Billion），中国水产品出口贸易额减少约 8%。董银果和张洁（2011）利用问卷调查获得实证数据，研究 SPS 措施对中国农产品遵从成本和出口的影响。研究发现，遵循 SPS 措施的相关成本受多种因素影响，如企业自检能力、企业创立时间、出口市场类型以及出口企业规模等。董银果和严京（2011）从食品国际贸易的官方标准和私有标准的视角，探讨 SPS 协议与国际标准体系和中国履行协议之间的关系，并提出相应对策。董银果和姜盼（2011）针对中国蔬菜出口遭遇 SPS 措施的情景出发，考察多维度的影响因素和解决方案，如规避措施和质量安全认证。相关研究为 SPS 措施的多层次影响和企业应对策略提供了深入分析。进一步从中国出口农产品遭遇 SPS 措施的角度出发，董银果和姜盼（2012）分析其具体原因，并强调减少标准差异、增加贸易企业获得国外 SPS 相关信息的渠道以及加强行业协会功能等作为应对策略的重要性。

董银果和李圳（2017）使用 Heckman 两阶段方法，对 SPS 措施对农产品贸易的影响进行实证分析。研究结果显示，SPS 措施对农产品贸易的影响存在显著性，同时产品规模、技术水平和市场份额等因素也会对影响程度产生影响。董银果和黄俊闻（2018）运用前沿距离模型探究 SPS 措施对出口农产品质量升级的影响，研究发现 SPS 措施与出口农产品质量之间存在显著关联，可以有效提升出口企业的竞争力和财务表现。董银果和刘雪梅（2019）从多产品出口企业理论出发，认为 SPS 措施的实施使企业向高品质和多样性生产的方向转变，以满足不断变化的市场需求。这有助于提升出口农产品质量和企业竞争力，推动农产品出口贸易增长。董银果和吴倚天（2019）探讨 SPS 措施对企业和消费者的双重影响。尽管 SPS 措施出于维护消费者健康的考虑，诸多情形下该措施表现出贸易保护主义倾向，尤其是面对发达国家或是农产品加工领域。

此外，聚焦于 SPS 措施对农产品出口的影响以及对策措施的研究成果丰富。李光德（2011）从 SPS 契约剩余控制权的管制角度出发，分析 SPS 措施在国际贸易中的应用，并提出相应的应对措施。师华（2012）探讨了《实施卫生与植物卫生措施协议》"适用地区"条款及中国的应对策略，指出中国可通过提升出口农产品的竞争力以融入该协议体系。秦臻和倪艳（2014）的研究以中国市场为研究对象，应用 HMR 法和极大似然法，探讨 SPS 措施对中国农产品出口贸易的影响。研究结果发现，SPS 措施对不同农产品种类的出口贸易影响程度不一致。鲍晓华和严晓杰（2014）利用二元边际测度方法，分析 SPS 措施对中国农产品出口及其质量的影响。研究认为，SPS 措施制约下农产品对外贸易质量得到提高，但同时增加了企业成本。这对理解 SPS 措施相关效应的异质性，以及 SPS 措施如何影响企业经济行为和市场竞争力具有参考价值。

二　私有标准

国内有关私有标准①与贸易发展的文献处于快速发展阶段，主要关注私有标准对农食贸易的影响。私有标准是由非国家机构或商业企业制定的质量和安全要求标准，主要用于商品和服务的生产和销售。农食产品贸易中私有标准被广泛使用，其效应具有双重性，表现为在保障消费者健康和质量安全的同时，也成为潜在的贸易壁垒，对某些国家或地区的出口构成制约。近年来国内学者对私有标准与农食品贸易的关系进行研究，并发现私有标准的变动通常直接影响农食产品出口量及出口商的利润空间。例如，私有标准在一定程度上有利于东南亚和南美洲等地农产品的出口增长，因为这些地区能够通过遵循这些标准来提高其出口的市场接受度。私有标准在全球农业供应链中的应用已日益普及，对中国农业发展具有复杂影响，既包括积极因素也包括制约因素。从积极层面来看，私有标准有助于提升中国农产品的国际竞争力，通过满足多元化的市场需求推动产业升级和增值。与此同时，私有标准的高门槛和复杂性也会对中小型农业企业带来压力。预计在未来，随着中国农业向更高产业链实现升级，私有标准的作用将更加多元。为应对这一挑战，除了政策层面的干预，还需在企业战略和供应链管理方面做出相应调整。

具体来看，该领域研究议题及代表性研究可以归纳为三个主要领域：（1）了解并合理应对私有标准可以提高中国产品的出口竞争力。张芳（2014）考察私有标准的著作权保护问题，强调将私有标准纳入传统的著作权法领域，以保障其著作权合法性。与此同时，学者也围绕国外私有标准对中国出口的影响展开研究，并提出一系列应对策略（李丽，2014）。（2）强调机构合作和信息共享在解决食品安全问题中的重要性。于连超（2012）从反垄断法的角度出发，研究私有标准的合规性和反垄断法规制的相互影响，提出加强对私有标准的监管力度，以避免潜在的市场垄断风险。进一步地研究关注食品安全私有标准，考察商标在质量标准中的表达方式以及其法律责任的规定（于连超，2015）。学者也考察了非政府组织推行的公平贸易标签，发现私有标准可以促进经济和社会发展，同时也带来一些挑战和问题（梅琳和吕方，2015）。（3）私有标准在国际贸易中的必要性。戚亚梅和钱永忠（2009）从国际食品贸易的视

---

① 有些文献中也称私营标准。本研究综述了有关"私营标准"或"私有标准"的相关文献。

角，研究私有标准及其作用。吴宏和邹宇（2008）考察私有标准的形成动因及其对国际贸易产生影响的作用机制。基于发展中国家遵循私有标准的成功经验，为中国农产品的国际化发展提供参考借鉴。

三 最大残留限量标准

国内有关农药最大残留限量标准研究文献的切入点可以归纳为三个方面：一是标准的演变趋势；二是标准对农产品质量的影响评估；三是标准相关风险管理上的实证研究。这些研究都关注了农药最大残留限量标准，主要探讨了最大残留限量标准对农产品质量和食品安全的影响。在关于标准演变趋势的研究中，学者关注多个变量因素，包括环境因素、政策倾向以及科技进步等。这些因素共同影响最大残留限量标准的制定与调整。最大残留限量标准的演变趋势和改变受多种因素的影响，政府在推广有机农业和农业可持续发展的过程中也推动了最大残留限量标准的调整。对于受最大残留限量标准严格约束的重要农产品，出口数量可能会受到影响。就风险研究而言，最大残留限量标准对于保障食品安全的作用仍需加强，精准分析其在食品安全保障体系中的作用。

在国内关于农药最大残留限量标准的研究中，存在三个显著的研究方向：食品安全风险评估、农产品质量与出口量的关联性，以及最大残留限量标准的演变趋势与影响因素。李太平（2011）考察了食品中农药最大残留限量标准的安全风险。该研究发现，我国现行最大残留限量标准有一定的安全风险，需进行修订以加强其在保障食品安全方面的作用。江东坡和姚清仿（2019）基于欧盟生鲜水果进口的实证数据，研究欧盟农药最大残留限量标准对农产品质量及出口量的影响。研究发现，欧盟农药最大残留限量标准会负面影响其生鲜水果进口的质量提升速度，且该影响呈非线性特征。最大残留限量标准的负面阻碍作用对低收入国家的影响更为明显，表现出非关税贸易壁垒的特征。江东坡和张秋洁（2021）研究中国农药最大残留限量标准的演变趋势以及动因，认为最大残留限量标准的改变受到国内外多重环境因素的影响，包括相关法律法规的制定与改革以及国际贸易制度的演变等。中国农药最大残留限量标准的演变，体现出粮食安全、农业生产方式以及消费结构等多重因素的要求。

四 食品标准

在国际谷物贸易市场，进口国食品安全标准、中国食品安全标准均

会对中国谷物出口产生显著的抑制效应（鲍晓华，2011）。这一点凸显了
食品安全标准在国际贸易谈判和流通中的核心地位。然而，相关效应并
非在所有情境中均为负面。以中国浙江食品出口为例，在出口至发达国
家（如日本等）的贸易中，质量安全标准对发达国家市场的贸易促进效
应大于抑制效应。相关部门应对国外标准的出口贸易效应进行充分识别，
以面对标准带来的挑战（宋海英，2013）。此外，学者强调标准在决定农
产品贸易流向、贸易规模、贸易仲裁和贸易条款等领域的重要性（张华
和宋明顺，2015）。应对这些影响需要综合考虑短期策略和长远战略。该
观点呼应了之前的研究，也为如何平衡标准与贸易之间的关系提供了策
略性思考。在农产品贸易领域，国内学者也提供了关于标准影响农产品
贸易的研究综述（谢兰兰等，2017）。

　　关于食品标准的研究文献，主要涉及食品标准的国际合作、中国食
品标准体系改革、婴幼儿食品标准研究以及动物源性食品标准与法规比
较。代表性成果包括：吴建丽等（2003）比较了国内外动物源性食品标
准与法规。从中国和国际动物源性食品标准制定机构的介绍入手，探讨
国际标准和中国标准的异同。研究着重分析世界卫生组织和联合国粮农
组织制定的安全标准在中国制定动物源性食品标准时的借鉴意义。学者
也针对食品标准的跨国合作对中国食品标准工作的影响展开研究（赵雅
玲和郑健翔，2013）。该研究以中国加入世界贸易组织以来食品标准改革
进行案例分析，阐释中国加入相关标准组织和签署国际标准协议所带来
的重要影响。认为食品标准跨国合作，特别是与国际食品法典委员会和
国际标准化组织等国际机构的合作，是促进食品贸易和充分保障食品安
全的重要措施。此外，刘录民等（2009）主要探讨中国食品标准体系改
革与食品技术法规建设。从中国食品标准制定现状和存在问题出发，提
出中国所面临的挑战，并分析完善食品标准体系的必要性。同时，提出
完善中国食品技术法规建设的思路和措施，为中国食品标准与法规建设
提供有益启示。马爱进（2008）则聚焦于国际食品法典委员会婴幼儿食
品标准的研究。该研究分析婴幼儿食品标准的制定意义和参与标准工作
的形式，关注中国参与国际食品标准的优势和挑战。中国应积极参与国
际食品标准制定过程，以维护中国在国际标准制定中的利益。

　　在农产品标准与国际贸易关系的研究领域中，也出现一些代表性研
究视角。崔红梅等（2004）提出加快制定和完善与国际接轨的农产品标准

以拓宽中国农业贸易领域的观点。该观点得到李怀林（2005）相关研究的支持。学者们认为实施标准化战略有利于促进国际贸易。相关研究为标准与农产品贸易之间的关联性提供了理论基础，突出了标准在战略层面的价值。袁赢（2009）对于中国农产品进出口总额不断扩大但农产品贸易竞争力日趋下降的问题进行研究，通过协整检验和格兰杰检验，实证分析中国农业行业标准的制定对中国农产品贸易竞争力是否具有促进作用。

唐锋等（2018）基于不同标准的 Heckman 模型考察了中国农食产品标准"国际化"的贸易效应。虽然国际标准会给技术等水平较低的发展中国家带来更大的遵循成本，但国内标准却对本国农食产品的二元边际均有正效应。此外，高振等（2019）针对农业用氮肥技术标准差异，提出标准协同对"一带一路"共建国家农业产能合作的新路径。高振等（2020）对中越水稻插秧机进行标准比对，提出中国与东盟农业机械领域标准协同的建议。以上研究成果表明标准在国际贸易中的作用不容忽视。需要鼓励国际标准与行业标准等各类标准保持一致，同时推进技术标准的制定和协调，以实现贸易和谐发展。相关研究共同强调了标准在国际贸易中的重要性，并从不同角度揭示了标准对贸易流动和优化的积极作用。为实现贸易和谐发展，需要进一步提升国际标准与行业标准的一致性，致力于技术标准的综合制定与协调。这可以缩小全球贸易中的信息不对称与规则差距，有助于促进更为平衡与可持续的国际贸易生态。

国内学者还针对品质标准①进行了讨论。徐嵩龄（1999）结合实际案例并针对中国食品市场安全风险问题的研究认为，品质标准应内外统一，食品安全的保障和品质标准的制定同等重要。该研究从实际案例深入分析品质标准的重要性，揭示当前食品市场存在的问题。品质标准制定需要充分考虑国内国际市场的差异，这一观点对当前中国品质标准制定具

---

① 品质标准对农产品出口具有积极作用。以中国广西为例，该地区以火龙果、沙田柚和柑橘等特色农产品为主导产业，但这些产品的国际和国内市场竞争力却较弱。除了价格因素，品质是其竞争的重要因素。研究表明，农产品品质受生态环境和气候条件的影响，生态环境和气候的好坏也是反映其品质的重要指标。因此，开展气候品质认证是提高农产品的市场竞争力的重要措施之一。在中国广西，通过开展气候品质评定服务，宣传"气候好产品"（气候品质认证），提高红心香柚品牌知名度，提升市场竞争力；在其他地区也可以通过类似的措施提升农产品的品质和市场竞争力。品质标准也可能对出口产生负面影响。以中药为例，欧盟制定《欧盟草药法规》以规范中药品质和安全等方面的问题，进口中药需要满足法规中规定的条件，否则需要经过复杂的注册和备案程序。因此，制定适当的品质标准需要考虑不同领域的实际情况，权衡利弊，以提高出口产品的品质和市场竞争力。

有一定参考意义。傅伟（2017）提出，国际贸易货物品质标准演进将经历把技术标准、环境标准、社会标准纳入产品品质要求的过程中。通过对广义比较优势公式的解析，构建广义比较优势模型，基于中国与日本、德国、英国、法国的面板数据，研究发现国际贸易品质标准演进产生负的经济效果，且伴随较大的潜在规模效应。中国标准演进存在重数不重质的现象。应制定与国际贸易货物品质相对应的标准，以促进中国外贸发展。以上两项研究均强调了品质标准在国际贸易中的关键性角色，从食品安全和经济效应两个视角深化对品质标准的讨论。为促进中国外贸持续健康发展，需制定与国际贸易货物品质相对应的高水平标准，关注标准的内外一致性，并纳入更为综合性的技术、环境和社会因素。这有助于促进全球贸易生态的可持续发展。

五 转基因标准

根据研究内容和关注焦点，针对转基因标准的研究可以划分成多个研究主题，具体包括转基因生物安全立法与其内在价值取向问题、转基因作物对中国经济长期安全的潜在影响、消费者对转基因食品购买决策的动机与偏好、公众对转基因的整体态度和知识水平、转基因作物的科学话语建构策略、转基因食品信息立法及进口审批管理流程、转基因农业与非转基因农业的和谐共存、转基因生物的潜在风险与防控策略、转基因技术的伦理与政策考量、国际转基因产品贸易规则、转基因作物的发展与机遇等。这些研究主题指向更宽泛的议题，即如何在科技进步与社会伦理、经济可持续性和环境可持续性之间找到合理的平衡点。

在考察转基因标准的相关研究领域中，四个主要研究方向得到了关注：第一，立法与安全平衡。在相关研究主题中，学者都提到了转基因技术及其相关的立法、管理、安全等问题。其中，肖峰和周梦欣（2015）着重论述中国转基因食品信息立法，探讨从转基因主粮化之争说起的相关问题。李姝卉（2022）关注转基因生物安全立法的价值问题，考察转基因技术带来的经济效益和安全问题的平衡。李万君等（2022）从中国经济安全的角度对比中美印三国的商业化转基因主粮作物。第二，消费者行为。有研究考察消费者对转基因食品的购买决策，如吉小燕和侯雅莉（2015）研究国外转基因标识、阈值设定与审批管理对中国转基因大豆进口的影响，揭示了国际贸易规则下的转基因技术潜力和挑战。张瑞娟和许菲（2022）从转基因制度认知的视角出发，揭示消费者对转基因产品的选择和抵制关键因素的影响。第三，公众态度与话语建构。也有研究文献关注公众对转基因技术的态度和话语建构。郑泉和张增一（2018）以美国举办的一场转基因辩论为例，分析科学话语在转基因议题中的建构策略。崔凯和 Shoemaker（2020）探析中美公众对转基因态度的差异及公众质疑转基因的原因。第四，农户与相关政策。有文献将转基因作物的发展与农户意向相联系，如马述忠和黄祖辉（2003）研究农民转基因作物种植意向的分析。周超（2014）关注保障转基因农业与非转基因农业共存的政策框架措施。

第三节　小结

在农食贸易领域，尤其是粮食贸易的环境下，涉及的技术标准具有多样性，主要包括动植物卫生检疫措施和技术性贸易壁垒标准、私有标准、最大残留限量标准、食品标准以及转基因标准等。这些标准不仅构建了国际贸易的规则体系，还影响了贸易流向和方向。国内外学者针对标准对粮食贸易的影响进行了广泛研究。不同类型的标准在贸易效应中发挥关键作用。学者们认为，需要进一步获得经验证据，以定量评估标准对贸易的影响（Maskus，2005；Clougherty and Grajek，2008）。由于存在多重因素和维度，学者也呼吁进一步收集和分析经验数据，以定量评估各类标准对粮食贸易的具体影响。

在 SPS 标准和 TBT 标准领域，相关文献探讨了 SPS 标准和 TBT 标准影响贸易的不同主题和方法。研究范围包括 SPS 标准的综合效果评估、贸易壁垒的形成机理及相应制度性规制，以及 SPS 标准对特定国家和产品群的影响等。理论层面上，这些研究为政策制定者和贸易企业提供了模型和框架，有助于全面评估 SPS 和 TBT 标准的经济和社会效益；在实证研究方面，相关数据分析和案例研究为各利益方提供了具体的操作指南，这对促进贸易自由化和改善全球卫生治理体系具有重要价值。各类文献也从不同角度探讨了 TBT 标准的内涵和适用问题，以及这类技术性贸易壁垒对各国贸易的影响。研究涵盖了相关标准在不同产业、不同地域和不同法律文化背景下的具体执行和遵守情况。这些标准也可能导致合规成本增加，尤其对于发展中国家而言。需要通过制度设计和国际合作，来平衡合规成本和贸易效益。

在私有标准领域，相关文献探讨私有标准在行业规范、食品安全和知识产权保护等方面的问题。发达国家对公共标准和私有标准的规定日益严格。其中，私有标准不受《实施卫生与植物卫生措施协议》约束，具有更广泛的应用范围。研究表明，私有标准可以提高产品的质量和安全性，增加消费者的信任度，体现以百姓利益为根本的"重民本"思想（刘星，2024）。私有标准也形成了隐性的农产品国际贸易壁垒，对发展中国家及中小企业出口产生较大的负面影响，特别是涉及贸易壁垒和反垄断法规制的情形。国内研究也发现，私有标准可以提高产品的质量和安全性，增加消费者的信任度。但由于贸易壁垒和反垄断法规制等问题，私有标准可能负面影响国际贸易。仍需开展综合考察私有标准双重性质的理论和实证研究。

在最大残留限量标准领域，相关文献主要探讨标准对农产品质量和食品安全的多层次影响。标准的演变趋势和改变受多种因素的作用，包括政府在推广有机农业和农业可持续发展的政策倾向。在全球贸易语境下，这些标准具有双刃剑的特性。对于那些被最大残留限量标准严格控制的重要农产品，其出口数量和全球市场接受度可能会面临较大的挑战。对于食品安全而言，最大残留限量标准对于保障食品安全的作用仍需加强。标准的设置需基于科学的风险评估，还需考虑社会、经济和文化维度的因素。

在食品标准和转基因标准领域，相关文献关注标准对经济、政策、科学和法律等方面带来的新挑战，如转基因技术在不同领域中的广泛应用以及引发的伦理、环境和安全问题。国内学者也强调了具有中国特色的质量标准和品质标准等，将全球和地域视角有机结合。这些文献主要涉及食品标准的多元议题，包括跨国合作、中国食品标准体系改革与建设、婴幼儿食品标准以及动物源性食品标准与国际标准的比较等。学者采用了多维度研究视角，包括国际合作、标准制定机构以及标准的实施与执行，旨在对国际标准与中国标准之间的优势和局限进行客观评估。这些文献为中国食品标准的制定和改革提供了有价值的参考，有助于进一步加强中国食品安全体系建设，促进与国际标准的对接和融合。

综上所述，国内外前期研究取得成果，为本书奠定了理论和方法论基础。国外学者对 SPS 标准、TBT 标准等的研究主要聚焦于这些标准如何影响发展中国家的农食产品进口。这些研究广泛采用了概念模型和实证检验作为主要的研究方法，其中反对数引力模型作为较新的实证研究方法，为农食标准影响粮食进口的定量分析提供了新视角。国内研究主要聚焦在标准与农食产品贸易之间的关系，成果集中在 SPS 标准、最大残留限量标准等领域。2010 年之前的研究以理论分析居多，之后实证研究增加较快。这些研究多集中于中国标准对出口贸易的影响，还没有针对中国标准影响粮食进口的相关研究。

本书借鉴国内外学者在研究农食标准对农食贸易影响时采用的理论和实证方法，从中国粮食标准建设和粮食进口现状出发，基于贸易成本理论和标准经济学构建粮食标准影响粮食进口的理论框架，结合中国粮食标准和粮食进口数据，应用反对数引力模型和扩展的引力模型进行实证检验。在借鉴国内外粮食标准建设实践经验的基础上，提出完善中国粮食标准体系，规范粮食进口的对策建议。

第三章 中国粮食标准及粮食进口发展现状

第一节 中国粮食标准发展现状

一 粮食标准建设发展回顾

自改革开放以来，中国粮食标准体系经历了三个发展阶段。每个阶段有其特点和关注的焦点。第一阶段（20世纪70年代之前）：基础化与基本框架。整体上，粮食标准研制处于起步和基础化阶段。粮食标准项目相对有限，检测项目也较为简单。粮食标准集中于基础的质量要求和检测项目上，如颗粒大小、色泽和基础营养成本等。这一阶段的标准侧重于满足基本的食品安全和消费需求，基于当时的生产实际和资源限制来设定，而非满足国际贸易或高级消费市场的复杂要求。第二阶段（20世纪70年代末至90年代）：制度化与国际接轨。进入第二阶段，中国粮食标准体系开始逐渐成熟。粮食标准项目逐渐增加，粮食标准制定、检测和认证等相关制度逐步完善。中国开始更积极地参与国际标准制定流程，采纳国际粮食法规委员会等国际标准组织发布的标准。这一阶段的发展提高了中国粮食标准的整体水平，加强了国际核查和交流的能力，为粮食贸易和食品安全提供了坚实基础。第三阶段（21世纪以来）：国际化与全球治理。粮食标准的制定、检测和认证等不断加强和改进。中国标准体系进一步完善，国际化水平显著提升（见表3-1）。中国成为全球重要的粮食标准制定国之一，在全球粮食安全治理的多边框架中发挥积极作用。中国粮食标准的制定与推广不仅保障国内粮食质量和安全，同时积极引领全球粮食供应链的高效运作和可持续发展，塑造全球粮食贸易和合作新格局。

表 3-1 中国粮食标准示例

标准号	标准名称	发布年份	实施效力	是否采标
GB/T 14891.8—1997	辐照豆类、谷类及其制品卫生标准	1997	推荐性	否
GB/T 17892—1999	优质小麦强筋小麦	1999	推荐性	否
GB/T 9822—2008	粮油检验谷物不溶性膳食纤维的测定	2008	推荐性	是
GB 1351—2008	小麦	2008	强制性	否
GB 1350—2009	稻谷	2009	强制性	否
GB/T 24870—2010	粮油检验大豆粗蛋白质、粗脂肪含量的测定	2010	推荐性	是
GB/T 30600—2014	便利化农田建设通则	2014	推荐性	否
GB 1353—2018	玉米	2018	强制性	否
GB/T 1354—2018	大米	2018	推荐性	否
GB/T 35028—2018	荞麦粉	2018	推荐性	否
GB/T 5519—2018	谷物与豆类千粒重的测定	2018	推荐性	是

资料来源：国家标准化管理委员会数据库。作者整理。

从 20 世纪 80 年代至 90 年代中期，中国进入了积极制定粮食标准的阶段。在该时期，众多行业标准逐渐被纳入国家标准体系，为粮食领域标准化奠定了基石。[1] 1979 年，国务院正式发布《中华人民共和国标准化管理条例》后，粮食标准数量不断增加，既包括行业标准也包括国家标准。随着 1989 年《中华人民共和国标准化法实施条例》的推行，至 1992 年，粮食领域的国家标准已接近 60 项，涵盖强制性标准和推荐性标准[2]。为更好地适应市场需求，原商业部在 1993 年制定了针对专用小麦粉的推荐标准。1999 年，针对主要粮食品质的国家标准发布，覆盖了小麦及其优质品种（如强筋小麦和弱筋小麦）。从 1988 年的高筋小麦和低筋小麦粉标准发布开始，到 1993 年一系列专用小麦粉标准推出，中筋小麦粉也被正式纳入。随后，强筋小麦和弱筋小麦等标准的执行，为制定与中国传统面食相匹配的中筋优质小麦标准提供了方向。20 世纪 90 年代末期至今，中国在粮油标准化领域取得了长足进展，标准化水平得到显著提升，构建了覆盖粮食生产、采购、加工、销售，以及信息化等各环节的全链条粮食标准体系。

---

[1] 自 1973 年起，粮油检验人员协作组展开调查分析工作，涵盖 27.5 万个样品数据和 15 万份相关文献和资料。该组最终提出六种粮食的国家标准草案。该项标准草案于 1978 年正式由国家标准局正式颁布实施。

[2] 包括面向市场而发布的如高筋小麦粉等标准。

2001 年 10 月，国家标准化管理委员会成立，旨在履行中国在《WTO 技术性贸易壁垒协议》中有关标准的义务，积极应对加入世界贸易组织带来的挑战。当年 11 月，《中华人民共和国加入世界贸易组织议定书》签署。《中华人民共和国标准化法》规定了五大类标准种类：国家标准、行业标准、地方标准、团体标准和企业标准。在这五类标准中，国家标准尤为核心，由国务院及国务院标准化行政主管部门制定与推行。中国是农业生产大国，也是粮食进口大国。自加入世界贸易组织以来，粮食国家标准成为中国与世界各国开展粮食贸易的依据，国外粮食进入中国市场必须遵循的规范和依据。[①] 粮食标准是中国粮食贸易的基石，也是中国参与国际粮食市场的技术支撑。通过实行科学的粮食标准，能够有效促进粮食的质量标准化、统一和升级，为中国粮食贸易提供有力支持。标准化也积极带动中国种植业健康发展，提高粮农收入水平，推进中国农业现代化进程。

中国粮食标准主要涵盖粮食生产、收储、加工、运输、贮存以及销售等全产业链环节，包括对谷物品种、质量、安全、加工指标、残留物限量等关键指标的详尽规定。中国也针对有机粮食、转基因粮食、农药残留和重金属含量等特殊要求制定了相应的专门标准，以应对特殊需求和公共安全考虑。中国粮食标准的实施和执行由相关的监管机构和标准化组织负责。这些机构通过监测、检验和认证等手段确保粮食产品符合标准要求。中国还加强对粮食生产流通环节的监督管理，建立一系列粮食生产流通的追溯体系，以提高粮食质量安全管理的有效性。随着科技进步和社会需求的多元化，粮食标准需要不断进行修订和更新。中国粮食标准体系也在不断发展中。中国政府高度重视粮食标准的发展，通过加强粮食标准制定、改革和科技创新来提高粮食标准的适应性和可操作性，应对全球化和可持续发展的多重挑战。

食品安全标准被明确定义为强制性标准，这一点在《中华人民共和国食品安全法》中得到展现。该法律的制定和实施体现了中国政府对食品安全的高度关注，也是在参考并借鉴国际食品法典委员会标准体系模式的基础上，建立具有中国特色的食品安全标准体系的决策性步骤。根据《中华人民共和国食品安全法》相关条文，食品安全标准涉及广泛领

---

　　① 中国粮食标准分为国家、行业、地方和企业四个级别，以国家标准为主体。四级标准的标准化对象、有效范围和使用领域不同。上级粮食标准是制定下级粮食标准的依据，下级粮食标准是上级粮食标准的补充。国家、行业和地方标准之间不得重复制定。本研究聚焦于粮食领域国家标准。

域，从食品及相关产品中的潜在风险，如致病性微生物、农药和兽药残留、重金属和其他污染物质的限量规定，到食品生产和经营过程中的卫生和操作要求，再到食品的标签标识和检测方法等关键领域。未来的发展趋势则表现为逐步接轨国际食品标准委员会标准体系，建立基础标准与产品标准之间的连接。制定合理的产品分类体系，确保基础标准能够适应并应用于各个具体的产品标准中。同时，对于产品的质量，鼓励行业内部的自律与监督，促进市场力量在食品品质与安全管理中发挥更大作用，这与《中华人民共和国食品安全法》强调的核心理念一致。中国食品安全标准体系的持续完善和发展将有效保障食品安全，并提高消费者的健康保障水平。这些举措有助于确保食品质量和消费者权益，推动食品产业的可持续发展。

大米、大豆等粮食标准进一步发展。大米是中国最主要的口粮之一，其消费量占中国口粮消费总量的 60% 以上。目前已有约 2/3 以上的人口以大米为主要食物，并且消费人群仍在扩大。2018 年 10 月，国家市场监督管理总局、国家标准化管理委员会正式发布大米国家标准。该新国标于 2019 年 5 月 1 日起正式实施。相较于 2009 年 10 月 1 日实施的大米国家标准，新版国标在以下几方面进行了变更：第一，适用范围。新国标强调了大米加工步骤中的碾磨，删除了旧版标准中不适用于特种大米、专用大米、特殊品种大米以及加入添加剂大米的规定。第二，加工精度。新国标删除了参照标准样品检验及加工精度标准四级标准这一内容，增加了精碾、适碾、留皮度等规定，与适用范围中的碾磨步骤相呼应。第三，优质稻标准。中国现有两种优质稻标准：一是农业部的部颁优质米标准，分一级和二级两个级别的优质稻，主要针对品种；二是新版国家优质米标准（国标），分一级、二级、三级三个级别的优质稻，主要针对稻谷质量而设。新国标相较旧版标准进行了变化和调整，有利于提高大米加工的规范化程度，保障大米的质量和安全，并促进大米产业的持续健康发展。① 此外，中国大豆种子质量标准涵盖纯度、净度、水分和芽率

---

① 2009 年的规定是适用于以稻谷、糙米或半成品大米为原料的食用商用大米加工，但不适用于特种大米、专用大米、特殊品种大米以及含有添加剂的大米。2018 年修改的规定为：以稻谷、糙米或半成品大米为原料，经过碾磨加工成的食用商品大米。新版本的规定更简明，且没有限制特定品种或类型的大米的适用范围，包括添加剂的大米也未被排除。这一修改有利于在市场上提高大米的品质和安全保障，促进大米加工行业的持续发展。

四个方面。按照标准，大豆种子的出芽率应不低于 95%，纯度应达到
98%，水分应在 15%—18%，净度应达到 98% 以上，并且破碎率不能超过
2%。这四个方面的标准缺一不可，对于提高大豆种子的品质和生产效率
具有关键意义。

二 粮食标准的规模特征

（一）标准化领域的规模特征

广义上的粮食标准指向农业和食品技术领域。国家标准化管理委员
数据库基于国际化实践，采用国际标准文献分类法（ICS）对中国国家标
准进行系统的分类与索引。[①] 应用这一分类方法，粮食国家标准包括"农
业"（ICS：65）和"食品技术"（ICS：67）两个一级类标准化专业领域
（见表 3-2）。

表 3-2　　　　　　　　中国粮食领域国家标准规模

标准化领域	标准规模	标准化领域	标准规模
65 农业	2734	65.060.10 农业拖拉机和牵引车辆	165
65.020 农业和林业	992	65.060.20 耕作机械	17
65.020.01 农业和林业综合	372	65.060.25 肥料储存、制备和播撒设备	5
65.020.20 植物栽培	164	65.060.30 播种和种植设备	16
65.020.30 动物饲养和繁殖	277	65.060.35 灌溉和排放设备	57
65.020.40 绿化和造林	54	65.060.40 植保设备	55
65.020.99 有关农业和林业其他标准	17	65.060.50 收获设备	50
65.040 农用建筑物、结构和装置	40	65.060.60 葡萄栽培和酿酒设备	3
65.040.01 农业建筑物和装置综合	1	65.060.70 园艺设备	14
65.040.10 家畜建筑物、装置和设备	8	65.060.80 林业设备	40
65.040.20 农产品加工和贮存用建筑物及装置	27	65.060.99 其他农业机械和设备	40
		65.080 肥料	102
65.040.30 温室及其他装置	4	65.100 杀虫剂和其他农用化工产品	450
65.050 林产化工原料	12	65.120 饲料	296
65.060 农业机械、工具和设备	587	65.140 养蜂	18
65.060.01 农业机械和设备综合	59	65.150 捕捞和水产养殖	141

---

① 本小节粮食标准主要涵盖农业领域和食品领域的相关标准。

续表

标准化领域	标准规模	标准化领域	标准规模
65.160 烟草、烟草制品和烟草工业设备	69	67.140 茶、咖啡、可可	106
67 食品技术	1382	67.140.10 茶	100
67.020 食品工艺	8	67.140.20 咖啡和咖啡代用品	3
67.040 食品综合	300	67.140.30 可可	3
67.050 食品试验和分析的一般方法	6	67.160 饮料	87
67.060 谷物、豆类及其制品	148	67.160.01 饮料综合	1
67.080 水果、蔬菜以及制品	148	67.160.10 酒精饮料	65
67.080.01 水果、蔬菜及其制品综合	16	67.160.20 无酒精饮料	21
67.080.10 水果及其制品	79	67.180 糖、糖制品、淀粉	111
67.080.20 蔬菜及其制品	35	67.180.10 糖和糖制品	45
67.100 奶和奶制品	13	67.180.20 淀粉及衍生制品	51
67.100.01 奶和奶制品综合	2	67.190 巧克力	1
67.10.10 奶及加工奶产品	4	67.200 食用油和油脂、含油种子	85
67.100.20 奶油	0	67.200.10 动物和植物的脂肪和油	67
67.100.30 奶酪	0	67.200.20 含油种子	15
67.100.40 冰淇淋和果冻	5	67.220 香料和调料、食品添加剂	92
67.120 肉、肉制品和其他动物类食品	134	67.220.10 香料和调料	65
67.120.01 动物制品综合	10	67.220.20 食品添加剂	22
67.120.10 肉和肉制品	44	67.240 感官分析	30
67.120.20 家禽和蛋	10	67.250 与食品接触的物品与材料	22
67.120.30 鱼和水产品	46	67.260 食品工业厂房和设备	90
67.120.99 其他动物制品	2		

注：数据截至 2021 年 8 月 5 日。单位：项。

资料来源：国家标准化管理委员会数据库。

"农业"国家标准包括 11 个二级类和 27 个三级类。其中，"农业机械、工具和设备"（ICS：65.060）等领域的国家标准规模不断增长，有利于提升农业生产效率、提高农机技术状态和使用效率，降低能耗。农业机械标准化是保障国家粮食安全的技术支撑，是顺利实施农机购置补贴政策的重要手段。《中华人民共和国农业机械法促进法》于 2004 年颁布实施，明确将农业机械标准化纳入法律框架。"食品技术"国家标准包括 16 个二级类和 24 个三级类，其中包括"谷物、豆类及其制品"

（ICS：67.060）等148项标准。这些标准的制定与执行为中国粮食进口提供了重要信息和参考，构建信任和透明度高的交易环境，有助于促进中国与其他国家的粮食贸易合作与交流。①

（二）标准规模增长趋势

粮食标准体系是中国农业发展进程中的重要领域，粮食标准规模和增长趋势具有重要意义。根据国家标准数据，中国粮食国家标准体系初步形成于1978—2000年（见图3-1）。其中，"农业"标准超过170项，"食品技术"标准超过60项。这些标准为中国粮食生产和贸易行业的稳健发展奠定了基础。自2001年中国正式加入世界贸易组织以后，粮食国家标准的建设与完善呈现显著的增长与深化趋势。"农业"标准比"食品技术"标准的增长幅度更大。1998年以前，"农业"标准和"食品技术"标准两个领域的规模较为接近，1998年以后二者的增长趋势开始出现差异。尤其是加入世界贸易组织以后，"农业"标准和"食品技术"标准的存量增长差异更加明显。"农业"标准规模增长超过了"食品技术"规模增长，体现中国在农业生产质量和安全领域的关注。

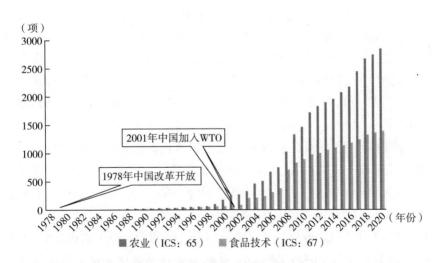

图3-1　1978—2020年中国粮食国家标准增长趋势

说明：标准存量数据为截至当年年末的现行国家标准量。

资料来源：国家标准化管理委员会数据库。

---

① 此外，"茶"（ICS：67.140.10）三级类目下有100项国家标准，为具有中国特色的农食产品贸易提供保障。

截至 2021 年 7 月 31 日，中国农产品国家标准达到 4125 项。其中，"农业"标准（ICS：65）共 2734 项，"食品技术"标准（ICS：67）共 1391 项。标准规模增长趋势数据显示出中国在粮食标准制定领域的持续投入、发展态势和系统性成就，也体现出中国对粮食生产质量与安全的高度关注。在国内层面，粮食标准的不断完善在提升农业生产质量，保证食品安全和促进农业持续发展等领域发挥了积极作用。在国际层面，相关标准为中国与其他国家和地区在粮食生产、贸易和食品安全方面的合作和交流提供了强有力的规范和支持，增强了中国在全球粮食供应链中的竞争力和影响力。粮食标准也在推动全球粮食安全治理，实现联合国可持续发展目标，以及构建更为公平和可持续的全球食品体系方面，发挥了关键作用。

三 粮食标准的结构特征

（一）基于标准化领域的结构特征

从当前中国粮食国家标准的构成来看，"农业"标准（ICS：65）规模约为"食品技术"标准（ICS：67）规模的 1.97 倍。该数据凸显出农业在整个粮食生产与处理链条中的核心和基础地位。粮食国家标准中"农业"标准占比超过 50%，为 66.42%。进一步细化到"农业"标准内部，占比最高的是"农业和林业"（ICS：65.020）为 36.28%，其次是"农业机械、工具和设备"（ICS：65.060）为 21.47%、"杀虫剂和其他农用化工产品"（ICS：65.100）为 16.46%，以及"饲料"（ICS：65.120）为 10.83%。这些高占比的子领域反映出农业生产过程中技术装备和化学品使用的重要性，以及在畜牧养殖方面饲料标准的基础地位。在占比相对较低的领域中，"农用建筑物、结构和装置"（ICS：65.040）、"肥料"（ICS：65.080）、"捕捞和水产养殖"（ICS：65.150）和"烟草、烟草制品和烟草工业设备"（ICS：65.160）等均在 10% 以下；"养蜂"（ICS：65.140）和"林产化工原料"（ICS：65.050）标准占比在 1% 以下（见图 3-2）。这些相对较低的占比反映了特定标准在农业多样性和可持续性方面的潜在价值。

其中，在"农业和林业"标准体系内部，不同子领域的标准分布也显示出重点。按照标准占比来看，所占比例由高到低依次为"农业和林业综合"（ICS：65.020.01）为 37.5%、"动物饲养和繁殖"（ICS：65.020.30）为 27.92%、"植物栽培"（ICS：65.020.20）为 16.53%、"绿化和造林"（ICS：65.020.40）

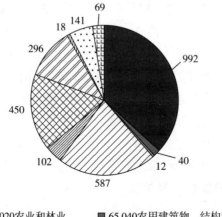

65.020农业和林业　　　65.040农用建筑物、结构和装置
65.050林产化工原料　　65.060农业机械、工具和设备
65.080肥料　　　　　　65.100杀虫剂和其他农用化工产品
65.120饲料　　　　　　65.140养蜂
65.150捕捞和水产养殖　65.160烟草、烟草制品和烟草工业设备

图 3-2　中国粮食标准构成

　　说明：数据截至 2021 年 8 月 5 日。扇形区域代表特定的标准类型，外缘数字标注该类别中的标准数量，单位为项。

　　资料来源：国家标准化管理委员会数据库。

为 5.44%、"有关农业和林业的其他标准"（ICS：65.020.99）为 1.71%。这些标准的分布特点反映了中国在农业生产、畜牧养殖、植物栽培等关键领域的发展趋势，而且表明其在农业可持续性与环境保护方面的政策取向。通过建立规范系统的标准体系，可以提升粮食产业的专业化程度，保障农产品质量安全并推进农业可持续发展。这也为农业政策制定者和实施机构提供了科学系统的决策参考，进一步确保农业战略目标的顺利实现。

　　中国共有食品技术领域（ICS：67）标准 1382 项，体现出多维度、分层次的标准体系构成。其中，占比最高的是"食品综合"（ICS：67.040），为 21.71%，显示在食品技术体系中对于综合性标准的制定和优化得到高度重视。其次是"谷物、豆类及其制品"（ICS：67.060）和"水果、蔬菜以及制品"（ICS：67.080），均为 10.71%。两大领域的相对高比例与食品消费习惯和农业生产结构密切关联，也反映出标准在这些主要食品类别中的重要性。"肉、肉制品和其他动物类食品"（ICS：67.120）、"茶、咖啡、可可"（ICS：67.140）、"饮料"（ICS：67.160）、"糖、糖制品、淀粉"（ICS：67.180）、"食用油和油脂、含油种子"（ICS：67.200）、"香料和调料、食品添加剂"（ICS：67.220）、"食品工业厂房和设备"（ICS：67.260）等在10%以下5%以上。多个子领域的数据结构显示，标准广泛应用于食品加工和贮藏技术以及与公众健康密切相关的食品类型。"食品工艺"（ICS：67.020）、"食品试验和分析的一般方法"（ICS：67.050）、"奶和奶制品"（ICS：67.100）、"巧克力"（ICS：67.190）等标准占比不到1%（见图3-3）。表明这些领域相对较为专业化或尚在发展，标准在食品安全和质量管理中的潜在重要性不容忽视。

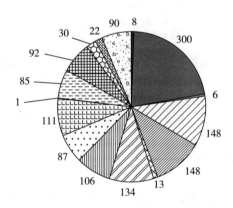

图3-3 中国食品技术标准构成

说明：数据截至2021年8月5日。扇形区域代表特定的标准类型，外缘数字标注该类别中的标准数量，单位为项。

资料来源：国家标准化管理委员会数据库。

"水果、蔬菜以及制品"是包含子类较多且占比最大的ICS类别。具体来看，"水果、蔬菜及其制品"中，标准占比较高的子类为"水果及其制品"（ICS：67.080.10），为53.38%，"蔬菜及其制品"（ICS：

67.080.20）为 23.65%。这一结构特点体现了标准制定在食品工业规范化、食品多样性以及食品安全方面的重要性。层次化、细分化的标准体系设置旨在更精准地监管和引导各个子领域的产品质量，达到全面提升食品安全性和质量的目的。该标准架构可以满足消费者对食品质量和健康需求的多样性，为食品生产者提供明确的质量基准和操作规范。长远来看，这一高度规范化的标准体系将进一步推动食品工业的可持续、健康和有序发展。

（二）基于标准实施效力的结构特征

根据《中华人民共和国标准化法》的相关规定，强制性标准具有明确的法律效力与约束力，任何产品或服务如不满足该标准的规定，均不得在市场上进行生产与销售。如果企业或个人违反了这些强制性标准，依法应当受到相应的法律处罚与制约。相对于强制性标准，国家对推荐性标准采取了更为开放和灵活的态度，即企业可以根据自己的实际情况和市场需求，自愿选择是否遵循推荐性标准。该策略旨在促进行业内部的技术进步与自我创新，同时提供更多的选择空间给予市场参与者。在粮食领域的国家标准中，强制性国家标准保障粮食产品基本质量和安全。强制性标准涵盖谷物品种、质量要求、加工指标、残留物限量等关键参数。通过强制执行这些标准，可以确保生产、销售和消费的粮食产品符合国家标准要求，保障公众饮食安全和健康。推荐性国家标准在粮食领域提供配套的指导性标准。推荐性标准包括补充的技术要求，涉及粮食质量检测方法、质量控制体系等。企业自愿遵循推荐性标准的过程，也是企业积极提升自身产品和服务质量的过程。从粮食行业的角度看，通过推荐性标准的指引，企业可以进一步理解和实施强制性标准的具体要求。遵循推荐性标准的企业通常能够在市场上获得更高的认可度和竞争优势，为消费者提供更加丰富和多样化的高品质选择。

从粮食领域国家标准来看，强制性国家标准确立基本准则，是维护粮食生产和销售质量的基础性指南。推荐性国家标准在此基础上进一步细化和完善，为行业内部提供更为深入的操作指导（见图 3-4）。各类标准为规范农产品生产、销售各个环节提供依据，确保质量安全。强制性国家标准的实施有助于加强对粮食生产、销售环节的监管和管理，提升整个粮食产业链的品质和信誉，维护市场秩序和消费者权益。推荐性国家标准的引入可以促进行业内企业技术水平的提升，推动技术竞争、创新和多元化发展，同时也为行业内不同规模和特殊需求的生产者提供灵活性和选择性，促进粮食行业的可持续性。

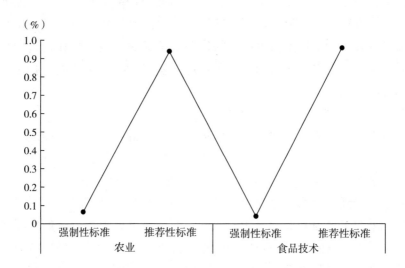

图 3-4　基于标准实施效力的标准构成（截至 2021 年 8 月）

资料来源：国家标准化管理委员会数据库。

截至 2021 年 8 月 5 日，在 2734 项"农业"标准（ICS：65）中，包含强制性国家标准 174 项，约占 6.36%；推荐性国家标准 2560 项，约占 93.64%。在 1382 项食品技术标准中，共有强制性国家标准 57 项，约占 4.12%；推荐性国家标准 1325 项，约占 95.88%。推荐性标准占主导，意味着行业有更大的空间和机会进行技术和管理上的创新和优化。与"农业"标准相比，"食品技术"标准中强制性国家标准占比更高，为食品的生产、加工和销售过程提供了严格的质量和安全基准，维护消费者健康。

强制性标准和推荐性标准共同构建了严格的质量控制体系，保障中国进口粮食的质量和安全。强制性标准在粮食进口方面发挥基本的质量保障作用。通过制定执行标准，明确进口粮食的品种、质量要求、加工指标等关键参数。这些标准确保进口粮食符合国家质量标准，在检验、检疫和清关过程中进行产品评估和监督。强制性标准为进口粮食设定了明确的技术和质量规范，保护消费者权益。推荐性标准为粮食进口提供参考和指导。进口粮食种类繁多，每一种粮食都有其特定的质量要求和处理方法。推荐性标准提供了针对不同粮食种类的技术要求、质量控制指标、检测方法等的建议。这些标准为国内企业和进口商提供了更加具体和细化的操作指南，帮助其在购买、运输和加工过程中更好地控制质量。强制性标准和推荐性标准还促进了中国与其他国家在粮食贸易中的合作，为粮食进口提供了公平透明的市场环境，加强双方信任和交流，鼓励国内外粮食企业合作。

（三）粮食国家标准国际化趋势

按照是否在国际标准的基础上制定，国家标准可以分为一国特有标准和与国际一致标准。特有标准和一致标准均能够保障粮食质量，提高中国粮食的国际竞争力，为中国特色粮食生产和粮食贸易提供支撑。根据世界贸易组织协议的明确规定，成员国应积极采用国际标准或在国际标准基础上制定本国标准。作为世界贸易组织成员和国际标准化组织、国际电工委员会、国际电信联盟三大国际标准化组织的成员，中国有责任遵守这些组织达成的国际协议，履行采用国际组织制定国际标准的义务。直接采用国际标准或在国际标准基础上制定和修订的国家标准，中国可以与国际接轨，提高粮食产品的质量和安全水平，提升其在全球粮食市场的竞争地位。同时，积极参与国际标准制定过程，中国还可以对国际标准的制定发挥积极影响和贡献，推动全球粮食行业的发展和合作。

加入世界贸易组织前，中国粮食领域特有标准和一致标准的数量均较为有限。入世后，粮食领域特有标准和一致标准的规模出现显著增长。2001 年中国"农业"标准共 257 项，一致标准共 35 项；至 2020 年，"农业"标准超过 2500 项，一致标准达到 443 项。同样，2001 年"食品技术"标准共 68 项，一致标准 14 项；至 2020 年，"食品技术"标准约 1300 项，一致标准达到 265 项。此外，一致标准占比在 2008 年之前呈现出较大的波动性，2008 年开始出现平稳趋势。"食品技术"领域的标准一致化水平呈现小幅波动增长趋势，"农业"标准一致化水平有波动向下趋势。2020 年"农业"一致标准占比为 15.58%，"食品技术"标准占比为 19.06%（见图 3-5）。这一系列数据显示，中国在粮食和农业标准领域与国际接轨的程度逐年提高，一致标准在整个标准体系中逐渐占据重要地位。国际化进程是对全球化和市场需求多样化的适应，为中国粮食和农产品进入国际市场奠定了坚实基础。

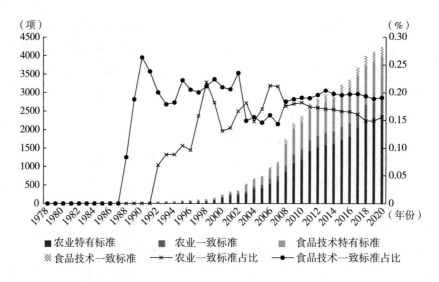

图3-5　中国粮食领域国家标准国际化趋势

资料来源：国家标准化管理委员会数据库。

　　在全球化背景下，积极采用国际标准有助于提高中国粮食产品在国际市场中的竞争力和认可度，进一步巩固中国在全球粮食产业链中的关键地位。在采用国际标准基础上制定的一致标准数量的增长，有益于遵循国际贸易法律和规则，增强全球市场互动与融合，为中国粮食贸易提供支持和依据。这一趋势符合全球化和可持续发展理念的要求，进一步促进中国与主要粮食生产国和消费国的合作，提升中国粮食产业的国际影响力和市场竞争力，在更高层面上提高粮食供应链的可靠性，提升全球范围内的粮食安全水平和稳定性。采用国际标准也有助于提升粮食产业的品质和效率，在全球粮食安全架构中发挥更加积极的作用。

　　加入世界贸易组织以来，中国严格履行世界贸易组织各项协议规定的义务，全面参与并融入国际贸易体系。在粮食标准的制定和应用领域，逐步确立以透明公开、充分协调、广泛参与为核心原则的国家标准制订机制。粮食国家标准在规模与结构方面都展现出积极的变革趋势。粮食国家标准的规模不断扩大，涵盖的领域更广泛，结构持续优化。国家标准的国际化趋势日益明显，强化了与国际粮食市场的深度互动，形成符合国际通行规则且充分体现中国国情的标准体系。这一趋势为中国粮食产业在全球市场上的可靠性和竞争力提供了坚实支撑。

粮食国家标准的制定和修订准则不仅基于国内需求和标准化技术，同时考虑国际市场需求以及国际标准化组织的相关准则。因此，粮食国家标准建设为提高粮食质量安全、提升农业经济社会效应、增强粮食国际竞争力发挥了重要作用。国家标准的制定为中国现代农业走向世界市场提供了技术支撑，也促进了农业现代化和农业科技进步。在标准化引导下，农业生产者逐渐转向更加科学和系统的管理方法，如科学种植、合理施肥和科学用药等环节，显著提升产量和质量，优化农业经济效益。国家标准还促进了农产品加工和流通领域的规范化和标准化，推动整个粮食行业的现代化发展，激发农业科技创新和应用，提高农业生产效率和经济效益，进而强化农业的社会影响和公共信任。

在粮食国家标准领域，中国形成了强制性标准与推荐性标准互补并行、标准化领域全面覆盖的国家标准体系。国家标准构成标准体系的主体，基本涵盖从农产品生产、加工、流通到消费的各个环节。标准化成为中国农业专业化、产业化和规模化生产的技术基础。中国粮食特有国家标准和在采用国际标准基础上制定的一致标准均形成规模，一致标准占国家标准比例持续提高。一定的粮食国家标准数量是粮食国家标准有效供给的规模保障，不断提升的粮食国家标准国际化水平为中国粮食市场融入世界市场开拓了空间。粮食标准对于保障粮食质量和供应安全至关重要，也是保证中国参与国际粮食贸易的必要条件。中国将继续加快标准体系建设，不断提高标准的科学性、可操作性和可持续性，促进中国粮食贸易和农业现代化的健康发展。

中国国家标准的研制和修订工作日益受到重视，粮食标准化工作取得蓬勃发展。回顾中国粮食国家标准建设进程，粮食国家标准结构不断优化，国际化水平有所提升。在取得这些成果的同时，中国粮食国家标准建设依然面临进一步提升竞争力的挑战。一致标准占比仍有一定的提升空间，需要进一步提高粮食国家标准的国际化水平，提升中国粮食的国际市场竞争力，积极参与国际市场竞争。在国际层面，根据农业发展面临的实际情况和新形势，明确粮食国家标准建设的重点领域和关键需求，与世界贸易组织、国际标准化组织等国际组织加强粮食标准合作与交流，共同制定、修订和实施粮食相关标准。在国家层面，标准的质量和有效性是确保粮食安全和推动行业发展的关键。因此，应保障粮食各类国家标准的有效供给规模。综合考虑国内外最佳实践，针对特定国情和行业需求，提高国家标准质量，持续改进粮食标准。结合具体国情和市场条件积极采用国际标准和国外先进标准，是中国粮食国家标准建设的未来方向。

四　粮食标准存在的主要问题

中国粮食标准取得发展和进步，但仍存在一些问题。主要包括如下七个方面。

第一，与主要发达国家粮食标准相比，中国粮食标准研制有待完善。有关粮食标准的基础研究较为薄弱，对现行粮食标准的系统研究缺乏，围绕粮食标准的基础数据和关键性数据收集和分析还不够。关于粮食标准的系列高质量成果较少，制约了行业标准化发展的持续性和高质量发展需求。粮食标准的整体研究水平和实用性亟待提升，以适应技术进步和社会需求。

第二，粮食标准体系的结构有待优化。粮食贮藏、物流、设施等领域和粮食加工领域的专业标准较少。一般检测方法多，快速测定方法少。产品质量标准和检测方法标准较少，良好操作规范标准存在不足。从更宏观的层面来看，标准缺乏隐性制约了整个粮食行业的质量提升。针对这些品种和特殊领域的标准制定显得尤为迫切，以应对市场不确定性和提高整体行业标准。

第三，粮食标准更新速度尚不能满足行业的迅速发展需求。[①] 中国粮食标准制定起步相对较早，标准更新工作的及时性和导向性有待提升。粮食标准未能及时修订，导致其时效性和对粮食行业需求的响应度面临挑战。尽管粮食标准化工作得到国家有关部门的重视并获得经费支持，由于粮食标准制订专业人才相对缺乏，影响了粮食标准的难度、质量和更新速度，进一步制约了粮食行业健康持续发展的要求。

第四，标准的指导和规范意义亟待加强。例如，在中国的口粮加工标准中，存在一些与实际生产和消费需求不符的情况。以小麦粉标准（GB 1355—1986）为例，相关修订版未能正式发布实施。在市场上，多数产品的加工精度已经明显超过标准化一等品（特制一等），这使得该标准在实际中失去了有效的指导和规范作用。此外，为满足消费者对口感

---

① 由于复审机制缺失，中国标准复审工作尚未全面落实。粮食标准发布实施后，针对这些标准科学性、先进性和实用性的跟踪评价不足，导致粮食标准修订不及时，影响粮食标准的有效性和应用价值。

和色泽的特定偏好，部分大米出现了过度抛光问题，可能损害大米的营养价值。同样，在食用油脂领域，初期的国家标准选择直接引用国际标准。虽然这有助于迅速推动国内行业的标准化进程，但也导致了一些不适合我国实际情况的标准或概念得以确立，如色拉油这一概念的普及，间接导致了油脂过度精炼问题。

第五，粮食标准重复交叉制定。国家标准与行业标准之间有重复和交叉。例如，关于粮食水分含量的测定方法存在多项重复与交叉标准。关于面筋测定、脂肪酸测定方法也存在多项标准。在农业、食品、商检及粮油等关键领域，都存在对蛋白质含量和脂肪含量的测定方法标准。这种现象导致同一测试对象在不同行业中可以基于各自的标准进行检测，造成重复和不统一的检测流程。该问题进一步引起检测结果的差异性和不可比性，还增加了企业和机构在实际应用中的复杂度。

第六，粮食标准采用国际标准和国外先进标准的比率偏低。中国粮食国际标准应用率较低，约占总标准的 25%，与发达国家相比存在差距。这种现象使得中国在粮食进口方面面临挑战，难以满足国际市场需求，也会影响中国与国际接轨的速度和效果。由于缺乏与国际接轨的标准体系，中国粮食进口受到一定程度的限制，影响中国粮食产业的未来发展。国内外标准之间的摩擦，会削弱中国在全球粮食贸易体系中的地位和影响力。

第七，针对检测方法标准，其实施可操作性及关键技术细节仍存在不足。当前多数技术内容在试样制备阶段的指导还不够详尽。大部分国家和行业标准把样品分类为干样和鲜样，尚未遵循国家标准《标准编写规则第 4 部分：试验方法标准》（GB 20001.4—2005）规定的精细分类和制样步骤。有关制样设备时实验室所需样品量、取样的精准位置，样品制备的详细过程与技术标准，以及试样完成后的存储容器和条件等有待明确。这一不足会导致实验结果的不确定性、降低不同检测机构之间结果的可比性，影响整个行业的质量控制和国际竞争力。

第二节　中国粮食进口发展现状

一　粮食进口发展回顾

中国粮食进口历程可划分为四个发展阶段。第一阶段，初创与起步时期（1949—1978 年）。受当时政策环境及策略的影响，国家在此阶段强调重工业的优先发展，以此为基础来推动国家经济增长。该时期对农业和粮食领域的投入相对较少，从而影响了粮食生产和进出口贸易的活跃度。自然灾害进一步压缩了粮食的生产与交易空间。初创与起步时期制定和公布的粮食贸易政策较为有限。1978 年，《关于控制粮食销售的意见》出台并实施，旨在严格控制粮食销售，强调"不吃进口粮"的政策方向。这一方针反映了当时的经济策略和国家食品安全的考虑。

第二阶段，变革与逐步拓展时期（1979—2000 年）。随着改革开放政策的深入推进，中国粮食进出口得到新的发展机遇，相继出台一系列加强粮食管理和保障全国粮食供应的贸易政策与管理制度。自 1985 年开始，中国逐步完善粮食管理政策，尤其是与进出口贸易相关的方针。包括允许部分粮食品种的市场化交易，引入新的购销机制以及对外贸易的开放。为了更好地平衡国家财政收支，1987 年和 1988 年，国务院强调了严格执行粮食进出口任务的重要性。此外，1994 年的两项重要文件，即《进口粮食复合肥农膜原料税收政策》《深化粮食购销体制改革通知》，进一步明确了推动国内外粮食市场整合的决心。提出"利用国际、国内两个市场"的观点。中国开始建立粮食风险基金，以缓解市场波动对国内粮食供应的不利影响。随着改革开放的推进，中国粮食进口逐渐增加，并采取一系列措施促进粮食贸易的发展。这些阶段性政策的制定与实施使中国更好地保障国内粮食供应，并逐步融入国际粮食市场。

第三阶段，建设与完善时期（2001—2013 年）。在加入世界贸易组织前后，中国粮食进出口贸易政策加快改革步伐，中国粮食进口进入第三阶段。在这一时期，《粮食流通管理条例》《国家粮食应急预案》等政策文件和法规发布，为粮食进出口贸易奠定了法律和管理基础，进一步引导和稳定行业健康发展。2006 年，国务院提出加快制定和修订关于粮食存储与卫生的相关标准，旨在保障国家粮食安全。2008—2009 年，《中国粮食安全中长期规划纲要》《粮食生产能力规划》先后发布，明确了国家在粮食供应安全和生产能力方面的长期战略目标。这些举措促进了中国粮食进口的发展。

第四阶段，创新与深化时期（2014 年至今）。国家积极推动粮食进出口贸易，支持粮食内贸和外贸充分发展，致力于构建更加开放和信息共享的贸易环境。《中国食物与营养发展纲要》于 2014 年发布。该纲要重申了中国对粮食安全的核心策略，再次强调"以我为主"和"适度进口"两大原则。国务院于 2018 年提出促进"一带一路"粮食合作的倡议。2019 年 2 月，海关总署公布进境粮食指定监管场地名单。相关举措进一步强化了中国在全球粮食贸易体系中的战略地位。2019 年 9 月，中国提出提高粮食标准国际化水平；10 月，《中国的粮食安全》白皮书提出走中国特色粮食安全道路的思路。一系列政策框架综合反映了政府对粮食供应稳定性和国家粮食安全的长远规划（见附表 1、附表 2、附表 9、附表 10）。粮食进出口贸易在国民经济发展中的作用得以提升，粮食贸易政策在具体内容上与国际标准接轨（见附表 3、附表 4），在宏观战略层面体现了维护国家粮食安全的全局性视野，为适应全球化挑战建立了有力的制度和策略支持。

二　粮食进口的规模特征

1990—2022 年，中国粮食进口的总体趋势如表 3-3 和图 3-6 所示。根据国家统计局以及海关总署发布的数据，从 1980 年开始，当年中国进口小麦 1057.00 万吨，大豆 56.50 万吨。至 1994 年，当年中国进口小麦 730.00 万吨，大豆 5.16 万吨。该时期粮食进口数量有所减少，主要进口粮食集中在小麦和大豆两大类。1995 年开始，除小麦和大豆外，中国开始增加进口谷物及谷物粉。从 1996 年开始，进一步新增加稻谷和大米进入进口范围。粮食进口种类的多样化趋势进一步加强，进口的粮食品种开始从主要的小麦和大豆向其他谷物，如稻谷和大米，进行扩充。粮食进口清单有所拓展，展现了更加广泛的进口粮食品种选择。

表 3-3　　　　　　　　　**1978—2022 年中国粮食进口规模**　　　　　　　单位：万吨

年份	谷物及谷物粉	小麦	稻谷和大米	大豆
1978				
1979				
1980		1057.00		56.50
1981		1300.00		56.80
1982		1380.00		36.30
1983		1111.00		
1984		987.00		

续表

年份	谷物及谷物粉	小麦	稻谷和大米	大豆
1985		541.00		0.10
1986		611.00		29.10
1987		1320.00		27.30
1988		1455.00		15.20
1989		1488.00		0.10
1990		1253.00		0.10
1991		1237.00		0.10
1992		1058.00		12.10
1993		642.00		9.90
1994		730.00		5.16
1995	2040.00	1159.00		29.39
1996	1983.00	825.00	76.00	111.40
1997	417.00	186.00	33.00	280.10
1998	388.00	149.00	24.00	319.70
1999	339.00	45.00	17.00	431.70
2000	315.00	88.00	24.00	1041.60
2001	344.00	69.00	27.00	1394.00
2002	285.00	63.00	24.00	1131.00
2003	208.00	45.00	26.00	2074.00
2004	947.00	726.00	76.00	2023.00
2005	627.00	354.00	52.00	2659.00
2006	358.00	61.00	73.00	2824.00
2007	155.00	10.00	49.00	3082.00
2008	154.00	4.31	32.97	3744.00
2009	315.00	90.00	36.00	4255.00
2010	571.00	123.07	38.82	5480.00
2011	545.00	125.81	59.78	5264.00
2012	1398.00	370.10	236.86	5838.00
2013	1458.00	553.51	227.11	6338.00
2014	1951.07	300.00	257.90	7140.31
2015	3270.44	300.59	337.69	8169.19

续表

年份	谷物及谷物粉	小麦	稻谷和大米	大豆
2016	2199.00	341.00	356.00	8391.00
2017	2559.00	442.00	403.00	9553.00
2018	2047.00	310.00	308.00	8804.00
2019	1785.07	348.76	254.57	8851.28
2020		837.65	294.27	10031.45
2021	6536.00	977.00	496.00	9647.00
2022		996.00	619.00	9108.00

资料来源：国家统计局、海关总署。空格处相关数据缺失。

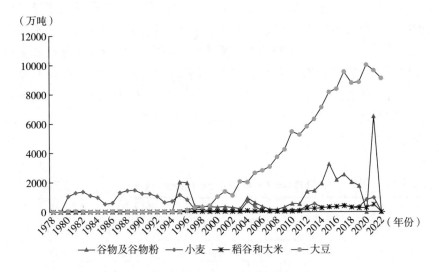

（万吨）

图 3-6　1978—2022 年中国粮食进口规模

资料来源：国家统计局、海关总署。

此后，各类进口粮食整体上呈现波动上升趋势，尤其是进口大豆的上升趋势最为明显。谷物及谷物粉至 2015 年均呈现波动上升趋势，2015年达到 3270.44 万吨，2018 年再次上升，达到最高值，为 2047 万吨。稻谷和大米也呈现上升趋势，从 1996 年的 76 万吨，上升至 2021 年的 496万吨。大豆进口在中国入世前后增长明显，2001 年为 1394 万吨，2020 年中国进口大豆达到最高点，为 10031.45 万吨。2022 年中国全年进口粮食14687.2 万吨。大豆成为最主要的进口品种，此外，谷物进口比重也呈现明显上升趋势。玉米、大米和小麦三大主粮的净进口已逐渐常态化。相关贸易数据和发展趋势体现了中国粮食进口结构和需求的逐步多元化，以及调整和优化国家粮食安全策略的必要性。

三 粮食进口的结构特征

适度进口是保障国家粮食安全的重要手段。中国主粮进口比重相对较低，主要功能是用来平衡市场需求。作为粮食消费大国，中国粮食进口增加可以有效弥补国内市场供需缺口，确保粮食市场稳定供应。2022年，中国粮食进口整体概况表现为：（1）粮食进口数量呈下降趋势，粮食进口成本上涨。（2）主粮（如稻谷、小麦）进口比重较小，主要集中于饲料粮（如大豆、玉米）。（3）谷物的进口比重持续上升，玉米进口量连续三年超过进口配额限制，大米首次超过配额。（4）在各类进口粮食品种中，大豆所占比例最高，但大豆、玉米等饲料粮进口数量有所减少（见表3-4）。这些变化体现了市场需求的多样性和复杂性，也反映了政府在粮食进口管理和调控方面的积极策略调整。中国在粮食进口方面展现出对市场动态的灵活性以及政策适应性，致力于保障国家粮食供应稳定和国家粮食安全的可持续发展，积极应对全球粮食市场波动和国内需求变化。

表3-4　　　　　　　2022年1—12月中国粮食进口情况　　　单位：亿元人民币

商品名称		2022年12月		1—12月累计		2021年1—12月累计		累计比去年同期（%）	
		数量	金额	数量	金额	数量	金额	数量	金额
粮食	（万吨）	1370.3	587.8	14687.2	5499.9	16449	4835.4	-10.7	13.7
大豆	（万吨）	1055.5	494.7	9108.1	4084.8	9647.1	3458	-5.6	18.1
食用植物油	（万吨）	91.5	78.7	648.1	606.3	1038.2	706.1	-37.6	-14.1

资料来源：中华粮网。

2022年，国际粮食价格上涨，中国粮食进口成本增加。影响因素包括全球经济形势、气候变化和供需关系等。结合中华粮网的统计数据，全年累计进口粮食14687.2万吨，同比降低10.7%。累计进口大豆9108.1万吨，同比降低5.6%。其中，12月中国进口粮食1370.3万吨，进口大豆1055.5万吨。从粮食进口成本来看，受国际粮食价格影响，

2022 年中国粮食进口成本在进口数量下降的情况下，上升趋势明显。全年粮食进口均价达 3744.7 元/吨，较 2021 年增长 27%。大豆进口均价达到 4484.8 元/吨，较上年增长 25%。统计数据凸显出确保国家粮食安全和市场供应长期稳定的紧迫性。中国需密切关注国内外粮食市场动态，加强与主要粮食出口国的战略合作，并考虑通过科技创新和提高农业生产效率来应对这一趋势。同时，根据实际情况灵活调整粮食进口政策以适应多变的市场环境，确保国家粮食安全和市场供应的长期稳定。

整体上，2022 年粮食进口数量下降，进口成本增加，表现出一定程度的波动性。这种现象一定程度上反映了国际粮价上涨对中国粮食进口成本构成压力。中国小麦、玉米、大米三大主粮均超进口关税配额，且其进口量全年呈上升趋势。相反，玉米、小麦、大豆进口数量有所下降。据统计，2022 年中国累计进口玉米、大麦、高粱共 3652 万吨，较 2021 年减少 1373 万吨，同比下降 27%。结合 2022 年 12 月进口数据，大豆进口比例在当月进一步增加（见表 3-5）。从进口结构分析来看，大豆进口量在各类粮食中占有显著份额。谷物的进口比重持续上升。三大主粮（玉米、大米和小麦）净进口步入常态化阶段。对相关现象的解释需要考虑多个维度。在宏观层面，中国作为世界上最大的粮食消费国之一，对于进口粮食的质量、卫生和食品安全要求严格。体现在国内政策和法规的严格性，也包括对进口粮食的检验、检疫和监管过程中（见附表 5、附表 6）。从微观经济角度来看，随着人口增长和消费习惯的变化，中国对粮食的需求结构也在发生变化，这促使粮食进口比重不断上升。

表 3-5　　　2022 年 1—11 月，2022 年全年中国粮食进口比例　　　单位:%

粮食进口	2022 年（1—11 月）	2022 年（1—12 月）
大豆	60	62
小麦	6	7
大麦	4	4
玉米	16	14
稻谷	5	4
高粱	8	7

资料来源：中华粮网。

结合不同粮食品种的进口数据来看，2022 年中国粮食进口动态呈现多样化趋势，体现多重经济、供应链和市场因素的影响。（1）小麦。进口小麦数量进一步走高，全年累计进口 996 万吨，同比增加 19%，超进口配额 32 万吨。其中，12 月小麦进口量为 108 万吨，同比增长 14.5%。（2）稻谷及大米。进口稻谷及大米 619 万吨，同比增长 24.8%，超进口配额 87 万吨。其中，12 月进口大米稻谷及 42 万吨，同比下降 28.2%。小麦、稻谷及大米的进口量持续增长且超出配额，表明国内市场对两种主要粮食的需求仍然很高。（3）玉米。进口玉米 2062 万吨，同比减少 27.3%，超进口配额 1342 万吨。其中，12 月进口玉米 87 万吨，同比下降 34.9%。（4）大豆。进口大豆 9108 万吨，同比减少 5.6%。其中，12 月进口大豆 1055 万吨，同比增长 19.4%。（5）高粱。进口高粱 1014 万吨，同比增长 7.7%。其中，12 月进口高粱 10 万吨，同比下降 85.3%。（6）大麦。进口大麦 576 万吨，同比减少 53.8%。其中，12 月进口大麦 48 万吨，同比下降 53.2%（见表 3-6）。玉米、大豆、高粱和大麦的进口量出现不同程度的下降，尤其是玉米和大麦的减少幅度更为显著。这种下滑可能受到全球供应减少和价格波动等因素影响。

表 3-6　　　　　　　2022 年中国 1—12 月粮食进口情况　　　单位：万吨

商品名称	12 月				1—12 月累计			
	数量（万吨）	同比（%）	金额（万元）	同比（%）	数量（万吨）	同比（%）	金额（万元）	同比（%）
粮食	1370	1.0	5877907	31.4	14687	-10.7	54998560	13.7
小麦	108	14.5	304132	46.8	996	19.0	2558007	28.4
大麦	48	-53.2	139372	-28.4	576	-53.8	1354181	-41.1
玉米	87	-34.9	219219	-16.6	2062	-27.3	4671942-	10.0
稻谷及大米	42	-28.2	156702	-7.9	619	24.8	1765646	22.3
高粱	10	-85.3	26104	-83.0	1014	7.7	2464128	25.9
大豆	1055	19.4	4947217	44.8	9108	-5.6	40848452	18.1

资料来源：中华粮网。

2023 年，中国粮食进口政策和战略不断明确和深化，旨在进一步巩固国家粮食安全的长期可持续性。"适度进口"为当前中国粮食安全战略的核心。党的二十大报告强调全方位夯实粮食安全根基。中央农村工作会议、中央经济工作会议明确 2023 年将实施新一轮千亿斤粮食产能提升行动，以确保国内粮食供应充足。同时，继续实行粮食进口关税配额管理（见附表 9），有效管理粮食进口。这些配额管理措施旨在约束粮食进口，限制进口量以平衡国内市场供需，并保证国内粮食产品的竞争力。

在粮食供应链管理的复杂性和不确定性日益增加的背景下，拓展进口渠道多元化成为重要的战略考量。以巴西为例，该国谷物出口商协会预计，2023 年巴西将向中国出口 500 万吨玉米，占中国总进口量的 1/4。进口策略的多元化将减少因依赖单一或少数几个主要供应国而带来的潜在风险，有助于加强与其他贸易伙伴之间的经济和商业纽带。该举措也能够促进国际贸易合作和供需平衡，增强供应链韧性和稳定性，在更广泛层面上保障国家粮食安全和经济稳定。

针对 2022/2023 年度中国玉米进口的预测报告显示，玉米进口数量将有所下降。从 2189 万吨降至预估的 1800 万吨，下调幅度为 389 万吨。原因在于国内玉米产量增加以及政府采取的调控措施，如提高玉米种植面积和增加储备等，旨在减少对外部市场的依赖。在大豆领域，政策方向表现为减少大豆进口依赖。2023 年进一步扩展了大豆种植和油料生产的相关政策措施，即在现有基础上再扩大种植面积超过 1000 万亩，确保大豆油料面积持续稳定在 3.5 亿亩以上。① 这不仅有助于稳定国内供应，也能够强化与全球供应链的谈判能力。2023 年中国粮食进口呈现出的新趋势显示，三大主粮均超过进口配额。2023 年 1 月 18 日海关公布粮食进口分项数据显示，2022 年全年中国进口粮食 14687 万吨，同比减少 10.7%，占 2022 年粮食总产量的 21%。② 这表明中国在粮食进口管理（见附表 17）和控制方面取得成果，同时也展示了中国政府在粮食安全问题上的前瞻性和执行力。

---

① 1 月供需报告预估 2022/2023 年度中国大豆进口数量为 9520 万吨，2021/2022 年度为 9160 万吨，2020/2021 年度为 9978 万吨。

② 2023 年 1 月 10 日，首批 6.8 万吨巴西玉米正式到达中国港口，标志着中国进口玉米的序幕已拉开。由于全球疫情和国内生猪产能的恢复，国内玉米需求激增，导致进口数量呈爆发式增长。2020 年，中国进口玉米数量首次突破千万吨，达 1130 万吨，创下历史新高。到 2021 年，美国玉米超过乌克兰玉米，成为中国主要进口来源。该年度进口数量再创新高，达到了 2836 万吨。进入 2022 年以后，这一趋势仍在延续。2022 年年初，乌克兰危机爆发，导致黑海港口一度关闭，使得乌克兰玉米出口受阻。随着 2023 年巴西玉米首批到港，其影响主要表现为重塑中国进口玉米格局、平抑进口玉米成本以及对国内玉米市场的短期扰动。

第三节　粮食标准影响粮食进口
存在的主要问题

中国粮食标准是国家对粮食的质量、安全、卫生等方面的规定和要求，是保障国家粮食安全和人民健康的重要手段。中国粮食标准对粮食进口的影响包括：第一，粮食标准可以保障进口粮食的质量和安全，防止不合格或有害的粮食进入国内市场，维护国家安全和民众健康。第二，粮食标准可以促进国内外粮食市场的对接和协调，提高国际贸易的效率和便利，增加国内外供需的匹配度，构建更为紧密和高效的全球粮食供应链（见附表7、附表8、附表9、附表11、附表12、附表13）。第三，粮食标准可以推动国内外粮食生产者和经营者提高粮食的质量和竞争力，促进国内外粮食产业的发展和创新。第四，粮食标准可以反映国家对粮食安全的重视和责任，展示中国在全球粮食治理中的地位和作用，增强与其他国家和国际组织的合作与交流。

中国粮食标准对于粮食进口商和粮食生产企业都具有一定的影响和限制。粮食标准保障食品安全、促进市场竞争和规范产业发展等方面发挥积极作用。但也存在一些问题，亟待持续推进和完善。这些问题包括：

第一，粮食标准对粮食进口商有一定的限制。进口的粮食必须符合国家标准，需经过检验和检疫等程序。这些程序包括对进口粮食样品的质量、安全性和卫生指标等方面的检测和评估。对于未达到标准要求的粮食，中国海关将会予以退运或销毁。相关措施在保障粮食安全的同时，增加了进口商的成本。进口商需要承担粮食检验和检疫的费用，如取样、实验室检测、检疫证书费用等，都会增加进口商的运营成本。如果进口的粮食被发现不符合标准，进口商需要承担粮食再运输费用、销毁费用等，有可能面临声誉损失和市场信任度下降等间接影响。

第二，不同粮食领域的标准制定和实施存在不同程度的差异，呈现出标准不平衡。例如，国家标准对谷物的不完善度要求较高，对于杂质的检测标准较严格，对粮食进口商带来挑战。进口商需确保所进口的粮食符合标准，提升自身的质量控制和风险管理能力，以避免因检测不合格而面临退货风险。与此同时，杂粮杂豆相关产品标准及加工技术规范缺失，企业标准不一致，进而影响食品安全和消费者权益。此外，粮食收购标准依赖感官检验，缺乏明确的实物标准，会导致压级压价现象，损害农户利益并削弱其种粮积极性。

第三，粮食标准与国际粮食标准之间存在差异和不兼容，导致进口粮食的检验检疫和认证过程复杂和耗时，增加了进口成本和市场风险。中国粮食标准与一些国际通行的标准存在差异，如关于转基因粮食与一些国家存在分歧。这种不一致性限制了进口粮食的种类和来源选择，增加了粮食进口商在市场搜寻和供应链管理方面的复杂性和成本。此外，如果粮食标准的制定和执行环节缺乏与国际标准的有效对接和沟通，会影响粮食进口的规模和效率，增加粮食进口市场的不确定性和波动性。进口合同的履行困难、进口时间延长和成本上升等，均会影响国内市场稳定供应。

第四，一些粮食标准的制定和修订过程缺乏充分的科学依据和公开透明，导致进口粮食的质量和安全难以得到有效监管和保障，影响消费者信心和市场需求。粮食标准的制定过程缺乏与科研机构和社会各界的合作和征求意见，或是粮食标准的修订过程缺乏与市场变化和消费者需求的及时反馈和调整。这会导致粮食标准与国际先进水平和国内现实需求产生显著偏差，出现粮食标准与消费者期望和偏好的不匹配。一些粮食标准的制定过程缺乏来自科研机构和社会各界的广泛参与，这些标准在质量和科学性方面受到质疑。

第五，粮食标准的执行和监督力度不够，导致部分进口粮食存在偷逃税、掺杂劣质产品、超期储存等违法违规行为，损害了国内粮食市场的结构、秩序和公平竞争。粮食标准的执行机构缺乏足够的人力、物力和技术基础设施支持，或表现为粮食标准的监督机制缺乏有效的激励、惩戒和问责措施。这会降低进口粮食的质量和安全水平，破坏国内粮食市场的信用体系和价格机制。不严格执行标准可能对消费者的健康造成潜在风险，破坏消费者对粮食质量和安全的信心，对国内粮食市场造成长期伤害，影响国内粮食市场的公平竞争和可持续发展。

第六，粮食标准的宣传和普及不足，导致国内外粮食生产者和经营者对粮食国家标准的认知和遵守程度不高，影响国内外粮食市场的对接和协调。粮食标准的宣传渠道缺乏多样性和广泛性，粮食标准的普及方式缺乏针对性和有效性，粮食生产者和经营者对粮食标准的了解程度有限。这会造成国内外粮食生产者和经营者之间的信息不对称和沟通障碍，或是国内外粮食市场之间的贸易壁垒和标准摩擦。国内外粮食市场之间的认知差异，使得粮食生产者和经营者在遵守标准、开展贸易合作时存在困难。一些小型和农村地区的粮食生产者和经营者，往往难以获取粮食标准的最新信息。

第四节　小结

回顾中国粮食国家标准建设发展历程，国家标准规模逐步增长，在结构和适用范围上呈现不断完善的趋势。粮食标准建设为外国粮食进入中国市场提供了依据，为国内粮食市场开放与国际合作创造了有利条件。粮食国家标准对粮食品质、卫生和安全等关键领域做出明确规定，为中国建设农业强国提供技术支撑。粮食国家标准的制定不仅促进了中国粮食质量的提高，也提高了中国粮食产品在全球市场的竞争力和市场地位。通过粮食国家标准的制定和实施，国内粮食市场更好地适应国际贸易规则和标准，提高产品质量和安全性。这一系列积极变化可以视为国家治理体系和治理能力现代化的具体体现。政府高度重视粮食质量和安全问题，通过综合运用法规制定、标准推广和行业监管等手段，确保从粮食生产到流通，再到消费各环节的高标准和高质量。这增进了消费者福利和食品安全，对于实现农业可持续发展和增强国家粮食安全保障能力具有战略意义。

粮食进口在平衡国民粮食需求方面发挥了关键的调节作用。作为全球最大的粮食生产和消费国，以及世界上最大的粮食进口国和第三大粮食出口国，中国在粮食领域面临的挑战多元且复杂。具体而言，中国粮食自给率持续下降，对外依存度持续上升。这一现象背后的推动因素包括人口增长、收入提高带来的粮食需求增加，以及国内粮食生产因自然灾害而受到的不稳定影响。此外，国际市场上粮食价格低于国内市场价格，以及国际贸易政策和协议的变化等，也对中国粮食市场产生了额外冲击。这些多重因素促使中国增加对进口粮食的采购量，也着力于多元化粮食来源和贸易渠道，以满足国内消费需求并维护国内外粮食市场的稳定性。增强国际合作与贸易多样性是应对国内外粮食市场复杂挑战的必然选择。

粮食标准建设旨在保障国内粮食的质量和安全。一方面，粮食标准在保护国内粮食市场、维护国内消费者权益以及稳定国内粮食市场方面具有重要作用。粮食标准的建立是维护国内粮食质量和安全的重要措施之一。合理而严谨的粮食标准可以提高粮食市场运行的透明度和规范化程度，促进国内外企业的公平竞争，增加消费者对粮食产品的信任度。随着全球化的发展，国内粮食市场面临来自国际市场的竞争压力和挑战。为了保护国内农户利益，确保国内消费者享有优质安全的粮食，中国政府积极推动建立健全粮食标准体系。粮食标准体系主要涵盖质量标准、卫生标准、农药残留标准，以及环境标准等多个维度，旨在确保粮食产品在其完整的生命周期——从种植、生产、加工到储存、运输和销售环节——均符合严格的质量和安全要求。这一标准体系有助于提升国内粮食的市场竞争力，促进农业生产的可持续性和环境友好性。

另一方面，过于严格的标准限制会使得粮食贸易企业面临更高的市场进入门槛，加大粮食贸易企业的运营成本，这可能导致粮食市场供需失衡，影响国内粮食价格的稳定性。在制定粮食标准时，需要综合考虑市场需求、生产技术水平和与国际标准的一致性等因素，确保粮食标准的科学性和实施的可操作性。由于粮食标准的制定和执行需要具备一定的技术和检测手段，会增加一些中小型企业的经济负担和成本。这也凸显了在标准制定过程中，需要平衡严格性和实用性，以及大型企业和中小型企业的利益。粮食标准的制定还需要与国际标准保持一致。由于粮食市场的全球化趋势，国际贸易对于粮食产业的重要性日益增加。与国际标准保持一致可以促进粮食进口的顺利进行，避免贸易壁垒和标准摩擦的产生。粮食标准的制定和实施是涉及经济、技术和社会多个维度的政策问题。

为进一步考察粮食标准对粮食进口的影响，需要建立相应的理论框架并开展实证分析。这有助于评估粮食标准的有效性和公平性，进而优化标准制定和执行机制，提高粮食贸易管理的整体效率和效果。目前，虽然大多数研究和讨论一般认为不符合粮食标准的产品无法进入国内市场，但对这种现象更多为描述性分析，尚未涉及粮食标准具体如何影响进口的作用机理和量化指标。因此，本书在以下章节进一步探讨粮食标准对粮食进口的影响，考察粮食标准影响粮食进口的作用机理和关键变量，为政策制定提供更加精准和实用的对策建议，为实现更加高效和可持续的粮食进口管理、更好地保障国家粮食安全和市场稳定性提供参考。

第四章 贸易成本理论视角下粮食标准影响粮食进口的机理研究

第一节 粮食标准影响粮食进口：贸易成本视角

贸易成本理论是国际贸易理论体系中的重要组成部分，主要探讨国际贸易中各种成本对贸易流量和贸易模式的影响（Maskus et al.，2005；Agnosteva et al.，2019）。该理论的核心观点在于，现实世界的贸易体系中，各种成本（如运输成本、关税、非关税壁垒、信息不对称等）作为制约因素，会使得商品交换变得更加困难，进而对贸易的自由流动产生影响。贸易成本理论旨在解释国际贸易存在的原因和影响。依据该理论，贸易成本越高，国际贸易的规模和效率就越低。贸易成本还会对贸易模式产生直接影响，如影响企业出口和直接投资决策的策略选择。因此，降低贸易成本逐步成为众多国家促进贸易增长和经济发展的重要手段之一。具体措施包括高效建设基础设施、推进自由贸易协议以及简化与标准化海关手续等。贸易成本理论为政策制定者提供了评估各种贸易政策效果的理论基础和量化方法。

根据贸易成本理论，国际贸易的形成和发展不仅源自各国生产同样商品的成本差异，而且受到与贸易相关的附加成本的影响。这些附加成本包括：第一，运输成本。涉及从来源国到目的国商品移动所需支付的运输费用和时间费用，通常与地理距离成正比。第二，通关成本。进出口商品需要遵守相关法律、规定和程序，并支付关税、税费和手续费等。第三，信息成本。跨国贸易需要收集、解析和交流相关市场和产品信息，了解对方国家的规定和需求，从而涉及信息获取和沟通成本。第四，金融成本。跨国贸易会受到货币汇率波动、信用风险、支付保证金和追款等因素的影响。这些额外成本导致出口商的实际运营成本上升，降低其出口商品在国际市场上的竞争力，也会增加进口商的购买成本，对消费者造成负担。贸易成本理论的研究强调，通过促进贸易自由化、降低关税、简化贸易程序等措施来减少贸易成本，能够显著促进国际贸易的效率和规模，推动全球经济的持续增长。这些观点促使政策制定者重新审视和优化现有贸易政策，为国际经济合作提供了理论框架。

粮食标准是国家针对粮食产品的质量、安全性、卫生性等方面制定的严格规范。这些标准对谷物、米、面和油等基本粮食产品的全生命周期做出明确规定，涵盖流通和消费的后续环节。由于不同国家在食品安全、环境保护和公共卫生等领域存在差异化的法律和规定，国际粮食贸易急须公认的评估与检验基准。国际粮食贸易过程中，粮食标准经常被视为进行产品检验和审批的重要依据，产生影响粮食进口的贸易成本效应。考察粮食标准对国际贸易成本的影响及其深层次的作用机理，可以为政策制定者提供优化粮食标准制定和执行机制的科学依据，为推进全球粮食市场的高效、安全与可持续发展提供参考。

基于贸易成本理论，粮食标准对粮食进口的影响主要表现在两个方面，贸易成本和贸易模式的结构性变化。第一，粮食标准会增加进口商的成本，进而增加贸易成本。作为非关税措施之一，粮食标准的制定和执行需要耗费时间、金钱和人力资源，在检验、认证以及检疫等环节上也需要支付相应费用。这些成本最终会被转嫁到粮食进口价格中，使得粮食进口变得更加昂贵。进口商不得不承担更高的成本来满足一国国内市场的需求，进口商的利润空间被削弱，消费者福利也受到影响。第二，粮食标准对粮食进口造成限制，从而影响贸易结构和规模。粮食标准要求进口农产品必须符合进口国的法律法规和国家标准，这就要求进口商在生产、贮存和运输等多个环节都必须符合目标国的相关法律法规和标准。这一要求会使得一些国家的农产品无法进入国内市场，从而限制贸易规模和流向。同时，不同国家的粮食标准存在差异，这种不一致性会增加进口商在满足一国对不同粮食进口的要求时需要面对的不确定性和挑战，导致贸易结构的调整和变化。

粮食标准对粮食进口的贸易成本效应集中表现在运输成本、通关成本、信息成本等领域。首先，粮食标准影响运输成本。由于不同国家关于粮食产品的质量和安全标准不同，进口商需要通过检测、认证、审批等程序保证产品符合进口国的标准要求。这会增加运输周期和成本，影响货物周转率，如需要把货物运回原产国进行验收，或者向检验机构支付额外的检验费用。其次，粮食标准也会影响通关成本。通关过程涉及一系列复杂的手续，在进口商品到达目的地前，在出口国和进口国之间进行的关务、审批、检验等环节都需要有所规范。对于粮食产品来说，通关程序通常包括货物清关、标签鉴定、产品检验、检疫等，国家通过相关规定来确保进口产品的安全性和卫生性。通关程序需要支付的关税、服务费和其他行政税费，在累积效应下进一步提高进口成本。最后，粮食标准影响信息成本。粮食标准在全球范围内并不统一，这意味着对于进口商而言，了解不同国家的粮食标准具有必要性。为了进口合法的产品并依据本国的标准进行认证和审核，进口商需要投入大量的时间和资源来了解各个国家的粮食标准、相关政策、法规等信息，这些信息的获取和分析需要大量的人力和物力投入，也会在一定程度上增加整体的贸易成本。

第二节　区分技术标准和管理标准的贸易成本分析

　　粮食标准的实施不仅是质量和安全的关键环节，同时具有深远的贸易影响，特别是在贸易成本领域。从分类维度出发，根据粮食标准的属性和范围，可将粮食标准分为两大类：技术标准和管理标准。粮食技术标准主要聚焦于产品质量、成分、制程等关键技术参数。粮食管理标准更多关注生产流程、仓储要求、运输条件和分销环节的特定管理和操作规范。粮食标准产生的贸易成本效应则主要包括技术成本效应和管理成本效应（见图4-1）。

　　粮食技术标准主要关注粮食的质量和安全问题，包括收购、加工、储存和运输等全产业链的技术要求和规范。这些标准通常基于科学研究和技术创新，具有动态性，主要目标在于确保粮食的卫生安全、品质稳定以及物理和化学指标的合规性。出口国面临的挑战不仅局限于如何

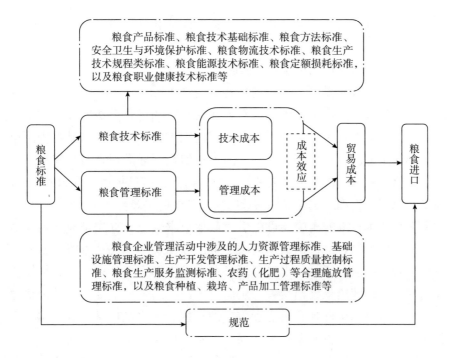

图 4-1 粮食标准影响粮食进口的作用机理

资料来源：作者绘制。

达到这些标准，还涉及如何适应这些标准在科技进步和政策调整影响下的持续演变和提升。适应这种动态环境需要持续投入更多的研发和技术创新资金，以提升粮食生产、加工和运输等环节的技术水平，确保产品符合进口国的标准要求。这包括引进先进的种植技术、精密的检测设备和高效可靠的生产工艺。此外，还涉及优化生产流程，加强质量监控和提升食品安全管理体系，提升粮食品质和安全性。不同国家和地区对粮食技术标准的要求可能存在差异，出口国需要进行严格的精细化调整和复合性评估。灵活适应进口国的粮食技术标准是获得市场准入的前提条件，也是维护和扩大市场份额、确保长期可持续发展的关键因素。

具体而言，粮食技术标准包括产品标准、基础标准、粮食定额损耗标准等。技术标准成本效应是指为了遵循粮食技术标准，粮食出口国为满足粮食进口国对粮食的品质、安全卫生与环境保护等维度的具体要求而需进行的投资和资源配置，进而产生成本。鉴于粮食技术标准的要求，粮食出口国需要采取额外的措施和技术来满足进口国对粮食的诸多要求。

这包括优质种子的选育和应用、更严格的农业化学品管理策略，采取特定的收割、储存和处理方式等。这些措施需要投入资源和资金，针对标准的适应性行为会增加粮食贸易的成本。

技术成本效应需要适应和满足特定的技术标准，通常涉及对生产设备、工艺流程以及质量检测手段等方面的投资和优化升级。技术成本效应与生产者对新技术的接受程度和应用范围有关，决定了产品在国际市场上的竞争力。管理成本效应则是因为达到管理标准通常需要建立一套复杂的管理系统，涉及更高级别的人力、物力、信息技术等资源的投入。例如，完善的追溯系统建设、高效的物流管理优化等。

粮食技术标准的实施还可能引发其他成本效应。首先是成本转嫁效应。出口国为符合进口国的标准增加生产和加工环节的技术投入，进而引发粮食生产成本增加。出口国为了在全球市场中保持竞争力，可能会将这些成本转嫁给最终消费者，从而导致产品的价格上涨。这种价格弹性会进一步影响全球粮食供应和需求的均衡。其次是信息获取成本。不同进口国对粮食的技术要求可能存在差异，且这些要求会根据时间和地域的变化而进行动态调整。因此，粮食出口国需要不断跟踪和获取各个进口国的最新标准和要求，实施持续的信息跟踪机制，如参加国际展会、建立紧密的合作关系等，以便及时获取这些变化。信息获取的多个阶段，包括寻找、筛选、翻译和整理等，都会进一步增加企业的交易成本。此外，粮食技术标准的实施还可能导致质量控制成本的增加。为了确保产品符合标准要求，企业需要建立完善的质量控制体系，并加强对生产过程和产品的监控和检验。这包括购买和维护先进的检测设备、培训专业人员、质量抽检和追溯等工作。这些质量控制的成本也会增加企业的贸易成本。最后，粮食技术标准的实施还可能导致市场准入成本的增加。一些进口国对粮食的技术要求可能非常严格，规定出口国提供详细的技术文件、报告和证明材料。为满足这些要求，出口国需要投入大量的时间和人力资源，编制和准备相关文档和材料。这些市场准入的成本也会增加企业的贸易成本。

与此同时，粮食管理标准则侧重于粮食行业及整个粮食产业链的管理和规范，包括但不限于质量监督检验、认证和许可等方面的规定。粮食管理标准通常由政府机构或行业组织制定，核心目标是强化粮食市场的监管机制，保护消费者权益，推动整个粮食行业的健康、可持续发展。

从出口国角度来看，满足粮食管理标准需要一系列具体操作和应对措施。企业需要申请相关的认证和许可证书，以证明产品符合进口国的管理标准。涉及复杂的文件准备和认证、申请费用以及审核程序的等待时间，增加企业额外的行政成本。由于粮食管理标准不断变化和更新，需要企业持续投入时间和资源进行适应性调整。涉及对生产流程进行调整或改进，对设备进行升级或改造，甚至可能涉及企业内部培训体系和组织结构的调整或重组。不仅需要投入资金，还需要进行内部培训和组织调整，以确保企业能够及时适应新的管理标准。粮食管理标准的执行还需要企业建立和维护一套内部管理体系，包括质量控制流程、产品追溯机制以及风险评估和风险防控措施等多个关键环节。粮食管理标准的高标准执行不仅能确保企业产品的质量和安全，也是企业在全球粮食市场中建立和维护良好信誉的关键。遵循粮食管理标准是满足贸易规定的基本要求，更是推动行业向更高品质、更高标准和更可持续方向发展的重要工具。

粮食管理标准包括粮食企业在管理过程中涉及的人力资源管理标准、基础设施管理标准等。管理成本效应源自为了遵循粮食管理标准，粮食出口国需满足粮食进口国对粮食生产经营领域的人力、服务、加工等维度的具体要求进而产生成本，包括提供培训和教育，以确保相关人员具备所需的专业技能和认知素质。在技术设施和工作环境方面，企业必须进行工艺改进和设备更新，提高生产效率和产品质量。同时投入大量资本，加强与工程和科研机构的紧密合作，引领行业技术革新。这些措施也会导致粮食贸易成本，增加粮食出口商和供应链参与者的负担。粮食管理标准的遵循还涉及信息管理和数据采集成本。粮食企业需要建立信息化系统，对生产、库存、销售等环节进行跟踪管理。

在粮食管理标准体系内，成本效应不仅体现在技术和制造层面，同时影响信息管理、质量检测、供应链和市场营销等多个环节。首先，企业需要对相关数据进行采集和整理，满足粮食管理标准对信息披露和报告的要求。涉及投入专业人员、购买信息系统和软件、建立数据库等方面的成本。同时，为确保数据的有效性和可靠性，还需要进行数据验证和审核工作，进一步增加管理成本。其次，质量检测和监控成本的增加。粮食管理标准通常要求对生产过程和产品进行定期检测和监控，确保其符合标准要求。包括对原料、生产线、加工工艺和成品进行抽样检验、实验室测试和实地检查等。企业需要投入人力、设备和物资来进行这些检测和监控工作，确保产品的质量和安全性。检测和监控的成本也会增加企业的贸易成本。此外，粮食管理标准的遵循还可能导致供应链管理成本的增加。为确保粮食的可追溯性和源头可控性，企业需要对供应链进行有效管理。包括寻找可靠的供应商和分销商，建立供应链网络，加强与供应链伙伴的合作和沟通等。供应链管理的成本包括物流运输费用、库存管理费用、信息共享成本等，也会增加企业的贸易成本。最后，粮食管理标准还可能引发市场营销成本的增加。为了满足粮食管理标准的要求，企业需要投入更多资源进行市场调研、产品开发和品牌推广等工作。包括进行市场调查、开展宣传和促销活动、参加国内外展览会等。市场营销的成本也会增加企业的贸易成本。

全球贸易格局下，遵循粮食技术标准和管理标准会影响相关粮食贸易企业在生产制造、运营销售等环节的成本，同时进一步塑造其在全球供应链中的地位与角色。粮食标准的贸易成本效应主要体现为严格粮食标准对粮食进口的规范和调节作用。严格的粮食技术标准和管理标准都会对粮食贸易企业产生成本效应。成本主要涉及满足进口国的要求和符合相关标准所需的投入与措施。这些标准会增加贸易成本，同时也在保障贸易的品质、安全性和可持续性等方面发挥重要作用。通过规范和调节粮食进口，粮食标准有助于确保贸易双方的利益并促进全球粮食贸易的可持续发展。遵循粮食技术标准和管理标准还可以提升粮食贸易企业的竞争力和声誉，改善内部管理水平和生产效益，提高整体经济绩效。

在国际粮食市场的微观和宏观层面，标准影响贸易参与方的经济行为和战略选择。本书认为，粮食标准对粮食进口的影响，取决于粮食标准的贸易成本增加效应。严格标准的贸易成本增加效应源自标准的遵循成本。粮食标准的遵循成本不仅包括生产环节的投入和改进措施，还延伸至相关的认证和检测费用。为确保产品质量和安全性，企业需要进行产品认证、实验室测试等，以确保产品符合标准要求。因此，粮食标准规模越大、粮食标准执行的严格程度越高，粮食标准的遵循成本越大。额外的费用和步骤将增加贸易成本，但也有助于确保贸易的透明性、公平性和可持续性。本书将在第六章进行相关实证检验，将粮食标准引入贸易成本从而将粮食标准纳入实证模型，实证检验中国粮食标准对粮食进口的影响，并结合测度粮食标准执行严格程度的指标。

第三节　区分质量标准和检测标准的贸易成本分析

　　粮食标准的主要目的是保证粮食进口的质量和安全性，维护消费者利益和公共健康。粮食标准的实施带来双重影响，一方面，粮食检测标准是为了确保粮食产品符合质量标准而进行的检验和测试要求。检测标准规定了粮食中可能存在的有害物质、重金属、农药残留、微生物污染等指标的限制和检测方法。粮食标准有助于确保产品质量和安全，增加消费者信任。另一方面，粮食标准对粮食进口的负面影响来自标准的遵循成本。根据粮食标准的特征，可将粮食标准分为两大类别，即粮食质量标准和粮食检测标准。粮食质量标准主要针对粮食产品的质量要求而制定。质量标准规定了粮食的种类、外观、营养成分、农药残留、微生物限度等多个方面的指标。后者则侧重于确保粮食产品在经过生产流程后符合上述质量标准的各种检验和测试要求。该过程针对潜在的有害物质、重金属、农药残留、微生物污染等风险因素的检测指标，同时规范相应的检测方法和设备，以期达到精确可靠的检测结果。

　　粮食标准在全球贸易体系中发挥关键性的规范作用。具体而言，其影响主要表现在两个维度的贸易成本效应。一是质量标准的遵循成本效应，涵盖从产品设计、研发到改进的整个流程中所需的资金与技术投入。这一过程涉及多方面的科学研究、工程技术应用以及与此相关的人力资源配置。其目的在于符合最低安全和质量标准，进一步追求产品优化和创新。二是检测标准的遵循成本效应，主要包括检验和测试环节，这通常要求具备高度专业化的设备和人员。这些专业投入旨在满足基本的合规要求，同时应对不断更新的检测技术和方法，以适应全球标准和规定的动态变化（见图4-2）。

　　粮食标准是确保粮食安全质量的关键手段，是影响国际粮食贸易成本和流通的重要因素。实施高标准引起的成本和投入会在短期内增加企业的经营成本和调整压力。然而，从长期和战略的角度看，严格遵循粮食标准有助于企业在全球竞争环境中建设品牌信誉、拓展市场份额和稳固市场优势。粮食标准不仅与经济效益有关，也涉及社会福利最大化、

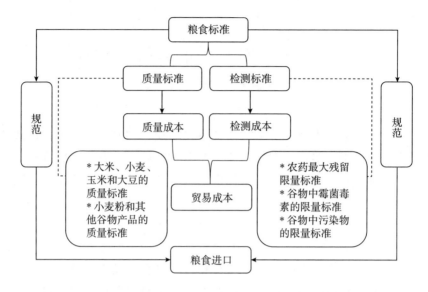

图 4-2 粮食标准影响粮食进口的作用机理（贸易成本理论视角）

资料来源：作者绘制。

食品安全、消费者权益保护以及全球食品治理等广泛议题。更为合理、公正且具有前瞻性的粮食标准，有助于推动国际粮食贸易的健康和可持续发展。

在国际粮食贸易体系中，粮食质量标准包括产品标准和基础标准两个层次。产品标准主要针对粮食的质量属性进行明确规范，包括颜色、形态、气味和口感等，确保粮食的外观和口感质量满足消费者的具体需求和期望。基础标准则更侧重于农产品生产和处理环节，如种子质量、农药和化肥的合规使用，以及农作物的科学管理。为了满足进口国对粮食质量的具体要求，粮食出口国需要进行一系列高度专业化和科技化的操作。这包括选用符合国际标准的高质量种子，优化农药和化肥使用[1]、实施基于现代农业科学的农作物管理方法等。此外，粮食出口国需加强对农产品生产环节的监督和检测，确保从农田到仓库的整个生产链条，包括粮食净化、干燥、储存等过程，均符合质量标准要求。这些措施增加了粮食贸易的成本，涉及直接的资金投入，还包括由于提升生产和监管标准所需的人力和时间资源。

---

① 最大化产量的同时最小化环境影响。

　　粮食质量标准的实施影响整个供应链，涉及农产品生产、加工、储存、运输乃至最终消费等多个环节，因此会带来一系列的成本效应。（1）种子质量。为满足严格质量标准的要求，粮食出口国必须采购优质但成本相对较高的种子。通常需要购买大量种子以覆盖广阔的耕地。这一初始投入会增加农民的生产成本，而且需要额外的资金和人力资源进行种子质量检测，涉及购买高级检测设备、建设实验室、培训人员等一系列投入。（2）农药与化肥管理。粮食出口国为了满足质量标准的要求，需要优化农药和化肥的使用。包括选择环境友好型的农药和化肥、控制使用量和频次、合理施药和施肥等。环保型农药和化肥通常价格较高，并且对施用方法和时间有特殊要求。为确保使用的农药和化肥符合标准要求，粮食出口国还需要加强对农药和化肥的质量监督和检测。这也会增加农户的生产成本。（3）农作物科学管理。粮食出口国为满足质量标准的要求，需采取科学的农作物管理方法。包括合理的灌溉、病虫害防治、杂草控制等措施。这些措施需要投入人力、物力和时间来实施，会增加农户的劳动成本和管理成本。（4）生产环节监管与加工。粮食出口国还需要加强对农产品生产环节的监督和检测，确保粮食净化、干燥、储存等过程符合质量标准要求。涉及建设农产品加工厂、购买专业加工设备、培训专业操作人员等一系列投入。（5）产品检验与运输。为确保产品质量，贸易过程中还需进行产品抽样检验、实验室测试和实地检查等。检测和监督的成本同样需要企业承担。粮食贸易中的运输环节也是影响质量标准遵守成本的重要因素。为确保粮食在运输过程中质量稳定且不受污染和损坏，粮食出口国需要采取一系列高成本的保鲜措施和包装措施，如使用保鲜剂、防潮袋等。这些措施会增加运输成本。

　　粮食检测标准包括食品安全、公共健康和环境持续性的全面评估。检测标准明确规定了粮食产品对营养成分和潜在污染物，如蛋白质、脂肪、碳水化合物、维生素、矿物质、杀虫剂和重金属等营养素和污染物的检测要求。相关规定有助于确保食品安全，对促进公共健康和环境保护具有积极影响。遵守检测标准的成本效应意味着，为遵守进口国对粮食安全、健康和环境保护的具体标准，出口国需要进行一系列检测活动。这些活动通常需要先进的实验室设备[①]、培训高度专业化的人员，并进行

---

① 如气相色谱仪、质谱仪和高效液相色谱仪等，还需环境控制设施以保证实验结果的准确性。

频繁的检测①和认证流程。检测涉及高精度仪器和复杂的检测流程，需要大量的资本和运营投入。

粮食检测标准在全球食品安全与供应链管理体系中占据核心地位，覆盖食品安全、公共健康和环境可持续性等多个关键领域（见附表13）。该标准的实施确保了粮食产品的质量和安全性，同时涉及一系列经济成本。遵守粮食检测标准的成本效应主要表现在以下几个方面。（1）实验室建设与维护。为遵守检测标准，粮食出口国需要投资于先进的实验室设施。这些设备用于对粮食样品进行各项检测，如营养成分、有害物质、农药残留、重金属含量等。建设实验室需要投入大量资金购买仪器设备，配备专门人员进行操作和维护。除了初期的资本开支，这些实验室还需要进行周期性的校准、维护和审计，保证检测结果的准确性和可靠性。（2）人员培训与专业发展。为满足检测要求，粮食出口国需要培训专业的检验人员。这些专业人员需要具备相关知识和技能，熟悉检测方法和操作规程，了解不同的检测标准和要求，并能够正确地执行检测程序。人员培训需要投入时间和资源，并可能需要引进外部专家进行指导和培训。（3）检测和认证。为满足检测标准，粮食出口国需要进行连续且全面的检测和认证工作。这意味着需要对大量粮食样品进行检测，确保其符合质量和安全要求。检测过程涉及样品采集、准备、处理、分析等环节，需要耗费人力、物力和时间资源。为了保证检测结果的可靠性，还需要进行重复检测和质量控制。（4）生产与加工工艺的调整。为满足检测标准的要求，粮食出口国可能需要调整生产和加工工艺，减少或清除有害物质的含量。在农作物种植过程中，可能需要采用有机农业方法来减少农药残留，如选择更昂贵的有机农药或增加劳动投入。在粮食加工过程中，则需要使用更高效的去除污染物的设备和技术。（5）质量管理和认证。为满足检测标准的要求，粮食出口国可能需要进行产品认证和质量管理体系建设。认证工作需申请并支付认证费用，获取特定的认证标识。为保证产品质量的稳定性和可追溯性，需要建立完善的质量管理体系，包括记录和追踪生产过程、加强供应链管理等。这些额外的管理和认证成本会增加企业的经营费用。

在国际粮食市场上，粮食标准构成贸易规则。粮食标准是技术规范，

---

① 包括批次检测、随机抽样以及定期的质量监控等。

更是影响粮食进口的关键制度要素。从贸易成本理论出发,粮食标准的存在和执行不可避免地引入了额外的贸易成本。粮食标准对粮食进口的影响取决于粮食标准带来的贸易成本增加。粮食标准的贸易成本效应体现在严格的粮食标准对粮食进口的规范作用上。严格标准在贸易成本上的增加效应源于遵守标准的成本,主要来自两方面:一是质量提升所需的资源投入;二是检测和认证过程的复杂性。为满足质量标准,粮食企业需要投入更多资源来提高粮食品质,涉及调整生产流程、改良工艺甚至改变原材料来源。为遵循检测标准,粮食企业需要进行严格的检测和认证工作,也需要维持持续、可靠的质量控制体系。增加的成本直接或间接转嫁到贸易环节,表现为商品价格上升或贸易量减少,进而形成一种调节机制。这些成本并非完全是负面效应。严格的粮食标准在提升食品质量、确保公众健康和促进环境可持续性方面具有积极影响。高质量和安全性是全球粮食市场日益关注的核心问题,良好的标准体系可以提高商品在全球市场中的竞争力。

综上所述,粮食标准的规模越大、粮食标准的执行越严格,遵守粮食标准的成本就越高。贸易成本会增加粮食贸易的负担,但粮食标准的制定对于保障粮食贸易的质量,安全性和可持续性具有重要作用,促进全球粮食贸易的健康发展。因此,本书将粮食标准作为贸易成本的重要组成部分纳入实证模型,经验性地考察中国粮食标准对粮食进口的影响,并进一步结合粮食标准执行严格程度的相关衡量指标。

第四节　研究假说

基于以上理论分析,粮食标准会对中国粮食进口产生贸易成本效应。贸易成本效应来自贸易成本对贸易流量的直接和间接影响。具体而言,贸易成本包括直接成本和间接成本,如关税、非关税贸易措施、物流运输和相关文件办理费用等。作为非关税措施之一,粮食标准会影响粮食进口的质量控制、安全保障和来源的可追溯能力。理论上,宏观层面粮食标准对粮食进口的影响具有双向性,既可能为粮食进口带来正面效应,也可能产生负面障碍和制约效应。

从正面影响来看,粮食标准可以提高进口粮食的质量和安全性,从而增加消费者的信心和需求，促进贸易流量的增加。这种影响基于以下假设：首先，基于需求弹性的经济学假设，[①] 消费者对粮食的需求具有弹性，即价格和收入的变化会影响消费者的购买决策。因此，如果粮食标准能够有效地保证进口粮食的品质和安全，消费者就会更倾向于购买进口粮食，从而增加进口粮食的需求和价格。进口商有更大的动力和利润空间来扩大进口规模，从而增加贸易流量。其次，消费者对粮食的品质和安全有一定的认知和偏好，即消费者愿意为更高品质和安全的粮食支付更高的价格。这一现象可以与消费者行为学中关于品牌认知和忠诚度的理论相呼应。如果粮食标准能够提高进口粮食的可追溯性，消费者就能够更容易地识别和选择符合自己偏好的粮食来源，增加对进口粮食的信任度和满意度。进口商就能够建立更稳定和长期的客户关系，增加贸易效率。

从负面影响来看，粮食标准可以增加进口粮食的成本和复杂性，降低供应商的竞争力和利润，抑制贸易流量的增长。这种影响基于以下假设：首先，基于供给侧的弹性模型，供应商对粮食的供给具有弹性，即成本和利润的变化会影响供应商的生产决策。因此，如果粮食标准过于严格或不一致，供应商就会面临更高的生产成本和合规成本，从而降低进口粮食的供给量和价格。进口商有更小的动力和利润空间来扩大进口规模，从而降低贸易流量。其次，供应商对粮食标准的合规有一定的困难和阻力，即供应商需要投入更多的资源和时间来满足不同国家或地区的不同标准要求。如果粮食标准过于复杂或不透明，供应商就会面临更多的不确定性和风险，影响供应商与进口商之间的合作意愿和能力，进一步降低进口粮食的可靠性和稳定性。进口商因此会更难以建立稳定的贸易联系。

本章由此提出待检验的理论假说：

假说 1-a：粮食标准对粮食进口具有促进作用。

假说 1-b：粮食标准对粮食进口具有抑制作用。

本书将在第六章对以上贸易成本效应进行实证检验。

---

① 假设消费者对价格和收入的变化具有敏感的反应机制。

第五节　小结

本章基于贸易成本理论对粮食标准影响粮食进口的作用机理进行分析。贸易成本理论认为，贸易流量不仅取决于两个国家或地区的经济规模和比较优势，还取决于参与贸易双方的贸易成本。贸易成本包括直接成本和间接成本，如关税、非关税措施、运输和文件费用，以及其他因素，如共同语言、共同边境或加入区域贸易协议情况。贸易成本越高，贸易流量越低，反之亦然。作为非关税贸易措施，粮食标准会影响粮食进口国和出口国之间的贸易成本。粮食标准可以分为强制性和自愿性、技术性和非技术性等不同类型，也可以用不同的方式来量化和构建粮食标准指标。

粮食标准会对粮食进口产生抑制效应，这一抑制效应主要来自粮食标准对粮食贸易国和贸易企业贸易成本的影响。严格的粮食标准可能对粮食贸易国造成贸易壁垒。贸易国需要采取额外措施来满足标准，如提高生产技术水平、改善生产环境等。由于不同国家对粮食标准的要求存在差异，粮食贸易国还需要根据不同市场的需求进行调整和适应。同时，严格的粮食标准会增加企业的生产和检验成本。企业需要购买更先进的生产设备，加强生产过程的控制和管理，投入更多的人力资源进行检验和监督。粮食标准的不确定性也会增加企业的运营风险。此外，粮食标准通过规范市场便利化交易会减少贸易成本。当粮食标准能够提高交易的透明度和可预测性时，贸易企业可以更好地评估市场需求和供应情况，降低交易风险和成本。粮食标准还可以通过促进技术创新和质量管理的提升，提高企业的生产效率和产品质量。本章依据粮食标准的不同属性进行分类，将粮食标准分为粮食技术标准和粮食管理标准两个子类别，分析粮食标准产生的技术成本效应和管理成本效应。依据粮食标准的具体特征，可以进一步将粮食标准划分为粮食质量标准和粮食检测标准（见附表13）两个子类别，分析实施过程中粮食质量标准的遵循成本效应和粮食检测标准的遵循成本效应。相关划分有助于揭示粮食标准在决策、制定和监督过程中的实际影响。

粮食技术标准的实施会带来技术成本效应，包括技术成本、成本转嫁效应、信息获取成本、质量控制成本和市场准入成本等。这些成本效应对粮食贸易造成一定的压力，但也有助于推动企业提升技术水平、优化管理体系，并促进行业的可持续发展。政府和企业可以采取一些措施来降低贸易成本，如加强国际合作、推动标准的协调与互认等。通过共同努力，可以提高粮食贸易的效率和效益，实现互利共赢的局面。粮食管理标准的实施会带来成本效应，包括人力资源管理成本、信息管理和数据采集成本、检测和监控成本、供应链管理成本以及市场营销成本等。这些管理成本效应对粮食贸易产生一定的影响，增加了企业的负担。为了降低管理成本，企业可以通过提升管理效率、优化流程和技术、加强内外部合作等方式来实现。政府可以制定支持政策，提供培训和咨询服务，降低企业的管理成本。同时，加强国际合作和标准的协调与互认，也可促进粮食管理标准的合理化和统一化，降低贸易成本，实现粮食贸易的可持续发展。

遵循粮食质量标准会带来成本效应，包括更高质量种子的采购、农药和化肥的优化使用、科学农作物管理的实施、农产品生产环节的监督和检测、运输过程中的保鲜措施等。这些成本会增加粮食贸易的总成本。为了降低成本，粮食出口国可以通过技术创新、提升农民培训水平、优化物流和运输方式等来提高生产和运输效率。此外，政府可以制定支持政策，提供补贴和贷款等金融支持，降低企业的贸易成本。通过合理且透明的质量标准制定和执行，促进粮食贸易的健康发展，并提高消费者对粮食质量的信心。遵循粮食检测标准也会带来成本效应，包括建立实验室设备、培训专业人员、频繁检测和认证工作、调整生产和加工工艺、产品认证和质量管理体系建设等。这些成本会增加粮食贸易的总成本。为了降低成本，粮食出口国可以通过技术创新、提升人员培训水平、优化检测和认证流程等方式来提高效率。此外，政府可以制定支持政策，提供补贴和贷款等金融支持，降低企业的贸易成本。通过严格执行检测标准，可以保障粮食的安全和质量，增加消费者对粮食的信心，促进粮食贸易的可持续发展。

整体上，粮食标准对贸易成本的影响有两个方面：一是提高质量要求，增加供应商的生产和遵从成本；二是降低信息不对称，增加消费者的信任和偏好。不同类型的粮食标准的影响不同。一般来说，强制性技术性标准（如 SPS 和 TBT）通常会提高供应商的生产和遵从成本，而自愿性非技术性标准（如有机认证和公平贸易认证）会降低消费者的信息不对称，增强消费者信任和市场偏好，有助于降低消费者面临的搜寻成本和决策风险。强制性技术性标准倾向于增加贸易成本，而自愿性非技术性标准倾向于降低贸易成本。这反映了不同类型的标准在提高消费者信心、增加供应商竞争力和降低贸易成本方面的差异。这些差异也会受到其他因素的影响，如供需条件、市场结构、政府干预等。在制定和实施粮食标准时，需要综合考虑其对贸易成本和贸易流量的潜在影响。

鉴于粮食标准对粮食贸易成本的影响，粮食贸易国、贸易商和生产商需要了解并遵守相关的标准要求，降低贸易成本，提高贸易效率和质量。同时，各国政府也可以通过加强标准协调和合作，达到有益的互惠效应，促进贸易自由化和便利化。在粮食进口领域，需要保障粮食安全，这通常涉及符合进口国的强制性技术标准。同时，也需关注贸易成本和效率问题，包括降低非关税壁垒、优化供应链管理和简化清关程序等。因此，建立起高效的标准制定、检验检疫及相关合作机制至关重要。上述措施不仅能够加强国际标准体系的协调性和一致性，还可以通过减少合规成本和提高市场准入速度，进一步促进粮食贸易的稳定性和可持续发展。

国际标准对接和沟通有助于促进贸易流动，提升双边或多边关系，使全球粮食市场更加稳定和高效。在此过程中，粮食出口国、粮食进口国以及国际和区域经济集团的角色日益重要，有助于建立平台促进不同国家间的标准协商和协调，为粮食贸易提供更为清晰和可行的规则框架。出口国和进口国需共同努力，通过开放对话和技术交流，确立粮食标准的共识。世界贸易组织、联合国粮农组织和世界卫生组织等，可以发挥全球粮食贸易流动性和稳定性的积极作用。粮食标准的国际合作是促进全球粮食平衡与健康发展的重要途径。

第五章　标准经济学视角下粮食标准影响粮食进口的机理研究

第一节　粮食标准影响粮食进口：标准经济学视角

标准经济学是经济学中的新兴分支，标准经济学主要关注标准在促进或阻碍市场竞争、优化资源配置和提升经济效率方面的作用（Blind，2004；Swann，2010；Yang，2024）。此外，标准经济学也侧重于考察标准如何作为贸易政策工具，对产业发展和国际贸易产生影响（Yang and Du，2023）。标准经济学通常探讨标准的制定机制、标准的影响因素以及标准对市场参与者行为和市场结果的影响。在粮食标准领域，标准经济学提供了有力的分析框架，用于考察粮食标准如何通过改变贸易成本结构，进而影响贸易流向和市场表现（Mangelsdorf et al.，2012；Blind et al.，2018；Fiankor et al.，2021）。具体而言，粮食标准可以作为非关税贸易措施，影响进口国和出口国的相对贸易优势，在全球供应链内部，对生产商、分销商和最终消费者的行为产生影响。结合标准经济学，粮食标准影响粮食进口的作用机理在于，粮食标准通过提升质量、规范市场、遵循成本等正向效应和负向效应，影响进口贸易表现。

遵循粮食标准有利于保证进口粮食质量，规范国际贸易流程，促使粮食出口方适应粮食进口市场规则以进入目的国粮食市场。这一技术框架降低了新进入市场的风险和不确定性，促使出口国积极适应目的国的粮食市场规则和消费者期望。同时，粮食标准的遵循成本会增加粮食进口成本，包括必要的质量控制、认证程序和技术更新等。粮食进口成本上升，进而形成一种贸易筛选机制，不符合粮食标准的产品将被排除在目的国粮食市场以外。粮食标准不仅在微观层面影响单一交易者或各方贸易参与者，在宏观层面也具有促进国际贸易和推动跨国合作的重要作用。这些标准可以作为共同的规则，增加各国之间贸易的可预测性和透明度。通过这种方式，粮食标准为粮食产业的全球可持续发展和全球粮食安全提供了坚实的支柱，有力推动全球粮食生产系统的稳健和健康发展。

基于标准经济学，一国粮食标准对粮食进口的影响主要包括四个方面：第一，提高进口粮食质量，强化进口粮食的质量保证机制。粮食标准有助于确保消费者获得符合安全健康和营养标准的食品，建立国内消费者和国外供应商信任和可靠性的桥梁，有利于国内消费者和外国供应商实现双赢。第二，提供国内粮食市场的技术规范，适应和满足国内市场的需求特性。通过遵循粮食标准，进口商可以确保粮食产品满足国内市场需求，增加销售机会并避免与当地法规和政策产生潜在冲突。这种规范化有助于提高市场效率，增加市场透明度，促进粮食贸易顺利进行。第三，调节国内粮食市场的开放程度。通过设定标准并要求进口商遵循标准，一国可以调控粮食市场的供需平衡，保护国内农业利益，避免大规模的农产品倾销对本土农业带来的冲击。这种调节作用有助于维护国内市场的稳定性和可持续性。第四，影响粮食进口成本。粮食贸易方需要投入资源和技术，以满足粮食标准的要求，并承担相关的检测和认证成本。这会使进口粮食价格上升，成本将转嫁给消费者，对消费者产生经济负担，但同时为贸易提供了质量筛选机制。

遵循标准不仅是确保粮食质量和安全性的必要条件，也是粮食出口方进入目的国市场的关键步骤。这一过程涉及对标准的全面了解，以及必要的产品改进和认证，从而确保与目的国的法律一致。然而，遵循这些标准通常需要额外的资源投入，从技术更新、质量控制到认证流程等多个方面，这些调整会增加粮食进口的整体成本结构。如果进口粮食不能满足目的国设定的质量和安全标准，会触发一系列贸易壁垒，如被拒绝入境或被迫支付高额关税和罚款。贸易壁垒会构成短期财务负担，还可能对出口方的商誉和长期盈利能力造成负面影响。

因此，在粮食国际贸易领域，遵循粮食标准已经成为粮食出口国获取目标市场准入，以及巩固与提升全球市场地位的基础性和战略要求。既涉及粮食质量和安全性核查，还包括对供应链的透明度、可追溯性以及环境可持续性的全面评估。粮食标准有助于粮食出口国获得目标市场认可，更有助于维护和提升出口国在全球市场的竞争力、声誉和地位，为建立长期、互信和稳定的贸易关系奠定基础。本章基于标准经济学建立理论框架，分析粮食标准影响粮食进口的作用机理，为相关政策制定和策略挑战提供理论支撑。

第二节　粮食标准影响粮食进口的
正负效应分析

不同类型标准对贸易的影响具有异质性。基于标准经济学，粮食标准影响粮食进口的积极正效应，包括竞争力效应、信息效应和共同语言效应。负效应则包括进入壁垒效应和遵循成本效应。其中，竞争力效应基于质量—价格定位理论，即高质量和高安全性的产品在市场上通常能获得更好的价值即更优的价值定位。标准的存在为确保产品质量提供权威性的验证机制，提升产品在市场上的竞争力。信息效应基于信息不对称理论，即在诸多情形下买方和卖方之间存在信息差距。粮食标准通过明确质量要求和安全要求，有助于减少信息不对称，提升消费者信任和增强市场透明度。共同语言效应的概念来自网络效应和协同效应理论。标准作为共同语言，有效简化了跨国和跨地区间的交流和交易流程，从而降低交易成本。进入壁垒效应和遵循成本效应主要基于市场结构和市场接入理论而构建。这些效应显示标准可能会对特定类型的企业构成进入壁垒，特别是对于规模较小或资源较少的企业。遵循这些标准通常需要一定的资金和技术投入，企业的市场参与成本随之增加。

进一步而言，粮食标准的竞争力效应指当一个国家或地区实施较高的质量和安全标准时，实质上设置了明确的质量基准。这种竞争力效应可以被视为质量门槛，带来全球供应商之间的竞争。通过满足和超越这些标准，供应商可以进入目标市场，提升其品牌形象和价值。进口粮食供应商需要提升产品质量以满足标准要求，从而推动全球市场上的产品质量竞争和优化。竞争力效应可以促使供应商改进生产工艺和质量管理，提高产品附加值，增强其在国际市场上的竞争力。长期来看，竞争力效应还能促进技术革新和研发投资，激励供应商寻求可持续的生产方式，为解决全球粮食安全和可持续性问题提供新途径。因此，竞争力效应在粮食标准领域内构建了一种自我强化的良性循环。

现代国际贸易体系中，信息透明度与信任成为交易的核心驱动因素。粮食标准的信息效应指标准提供了消费者所需的关于产品质量和安全的信息。通过标准化的检测和认证体系，粮食供应商能够证明其产品符合一定的质量和安全要求。标准化的检测结果可以为消费者在面对复杂购买决策时提供可靠的参考，帮助其基于公认的、经过验证的平台做出购买决策。信息效应有助于建立信任机制，减少不对称信息问题，从而促进跨国贸易的进行。除了简化消费者决策和增加市场透明度以外，信息效应还可能减少政府在粮食安全监管方面的负担。信息效应构建信任机制，优化资源配置，促进高质量和安全性的产出，有助于提升整体粮食生产和分销系统的效率、稳定性和健康发展。

粮食标准的共同语言效应指当各国或地区采用相似或一致的质量和安全标准时，能够为跨国贸易提供便利。共同语言效应降低了交易成本，减轻由于标准不一致带来的技术壁垒和认证成本，促进了粮食贸易的自由化、流通性、效率与稳定性。从宏观经济角度来看，共同语言效应也有助于形成或加强区域贸易联盟和合作关系，激发国际分工与合作的潜力，构建更为高效统一的供应链体系。共同语言效应能加速生产与贸易流程，使供应商、销售者以及监管机构能够更快响应市场变化和突发事件，增加市场灵活性和适应性。共同语言效应有助于推进国际粮食贸易的效率，强化国家之间的合作与互信。

粮食标准也会产生一些负面效应。进入壁垒效应和遵循成本效应是较为明显的两个方面。进入壁垒效应指贸易伙伴需要面对实施不同标准的国家或地区的技术壁垒。由于标准的差异性，供应商可能需要对其产品进行调整或改良，以满足目标市场的要求。相关技术壁垒可能增加进口商的进入障碍，限制贸易的自由化和多样性。粮食标准的遵循成本效应指企业为满足标准要求而进行的投入和改进成本。例如，建立先进的实验室设备、培训专业人员、频繁检测认证以及调整生产和加工工艺等都需要额外的成本投入。这些成本可能会给供应商带来负担，尤其是对于资源或规模有限的中小型企业而言，较难负担这些过重的额外成本。尽管存在这些负面效应，粮食标准仍然具有重要的价值和作用。通过促进遵循质量和安全标准，粮食标准有助于保护消费者的权益，提升产品质量，对于粮食产业的可持续发展和全球粮食安全具有重要意义。因此，应寻求平衡，确保粮食标准的制定和执行既能够促进贸易增长，又能够兼顾各方的利益和成本承受能力。

无论标准是一国特有标准还是与国际一致标准，都能产生竞争力效应，进而对粮食进口产生积极影响。标准决定产品质量，可以作为质量评估和衡量的机制。有标准的市场通常优于没有标准的市场（Blind，2004；Blind and Müller，2019；Blind et al.，2022）。拥有粮食标准的市场能够提高进口粮食的质量。标准化也有助于促进技术创新和合作，进一步提升粮食产业的竞争力。粮食标准作为评估和衡量产品质量的工具，可以确保粮食符合特定的要求和规范。通过强制执行这些标准，贸易商努力提升其产品的质量水平，以满足市场需求。竞争力效应刺激粮食贸易商在生产、加工和运输过程中采取更为严格的控制和管理措施，提高粮食的安全性和可靠性。国家特定的标准，无论是强制的还是自愿的，都能通过竞争力效应促进粮食进口。通过遵守和满足标准，企业可以提升产品和服务的质量，增强消费者的信任和忠诚度，获得更高的市场份额和竞争优势。标准化还可以促使企业进行内部流程和生产效率改进，提高效率和生产能力，降低生产成本，并为可持续发展奠定基础。

粮食标准也通过信息效应鼓励粮食进口。标准能够发送质量和安全信号，有利于贸易增长（Ganslandt and Markusen，2001）。标准传递重要的贸易信号，促进了符合严格标准的国家的竞争力（Hudson and Jones，2003）。国家特定的标准可以为粮食出口国向目标市场出口粮食提供关于市场准入条件和质量要求的重要信息。粮食标准有益于降低信息不对称问题，帮助消费者准确地评估产品属性和质量。标准提供关于当地市场和技术的重要信息，帮助外国出口商修改、调整和适应其产品以进入目标市场。一国采用标准代表实施了一种机制，当地知识通过这种机制传播，提高透明度和清晰度，外国企业更容易获得此类知识（Moenius and Trindade，2008）。粮食标准还可以促进产业升级与技术转让，推动供应链上的技术创新和知识传播，促进相关产业发展和粮食贸易繁荣。

与国际标准保持一致的国家标准可以在贸易国家之间产生共同语言效应。粮食标准可以促进粮食进口市场的透明度和规范化。通过制定一致标准，各国可以建立相互认可的认证和检测机制，避免重复测试和认证的浪费。这降低了进口商的交易成本，促进跨国粮食贸易便利化。国际标准的共同语言特性可以通过实时交流降低企业之间的贸易摩擦。关于标准协调的地区协议可以增加参与国之间的贸易，但会减少被排除国家的出口，特别是在市场上提高标准严格度的情况下（Chen and Mattoo，2008）。贸易伙伴相应的技术知识在提高交流效率和促进跨境贸易方面非常重要（Blind et al.，2018）。遵循国际标准不仅意味着产品符合国际规范，而且预示着企业的其他积极但未被观察到的特征（如内部管理效率和质量控制）（Blind，2004；Blind et al.，2021）。粮食标准有益于打破贸易壁垒、扩大粮食进口市场。当不同国家或地区采取一致标准时，贸易商可以更易于将其粮食产品销售到多个市场，从而扩大潜在的消费者群体。标准的一致性也为供应商提供更多的选择和机会，促进跨境粮食贸易发展。

企业努力遵循更高或更为严格的标准时，在生产、运营和销售各个环节可能面临更高的投入和技术难题，导致贸易成本上升，形成成本效应。这些合规成本对于中小企业以及新兴国家的企业而言尤为明显，可能影响全球市场份额和经济效益。对于在标准化过程中没有影响力或参与度不足的企业，标准的遵循成本高昂（Blind，2004）。采用标准不仅会导致额外的经济负担，还可能带来流程延迟和烦琐的文件管理，如需准备相关的标准认证资料。此外，严格的标准可以通过增加合规成本来提高市场进入门槛（Swann，2010；Clougherty and Grajek，2014），进而形成隐形贸易壁垒。如果标准的全球传播会使外国制造商承担高昂的合规成本，也将阻碍贸易的自由流动。为了符合标准，外国制造商必须进行一定规模的调整，包括制造设计的修改、生产系统的重构以及遵守一系列复杂的认证和测试程序（Terziovski and Guerrero，2014）。

第三节　粮食标准影响粮食进口的净效应分析

标准对粮食进口贸易的积极影响，包括竞争力效应（Porter，1998；Ganslandt and Markusen，2001；Hudson and Jones，2003；Blind，2004）、信息效应（Moenius and Trindade，2008；Su et al.，2015）以及共同语言效应（Bénézech et al.，2001；Blind，2004；Chen and Mattoo，2008）。负面影响则包括成本效应（Blind，2004；Terziovski and Guerrero，2014）和

进入壁垒效应（Swann，2010；Clougherty and Grajek，2014）。竞争力效应表明粮食标准推动粮食贸易商提升产品质量，提高粮食的安全性和可靠性，从而提升市场竞争力。信息效应侧重于通过建立一致的标准和认证机制，提高市场透明度和规范化，降低交易成本，促进跨国贸易。共同语言效应表明，标准一致性有助于打破贸易壁垒，扩大粮食进口市场，增加供应商选择和机会，促进技术合作和创新。成本效应说明符合强制标准的生产和销售所需的成本，会增加企业负担。进入壁垒效应聚焦粮食标准对市场准入造成的限制会对新进入者造成挑战。

《中华人民共和国标准化法》规定，不符合强制标准的产品和服务不能生产或销售。强制性标准促使企业必须提高产品质量以满足标准要求，从而增强竞争力。与自愿性国家标准相比，强制性国家标准在监管层面更加严格，能够更有效地保障消费者权益和市场公平透明，增加贸易的可持续性。与自愿性国家标准相比，强制性国家标准的正面和负面贸易效应更加显著。正面效应主要体现在：首先，强制性标准有助于提高产品质量和安全水平，消除不合格产品竞争，保障消费者健康和权益。遵循强制性标准为企业树立了良好的品牌形象，提升了产品的市场竞争力，带来更多的市场份额和利润。其次，强制性标准的执行有助于改善市场环境，提高市场的公平竞争程度。优质企业可以凭借符合标准的产品获得更多机会，而违法违规企业将被淘汰出市场，从而推动整个行业的优胜劣汰，提高市场效率和资源利用效率。负面效应主要体现在：首先，企业需要投入更多资源进行技术改造和质量控制，增加企业的成本压力。尤其对于中小企业和新兴企业而言，由于规模和资源的限制，很可能难以满足复杂的标准要求，增加了其进入市场的门槛。其次，标准的制定与更新也需要投入大量的人力、物力和财力，包括专家研究和实验室测试等。这对一些资源不足的国家和地区构成挑战。

在粮食进口领域，特有标准和国际一致标准对贸易产生不同的影响。一国特有的标准有利于粮食进口的正向反馈作用，主要来自竞争力效应以及信息效应。通过制定特定的质量和安全标准，一国可以提高本国粮食产品的质量和竞争力，吸引更多的贸易伙伴，创造出独特的市场竞争优势。特有标准还可以提供信息保障，消费者可以获得更多信息购买符合本国标准的进口粮食。特有标准也可能产生负面效应，如成本效应和进入壁垒效应。这些标准会导致供应商面临更高的合规成本，增加进入市场的难度，导致市场的碎片化。为了满足不同国家的特有标准，供货商的差异化生产可能增加粮食贸易企业生产和管理的复杂性。

基于标准经济学视角，通过制定和遵循国际统一的标准，可以为全球粮食贸易提供共同的贸易规则和准则，构建统一透明的交易框架，从而降低交易成本和不对称信息问题。消费者可以更加便利地了解和选择符合国际标准的产品。国际一致标准还可以促进各国间的合作和互信，推动贸易的自由化和便利化，强化各国在粮食安全、质量和可持续性方面的共同目标和责任。国际一致标准的负面效应来自部分参与者面临高昂的适应成本，引发成本效应和进入壁垒效应，尤其是对于技术和资本相对匮乏的发展中国家和中小企业。这些参与者可能会感受到技术更新和达标的压力，影响其在国际市场的竞争地位。

综上所述，粮食标准影响粮食进口贸易的净效应，最终取决于多重效应的相对大小，即竞争力效应、信息效应、共同语言效应、成本效应和进入壁垒效应的净效应。这些效应相互作用和影响，如表5-1所示。如竞争力效应和信息效应通常相互促进，产生互补性关系，共同促使产品质量和安全性得到提升。竞争力效应推动生产商提高产品质量，而信息效应则保证消费者得到足够、准确的产品信息，做出购买选择。二者协同，为国际市场带来更好的产品质量和消费者信心。成本效应和进入壁垒效应则可能作为负面因素，这两种效应对某些市场参与者产生制约作用。特别是对于资源有限、技术落后的发展中国家和中小企业，可能面临更高的合规成本和市场进入的困难。

表 5-1　　　　　　　　粮食标准影响粮食进口的作用机理

粮食标准		正向效应	负向效应
一国特有标准	强制性	竞争力 信息	成本 进入壁垒
	推荐性	竞争力 信息	成本 进入壁垒
国际一致标准	强制性	信息 竞争力 共同语言	成本 进入壁垒
	推荐性	信息 竞争力 共同语言	成本 进入壁垒

注：框内的效应由于标准实施效力而有所增强。

第四节　研究假说

　　根据以上研究的主要结论，结合当前全球发展倡议及深化共建"一带一路"等框架下粮食安全合作进展，本章重点研究粮食标准对"一带一路"共建国家粮食进口的影响。基于对粮食标准多重效应的研究，纳入有利于粮食进口的竞争力效应、信息效应和共同语言效应，以及可能对粮食进口产生抑制作用的成本效应和进入壁垒效应。正向效应有助于提升共建国家粮食的国际竞争力，为消费者提供准确的产品信息，并降低因标准差异引发的交易成本。负向效应会增加"一带一路"共建国家对于满足中国市场标准的合规成本，为其进入中国市场设置障碍。基于上述效应，需要在政策制定和实践中寻找平衡，确保在推动"一带一路"粮食贸易合作的同时，充分考虑各方的利益和关切，为实现可持续的粮食安全和经济合作共赢创造条件。

　　选取"一带一路"共建国家的原因在于：第一，"一带一路"倡议的共建国涵盖重要的粮食生产和消费国。"一带一路"共建国家拥有广阔的耕地面积和庞大的农业劳动力，同时也是全球粮食市场的重要参与者。研究中国粮食标准对来自这些国家粮食进口的影响，有助于明确粮食标准在全球粮食贸易格局中的权衡和影响，为进一步国际合作提供有力支持。第二，"一带一路"倡议有多个国家参与，共建国家标准化水平存在较大差异，呈现出多样化的发展阶段（见附表16）。一些国家在粮食标准制定与执行方面已经较为成熟，建立起相对完善的粮食标准体系，其他一些国家则处于起步或发展阶段。研究粮食标准对"一带一路"共建国家粮食进口的影响，可以了解标准化在不同发展阶段的挑战和机遇，为推动相关国家粮食标准合作和对接提供参考。第三，区域一体化与合作机制同"一带一路"倡议的积极推动。借助"一带一路"倡议，相关国家实现了更高程度的区域一体化和合作机制的建立。粮食标准成为促进经济一体化、提升贸易便利化的调节和推动因素。考察粮食标准对区域内粮食贸易流通、质量安全的影响，有益于揭示粮食标准化对区域一体化及多边贸易合作的推动作用。

　　研究中国粮食标准对中国来自"一带一路"共建国家粮食进口的影

响，主要原因包括：第一，质量安全保障。中国对进口粮食的质量安全有严格要求和标准。通过研究中国粮食标准对来自"一带一路"共建国家粮食进口的影响，可以了解中国粮食标准对确保进口粮食安全所起的作用。研究发现有助于评估和完善中国粮食标准，提高中国对来自"一带一路"共建国家粮食进口质量的监控和管理能力。第二，市场准入与合规性要求。随着"一带一路"倡议的全球推进，中国与相关参与国之间的粮食贸易逐步扩大。考察中国粮食标准对来自"一带一路"共建国家粮食进口的影响，可以发现中国市场准入对于相关国家的重要性以及粮食标准合规性对粮食进口的影响。研究结论可以为相关国家粮食贸易商提供信息和知识，促进双边粮食贸易更顺畅、更顺应标准化要求的进行。第三，合作与交流机制建设。考察中国粮食标准对来自"一带一路"共建国家粮食进口的影响，有助于加强中国与"一带一路"共建国家的粮食贸易合作与交流。研究结论有益于推动粮食标准的协调与统一，促进双方在粮食标准制定、监管和认证等领域的合作。粮食标准的合作与交流机制的建设，有助于加强粮食贸易的可持续性和互利共赢。研究结论可以为标准协调和统一提供理论支持，也为粮食标准制定、监督和认证领域的合作提供可行性参考。

基于标准经济学，粮食标准对中国从"一带一路"共建国家的粮食进口发挥了关键作用。在粮食贸易领域中，不同的粮食标准类别对粮食进口的影响存在明显的异质性。从标准类别和贸易方向来看，粮食标准对粮食质量具有决定性的推动作用。因此，不论是一国特有标准还是与国际接轨的一致标准，都可以产生正向的竞争力效应，进一步促进中国从"一带一路"共建国家进口粮食。特有标准在该过程中具有重要作用，为"一带一路"共建国家向中国出口粮食提供关于中国本地市场的核心信息。信息效应可以显著促进这些国家的粮食出口至中国。此外，与国际一致标准在参考并采纳国际标准的基础上制定，有助于在粮食贸易国之间建立起信息畅通（信息效应）和共同语言的桥梁（共同语言效应），有利于"一带一路"共建国家的粮食进入中国市场。

与此同时，遵循不同类型的标准会增加相关贸易企业在生产、运营和销售等关键环节的额外负担，导致成本效应产生，不利于推动粮食贸易的顺畅进行。对于那些在生产、运营和销售等关键环节已经面临压力的贸易企业，严格标准可能会进一步加剧其运营成本。《中华人民共和国标准化法》明确规定，对于强制性标准，所有相关企业必须遵循。任何不符合强制性标准的产品和服务不得进入市场进行生产和销售活动，违反强制性标准将面临法律责任。国家也对采纳推荐性标准（非强制性）持鼓励态度，该类标准企业自愿采用，旨在促进技术和质量创新，同时确保更广泛的市场选择空间。相对于推荐性标准，强制性标准的执行力度和实施效力有所增强。

强制性特有标准和推荐性特有标准在促进中国从"一带一路"共建国家进口粮食的过程中，主要发挥了竞争力效应与信息效应。与此同时，无论是强制性还是推荐性的特有标准，均会带来抑制粮食进口的成本效应。强制性一致标准与推荐性一致标准在促进粮食进口时，除了发挥竞争力效应和信息效应以外，还增加了共同语言效应。但这两种标准也会导致对粮食贸易的成本效应。由于强制性标准具有法律的强制执行性，这使得强制性特有标准在竞争力效应、信息效应以及成本效应方面的影响更加凸显。同理，强制性一致标准的竞争力效应、共同语言效应、信息效应及成本效应也会因其法定特性而得到加强。综上所述，中国粮食标准对来自"一带一路"共建国家粮食进口所产生的最终影响，是各种效应动态平衡的结果。净效应取决于各类标准带来的正面促进贸易效应（如竞争力效应、信息效应、共同语言效应）与其潜在的阻碍贸易的负面效应（如成本效应和进入壁垒效应）之间的相对强度与相互作用。

本章由此提出待检验的理论假说：

假说 2-a：特有标准对中国来自"一带一路"共建国家的粮食进口产生促进效应；

假说 2-b：特有标准对中国来自"一带一路"共建国家的粮食进口产生抑制效应；

假说 3-a：一致标准对中国来自"一带一路"共建国家的粮食进口产生促进效应；

假说 3-b：一致标准对中国来自"一带一路"共建国家的粮食进口产生抑制效应。

本书将在第七章对粮食标准影响来自"一带一路"共建国家粮食进口的净效应进行实证检验。

第五节　小结

　　粮食标准是国家或地区对粮食质量、安全、卫生等方面的规定和要求，通常通过法律、法规、标准文献等形式制定和执行。基于标准经济学，粮食标准对粮食进口的影响主要体现在如下三个方面：第一，粮食标准能够确保国内消费者的食品安全和利益，提高国内粮食市场的信誉和竞争力，促进国内粮食产业的发展和创新。第二，粮食标准可以影响国内外粮食价格的形成和变动，从而影响国内外粮食供需的平衡和调节。一般来说，较高的粮食标准会提高国内粮食生产成本和市场价格，增加国内粮食供应不足的风险，促进国内对进口粮食的需求。相反，较低的粮食标准会降低国内粮食生产成本和市场价格，增加国内粮食供应过剩的可能性，抑制国内对进口粮食的需求。第三，粮食标准可以影响国际贸易规则和协议的制定和执行，从而影响国际贸易秩序和环境。一般来说，较高的粮食标准会增加国际贸易壁垒和摩擦，限制国际贸易自由化和便利化，降低国际贸易效率和效益。较低的粮食标准则会增加国际贸易竞争和压力，影响国际贸易公平性和安全性，损害国际贸易合作和可持续发展。

　　本章基于标准经济学视角，专注于考察粮食标准对中国从"一带一路"共建国家粮食进口的影响，并开展理论分析。选择依据具有三重现实意义：中国粮食质量安全保障的迫切需求、市场准入和合规性要求的重要性，以及促进粮食贸易合作与交流机制建设的现实需要。理论分析表明，不同类别的粮食标准对粮食进口的影响具有明显的异质性。粮食标准决定粮食质量，也构成市场竞争的重要维度。在粮食贸易领域，特有标准与一致标准都扮演着重要角色，具有推动竞争力效应的潜力，促进中国从"一带一路"共建国家进口粮食。特有标准，作为针对特定市场和地区的标准，为共建国家提供了更多关于目的国市场特性和需求的深入信息。一致标准采纳了广泛的国际通行标准作为参考，为各贸易国提供了统一的交流平台。一致标准加强了各参与国之间的信息互通，形成一种共同的语言机制。这一机制有利于降低贸易摩擦，有助于"一带一路"共建国家的粮食进入中国市场，确保粮食贸易的持续性和稳定性。

　　与此同时，遵循各类粮食标准会为相关贸易企业带来额外的经济压力，特别是在生产、运营和销售环节。这一成本效应可能成为制约国际贸易流动的潜在障碍。《中华人民共和国标准化法》为确保产品和服务的质量、安全性以及符合性提供了明确指导。在这一法律框架下，所有涉及强制性标准的产品或服务必须严格遵循规定，违反者将面临严重的法律后果。相较于此，推荐性标准更具有灵活性，企业可以根据自身的实际情况自愿选择是否采纳。推荐性标准反映市场的最佳实践和先进技术，为企业提供了进一步改进的方向。强制性标准，因其具有的法律约束力，在国际贸易场景中具有更大的影响力。在开展国际粮食贸易合作时，对于各类标准多维影响的理解和把握至关重要。

　　本章主要关注了两大类标准，即特有标准与一致标准及其如何在多个层面上影响中国从"一带一路"共建国家进口粮食。特有标准和一致标准通过竞争力效应、信息效应和共同语言效应促进中国从"一带一路"共建国家进口粮食，但同时也会产生抑制粮食进口的成本效应和进入壁垒效应。特有标准和一致标准的竞争力效应、信息效应和成本效应在强制执行下更为突出。因此，中国粮食标准对来自"一带一路"共建国家粮食进口的影响取决于不同标准对粮食贸易的正向促进效应与反向抑制效应的相对重要程度。本章的研究结论有助于分析中国粮食标准对来自"一带一路"共建国家粮食进口的最终影响，为进一步推动多角度、多层次的粮食贸易合作提供有益参考和借鉴。本书将在第七章对本章提出的研究假说进行实证检验，验证该理论框架的实际应用价值以及粮食标准在中国来自"一带一路"共建国家粮食进口等现实情境中的效力。这也是对标准经济学在实际应用中的重要拓展和实证检验。

第六章 贸易成本理论视角下粮食标准影响粮食进口的实证研究

第一节 实证模型

扩展的引力模型广泛应用于标准贸易效应的实证研究领域（Berkowitz et al., 2006; Anderson, 2011; Mangelsdorf et al., 2012; Blind et al., 2018）。学者基于反对数引力模型研究农食标准对贸易流动的影响（Novy, 2013; Fiankor et al., 2021），也有学者基于该模型对中国农食贸易进行研究，考察中国与其贸易伙伴间农食贸易的多维因素（Meng et al., 2018）。本章实证考察粮食标准对粮食进口的影响，借鉴已有研究（Novy, 2013; Meng et al., 2018; Fiankor et al., 2021; 杨丽娟和杜为公, 2023）对反对数引力模型进行扩展。模型如下所示：

$$imports_{ij} = p_i + \delta\ln\left(\frac{T_j}{\tau_{ij}}\right) + \delta\sum_{s=1}^{J} p_i\ln\left(\frac{\tau_{is}}{T_s}\right) \tag{6-1}$$

其中，被解释变量 $imports_{ij}$ 描述 i 国来自 j 国的粮食进口表现，如粮食进口额、粮食进口份额等。当 i 国在特定年份没有报告来自 j 国的粮食进口时，该变量值为 0。此外，p_i 表示 i 国的粮食生产表现，如粮食产量、粮食产量占世界粮食产量的相对份额等。T_j 为内向型多边阻力项，τ_{ij} 表示 i 国与 j 国的双边贸易成本，δ 为待估计的模型参数。式（6-1）表示，i 国来自贸易国 j 的粮食进口由多个因素共同决定：包括 i 国当年的粮食生产表现以及与 j 国之间进口粮食的双边贸易成本 τ_{ij} 有关。与传统引力模型相比，该模型的优势在于：第一，保持经典引力模型的特点，将双边贸易表现与双边贸易成本和其他国别变量相联系。第二，更细致地反映粮食进口与各影响因素之间的复杂关系。反对数引力模型左侧描述粮食进口，模型右侧的第一项和最后一项不随粮食出口国而发生变化，可以由固定效应 φ_j 所描述。内向型多边阻力项由于其固有性质并不随粮食进口国而发生变化，因此可以用固定效应 λ_i 所描述。这样的处理提高了模型的解释力和预测准确度。模型如式（6-2）所示：

$$imports_{ij} = -\delta \ln(\tau_{ij}) + \lambda_i + \varphi_j + e_{ij} \tag{6-2}$$

将贸易成本定义为 $\ln(\tau_{ijt}) = \beta' w_{ijt}$，即

$$\ln(\tau_{ijt}) = \beta_1 std_{it} + \beta_2 \ln tariff_{ijt} + \beta_3 rta_{ijt} \tag{6-3}$$

其中，std_{it} 作为重要的解释变量，代表进口国的粮食标准，可由粮食标准规模、粮食标准严格程度等进行描述，以反映粮食标准对粮食进口的影响，刻画粮食标准与粮食贸易间的关联性。变量 $tariff_{ijt}$ 为粮食进口国与粮食出口国的双边平均关税率，描述两国关税政策变化如何影响双边贸易流量。在多边贸易体系中，关税率往往是国家对外经济政策的关键手段，其变动会直接影响进出口商品的价格和国际市场的竞争结构。变量 rta_{ijt} 为描述粮食进口国是否与粮食出口国签署双边自由贸易协议的虚拟变量。自由贸易协议的签署意味着双方在贸易领域享有更为便利的条件，对双边贸易流量产生积极影响。如果 t 年粮食贸易双方签署有双边自由贸易协议，则该值为 1，否则为 0。关税率和描述是否签署双边自由贸易协议虚拟变量的纳入，有助于分析经济政策如何影响双边贸易。式（6-2）可以进一步转变如下：

$$imports_{ijt} = -\delta \beta' w_{ijt} + \lambda_{it} + \varphi_{jt} + \alpha_{ij} + e_{ijt} \tag{6-4}$$

式（6-4）即拓展的反对数引力模型，其变量设计综合考虑贸易成本、双边关系及时间因素。模型左端的被解释变量代表粮食进口。模型右端包括多个解释变量。其中，第一项衡量标准的贸易成本效应。第二项和第三项引入固定效应，描述与特定国家有关的特性，如其经济规模、资源禀赋等。这两项分别为粮食进口国和粮食出口国的固定效应 λ_{it} 和 φ_{jt}。第四项 α_{ij} 为不随时间变化的国家对固定效应，反映双边关系中稳定且长期的因素，如文化相似度、历史关系等。e_{ijt} 为随机误差项。

虽然传统的引力模型通常涵盖如双边距离、殖民关系、共同语言等变量，但近期有研究认为（Egger et al.，2015；Agnosteva et al.，2019；Fiankor et al.，2021），国家对固定效应在测度双边贸易成本方面具有优于传统双边引力变量的解释力。为克服进口国制定粮食标准与双边贸易流量之间可能存在的内生性，本章通过采用滞后一期的标准变量 std_{it-1}。

同时，在回归中包括国家对固定效应 α_{ij}、粮食进口国固定效应 λ_{it} 和粮食出口国固定效应 φ_{it} 等三个维度的固定效应。在实证部分，本章采用面板回归和泊松伪最大似然估计（Poisson Pseudo - Maximum Likelihood，PPML）对式（6-4）进行回归。通常情况下严格标准具有贸易成本增加效应，因此式（6-3）中的 $\beta_1 > 0$。本章预计 std_{it} 在式（6-4）的回归中整体效应为负，即严格标准在总体上抑制粮食进口。

第二节　实证数据

本章与联合国粮食及农业组织所指"粮食"的定义一致，英文对应为"Cereals"。为确保数据的准确性和一致性，本书选取的粮食进口数据来自联合国商品贸易统计数据库（UN Comtrade），基于《商品名称和编码协调体系》（Harmonized System，HS 1992）标准分类，对应 HS 1992 两位商品编码为 10 的类别。综合考虑数据可得性和统计口径一致性，研究期确定为 1990—2020 年，研究期内至少有一年有粮食出口至中国，样本涵盖 84 个国家和地区。相关数据选择更具针对性，能够反映这些国家和地区与中国在粮食贸易领域的互动。

图 6-1 数据显示，粮食贸易在中国对外贸易中占据重要地位，尤其是粮食进口在中国粮食贸易中占比较高。结合历史数据来看，粮食进口占粮食贸易的比例在 1995 年、1996 年、2004 年以及 2010 年以后，均维持在 70% 的高水平。1995 年和 2015 年这一比例接近 98%。2007—2015 年，中国粮食进口比例呈现明显的增长趋势，2016—2019 年该比例有所回落。2020 年受疫情、蝗灾灾害和美联储货币政策引发粮价上涨等多重外部冲击影响，中国粮食进口占比再次显著上升。相关数据凸显了中国粮食进口动态的复杂性和多元影响因素，也显示出粮食标准在确保国内食品安全和维护国际贸易平衡中的核心作用。粮食标准的建设与调整，对于维护中国粮食安全与稳定的国际贸易环境具有重要意义。

中国粮食进口比例的不断增长为多个关键领域提出更严格的要求：（1）质量与安全方面。随着粮食进口规模增加，需要确保进口粮食

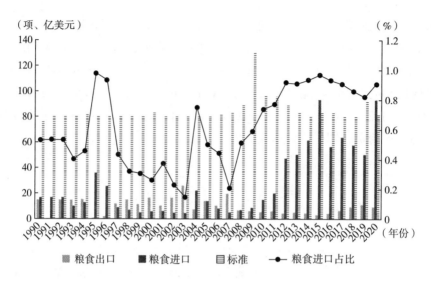

图 6-1 1990—2020 年粮食标准、粮食进口及占比

说明：单位依次为项、亿美元、%。

资料来源：UNCOMTRADE 数据库。作者计算整理。

的质量和安全。粮食标准需要更为严格，包括对农药残留、重金属含量、微生物污染等问题方面的监管要求。这有助于确保进口粮食符合中国国内的食品安全法规。（2）进口源的追溯方面。为了确保粮食贸易的可追溯性和风险控制，对进口粮食的追溯体系要求严格。进口粮食供应链需要有完整的追溯机制和风险控制，涉及全面的供应链追溯体系，该体系能够追踪到粮食的来源、生产过程、流通和最终消费环节。（3）标签和包装方面。对进口粮食的标签和包装提出特定要求。包括生产国家/地区、生产日期、保质期、成分表等信息，并确保标签和包装符合中国的法律法规和消费者权益保护要求。（4）环境和可持续性准则方面。对进口粮食的生产过程和环境影响提出更高要求，确保粮食贸易符合可持续发展原则。涉及土壤保护、水资源管理、生物多样性保护等方面的要求。（5）检验和检疫方面。为保障国内农业生产和公共健康安全，对进口粮食的检验和检疫程序提出更严格要求。包括对粮食货物进行检验、检疫、样本抽查和检测。通过建立和完善中国的粮食标准体系，可以确保进口粮食符合质量和安全要求，实现可追溯性，促进国际贸易流畅性，同时保障消费者和国家食品安全。① 完善粮食标准体系也有助于与国际标准接轨，简化贸易流程和降低贸易成本。

　　粮食是拥有严格技术标准的农食领域之一（Mangelsdorf et al.，2012）。在考察标准贸易效应的实证研究领域中，国家标准的数量经常被视为一类核心的检验指标，用以衡量标准与贸易的相互关系②。该方法因其直观性和便于量化的特点而受到研究者的偏好，广泛使用于标准贸易效应的相关研究文献（Moenius et al.，2008；Czubala et al.，2009；Blind et al.，2018）。本章也采用粮食领域的标准量测度粮食标准规模，并参考 HS 1992 与《国际标准分类》（International Classification for Standards，ICS）之间的对应表（Mangelsdorf et al.，2012），建立粮食贸易海关代码与粮食标准之间的联系③。粮食标准数据检索自国家标准化管理委员会（Standardization Administration Commission，SAC）数据库，并结合历年《中国标准化年鉴》对粮食标准数据进行核查，以提高实证数据的完整性和准确性。国家标准化管理委员会数据库提供了关于国家标准的发布和

---

　　① 这些要求与完善中国粮食标准体系联系密切。包括：（1）制定更严格的标准。在应对粮食进口比例上升的情况下，中国可以制定更严格的标准来提高粮食质量和安全。通过评估国际最佳实践和科学研究的成果，根据粮食安全和环境保护的需要，更新和完善相关标准。这将有助于提高进口粮食的质量，保障消费者的权益。（2）强化检验和检疫程序。建立健全的检验和检疫制度是完善粮食标准体系的重要一环。通过强化检验和检疫程序，确保进口粮食符合中国的标准和法规要求。包括对粮食的检测、监管、抽样和检验等环节的规范，以及建立有效的风险评估机制。（3）加强追溯系统建设。为提高进口粮食的可追溯性，中国可以加强追溯系统的建设。包括建立完整的信息采集、记录和管理机制，确保进口粮食供应链的可追溯性。通过追溯系统，追踪进口粮食的生产过程、运输路径以及存储环节，确保其质量和安全。（4）提升标签和包装要求。完善中国粮食标准体系还需要关注标签和包装要求的制定和执行。通过规范标签和包装的内容和形式，可以提供更多的信息给消费者，增强消费者对进口粮食的信任度。合理设计包装，确保粮食在运输和储存过程中不受污染和损害。（5）加强国际合作与交流。完善中国粮食标准体系需要与国际标准组织、相关国家和地区进行合作与交流。参与国际标准制定和信息共享，借鉴国际最佳实践，使中国的粮食标准与国际接轨，提高产品竞争力。通过综合实施以上措施，逐步完善中国的粮食标准体系，提高进口粮食的质量和安全，在保障国内消费者权益的同时，促进持续健康的粮食贸易。

　　② 一定数量的粮食标准决定粮食标准的有效供给规模，粮食标准的内容所体现出的约束强度也会影响进口。以标准数量来量化标准在国内外文献中广泛使用，本章进一步纳入测度粮食标准内容约束强度的指标。

　　③ 中国是粮食进口大国，进口粮食涵盖品种较多，其中大豆的进口量占粮食总进口量的一半以上。本章基于 ICS 分类法和 HS 编码数据对应表建立粮食标准和粮食进口之间的联系，未细分至特定粮食标准对不同粮食进口品种的影响。该细分数据面临不同粮食品种类别下特定标准数据可获得性的挑战。作者将在未来研究中进一步推进关于特定粮食标准对不同品种粮食进口影响的实证分析。

废止日期，可以基于国际标准分类（International Classification for Stand-ards，ICS）代码对国家标准进行分类和索引。根据实施效力，国家标准可分为强制性或推荐性。如强制性国家标准《小麦》（GB1351-2008）规定小麦的质量和卫生要求等。推荐性国家标准《便利化农田建设通则》（GB/T 30600-2014）规定高标准农田建设的基本原则等。根据是否采用国际标准，国家标准可以进一步分为一国特有标准和国际一致标准（中国粮食标准示例见表3-1）。

本章以 1989 年 12 月 31 日为基准，加上当年新发布的国家标准减去当年废止的国家标准，记为当年有效国家标准。研究期内粮食标准增长趋势较为平稳（见图6-1）。2005—2007 年粮食标准有所增长。2008 年粮食标准增长明显，超过 120 项。2009 年以来粮食标准均超过 80 项，2018 年共有 93 项。为了评估标准执行的严格程度，本章进一步使用中国质量新闻网当年发布的国家市场监管总局针对农食产品监督抽检不合格信息的公告数量[①]。不合格产品国家抽查公告数量的增加表明该类标准执行严格程度的提升。此外，随着全球贸易环境中关税等传统贸易壁垒降低，非关税贸易措施的重要性逐渐增加。为考虑潜在的贸易政策替代效应，本章在实证分析中控制了双边应用关税率和贸易国是否签署有双边自由贸易协议。关税数据来自世界贸易组织世界综合贸易体系数据库（World Integrated Trading System），并按照 HS 子类平均法（Sub-heading Avera-ging Method）进行计算。双边自由贸易协议的签署国和签署时间等信息来自中国外交部官方网站公布的公告。其余如双边地理距离、殖民关系、共同语言、地理毗邻等传统引力模型变量来自 CEPII BACI 数据库。变量的描述性统计汇报在表 6-1 中。

表 6-1　　　　　　　　　　　　变量的描述性统计

变量	定义	来源	均值	标准误	最小值	最大值
std_{it}	粮食标准量	SAC	84.55	9.58	76.00	130.00
$importvalue$	粮食进口额	UNComtrade	31.40	175.18	0.00	2777.87

---

① 该网站由国家市场监督管理总局（State Administration for Market Regulation，SAMR）主管，发布信息具有权威性且可公开获取，如 2021 年 11 月 19 日，食品安全抽检检查司发布"市场监督总局关于 17 批次食品抽检不合作情况的通告"，抽验涉及粮食加工品、餐饮食品、食用农产品等领域。

续表

变量	定义	来源	均值	标准误	最小值	最大值
$importshares$	粮食进口份额	UNComtrade	0.01	0.05	0.00	0.53
cqn_{it}	抽检不合格公告数	SAMR	5.36	0.57	3.91	6.40
rta_{ijt}	自由贸易协议	MFA	0.10	0.30	0.00	1.00
$tariff_{ijt}$	关税	World Integrated Trading System	3.58	0.36	3.10	4.00
$distance_{ij}$	双边地理距离	CEPII BACI	8.81	0.66	6.70	9.87
$colony_{ij}$	殖民关系	CEPII BACI	0.01	0.11	0.00	1.00
$language_{ij}$	共同语言	CEPII BACI	0.05	0.21	0.00	1.00
$contiguity_{ij}$	地理毗邻	CEPII BACI	0.16	0.36	0.00	1.00

注：贸易额单位为百万美元。关税、双边地理距离、抽检不合格公告数等变量取常用对数。以上变量观测值均为2604。

第三节 实证结果与讨论

一 基准回归

实证模型的回归结果报告在表6-2中。标准制定需要利益相关方广泛参与，是耗时且复杂的过程。也有学者关注贸易额的增长是否会引致标准增加（Mangelsdorf et al.，2012）。为避免标准与进口额之间潜在的反向因果关系带来的内生性问题，本章使用滞后一期的标准变量作为解释变量。被解释变量为中国来自84个国家和地区的粮食进口额。模型设计上，第一列回归采用面板回归方法，第二列和第三列均采用 PPML 回归（Santos，2006）。PPML 回归的优势在于：自动剔除始终为零的观测值，从而避免因进口额为零而导致结果的有偏估计，也可以应对在对数线性模型中可能存在的异方差问题（Novy，2013）。在样本选择方面，第二列回归包含所有观测样本，第一列和第三列的回归排除了零值贸易份额的观测值，仅包括进口份额大于零的相关数据。

表 6-2   粮食标准对粮食进口的回归结果

解释变量	（1）	（2）	（3）
粮食标准	-0.02 (0.01)	-0.03 *** (0.01)	-0.03 *** (0.01)
关税	-2.59 *** (0.58)	-2.26 *** (0.44)	-2.05 *** (0.39)
自由贸易协议	1.11 * (0.62)	0.88 *** (0.2326)	0.08 * (0.22)
抽检不合格公告	-0.20 *** (0.12)	-0.07 * (0.20)	-0.11 * (0.19)
国家对固定效应	已控制	已控制	已控制
粮食进口国—年份固定效应	已控制	已控制	已控制
粮食出口国—年份固定效应	已控制	已控制	已控制
传统引力模型变量（双边地理距离、殖民关系、共同语言、地理毗邻）	未控制	未控制	未控制
常数项	23.29 *** (2.75)	27.48 *** (1.97)	28.38 *** (1.82)
观测值	695	2604	695
零值贸易份额	排除	包括	排除
回归方法	Panel	PPML	PPML
R^2	0.04	0.04	0.08

注：*、**、***分别表示系数在 10%、5% 和 1% 水平上显著，括号内为稳健标准误。

    如表 6-2 所示，实证回归结果与理论模型预期一致。面板回归和 PPML 回归数据均显示，粮食标准对粮食进口存在明显的抑制效应。其中，PPML 回归结果的统计显著性更高。通过标准系数进一步定量化，可以发现每增加一项粮食国家标准对粮食进口量的负面影响。在第一列至第三列回归中，标准系数均为负值，第一列为负值但不显著，第二列和第三列均为负值且在 1% 的统计水平上显著，约为 -0.03。第三列针对进口份额大于零的观测值的回归显示，标准对于粮食进口的负面影响力度更大。以上回归结果显示，粮食标准对粮食进口具有抑制效应。虽然粮食标准的影响力度相对于关税而言较小，但国际贸易实践中关税作为贸易政策手段容易引发贸易争端，并且在全球范围内关税有明显减轻的趋势。粮食标准成为一种更为稳健和可持续的贸易政策手段，可以发挥规范、引导粮食进口的积极作用。因此，粮食标准对粮食进口的影响不容忽视[①]。

此外，实证分析还显示，不合格产品国家抽查公告数量的增加，即当粮食标准的执行监管变得更为严格时，也会对粮食进口产生抑制效应。这一趋势进一步凸显出粮食标准在确保粮食质量和安全方面的重要作用。同时，签署自由贸易协议在实际操作中有益于深化各国在粮食领域的合作关系。促进粮食贸易往来，并降低粮食进口成本，有利于增加中国来自贸易伙伴国和地区的粮食进口。这一实证结果强调了粮食标准在维护粮食贸易质量和安全领域的核心角色，可以为政策制定者提供决策参考。本章的实证结果证实了第四章提出的假说1-b，即粮食标准的存在与执行对粮食进口具有抑制作用。

二　拓展分析

粮食标准对粮食进口具有抑制效应。本章进一步针对不同国家进行分析，考察这一效应是否受到进口份额的影响。针对具体国家的回归结果，报告见表6-3。结合图6-2和图6-3，粮食标准对中国来自世界其他国家和地区的粮食进口表现出负效应，粮食标准贸易效应在不同国家具有异质性。中国的粮食进口来源国主要集中于亚洲和欧洲。2020年中国粮食进口格局发生变化，来自乌克兰、加拿大、法国、美国的粮食进口份额上升，尤其是对来自美国的粮食进口。标准对农食进口的影响具有明显的异质性，本章实证分析与Fiankor等（2021）的研究发现一致，且该负面影响会随着贸易份额增加而逐渐减小。

表6-3　　　　　　　　针对具体国家的回归结果

粮食出口国	进口额（2019）	进口份额（2019）	进口额（2020）	进口份额（2020）	标准贸易成本弹性
丹麦	0.00	0.00	2.55	0.00	−1.05
匈牙利	0.00	0.00	0.07	0.00	−24.61
意大利	0.01	0.00	0.00	0.00	−0.72
荷兰	0.05	0.00	0.05	0.00	−2.74
保加利亚	0.92	0.00	59.70	0.01	−16.89
德国	1.69	0.00	0.20	0.00	−0.08

---

① 被解释变量为粮食份额时，标准的回归系数更小且均不显著。

续表

粮食出口国	进口额 （2019）	进口份额 （2019）	进口额 （2020）	进口份额 （2020）	标准贸易成本 弹性
日本	3.57	0.00	3.06	0.00	-1.60
俄罗斯	36.18	0.00	44.02	0.00	-2.67
阿根廷	50.01	0.01	195.21	0.02	-1.10
老挝	75.93	0.02	96.97	0.01	-0.25
哈萨克斯坦	96.22	0.02	73.45	0.01	-2.72
柬埔寨	171.54	0.03	158.44	0.02	-4.15
巴基斯坦	234.87	0.05	187.33	0.02	-1.10
缅甸	237.01	0.05	364.75	0.04	-1.58
越南	240.74	0.05	451.87	0.05	-5.84
美国	275.24	0.05	2446.24	0.26	-3.92
泰国	345.73	0.07	242.32	0.03	-0.50
法国	413.54	0.08	1032.93	0.11	-1.45
澳大利亚	799.47	0.16	808.10	0.09	-1.66
加拿大	904.52	0.18	1149.21	0.12	-2.89
乌克兰	1085.93	0.21	1868.65	0.20	-6.12

注：作者计算得出，贸易额单位为百万美元。

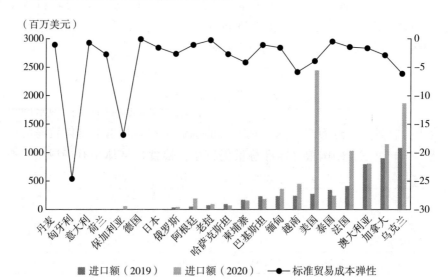

图 6-2 粮食贸易额与标准贸易成本弹性

说明：贸易额单位为百万美元。

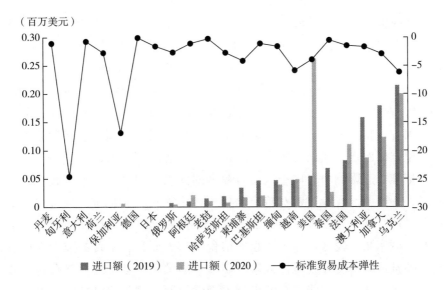

图 6-3　粮食贸易份额与标准贸易成本弹性

说明：贸易额单位为百万美元。

　　本章以标准贸易成本弹性表示粮食标准遵循成本变动时粮食进口的相应变化的敏感性。结果显示粮食标准对中国粮食进口有负面影响，且较大的标准贸易成本弹性主要集中于粮食进口额较小的国家，如匈牙利和保加利亚等。然而，研究结果并未发现这一负面影响与贸易份额呈现直接相关性。可能的原因包括：第一，粮食标准等非关税贸易措施对来自发展中国家的粮食进口与来自发达国家的粮食进口的影响力度不同，这可能是由于各国生产和处理粮食的技术和规范差异。第二，中国的粮食进口市场高度集中，2019—2020 年来自进口份额排名前三位国家的粮食进口总量已超过 50%。这一现象可能削弱了粮食标准对整体贸易的广泛影响。第三，中国粮食标准总量仍较小，粮食标准体系有待成熟，即使在进口额和进口份额较大的情况下，也未能显著降低粮食标准的遵循成本。综合相关因素，除了进一步研究粮食标准对贸易影响的微观机理外，还需考虑如何在宏观层面优化粮食标准体系，以适应不同国家和地区的贸易特点和需求。

　　三　敏感性检验

　　粮食不仅为基础的生活物资，还具有特殊的战略价值。如果进口国针对来自某一特定粮食出口国的粮食增长而引入限制性标准，则有可能引发反向因果关系，其导致的模型内生性问题会对以上回归结果产生偏误。解决这类内生性问题的常用解决方案是采用工具变量回归，但目前在国家层面仍缺乏合适的针对粮食标准的有效工具变量（Fiankor et al.，2021）。因此，借鉴前期研究（唐锋等，2018；杨丽娟等，2021；Fiankor et al.，2021），本章采取以下实证策略进行敏感性检验，确保回归分析的可靠性。

第一，将粮食标准作为单边变量引入传统引力模型。这些标准是由中国单方面制定并实施，构成中国粮食领域的国家标准体系。如果这些粮食标准普遍影响所有向中国出口粮食的国家和地区，则可以做出合理推断，中国并没有专门针对特定出口国设定相关粮食标准。换言之，中国单独针对某一特定粮食出口国的粮食增长而制定粮食标准的机会成本较高，概率相对较低。对于潜在的粮食出口方而言，粮食标准均为进口限制性且可能引发贸易摩擦或影响多边贸易关系，该实证策略有助于减少政治经济学议题可能带来的模型内生性问题。相关假设排除了中国可能因外部压力而专门针对特定国家调整粮食标准的可能性。

结合传统引力模型的回归结果如表6-4所示。粮食标准依然是本章关注的核心变量，但本部分回归将模型的三维固定效应（粮食进口国、粮食出口国与时间）替换为传统的双边引力模型变量，包括双边距离、殖民关系、共同语言或共同边界等。回归结果依然支持了以上实证研究结论：粮食标准的粮食进口抑制效应为负且显著。该抑制效应对粮食进口的影响力度还要大于关税、地理距离等传统变量。这表明在全球贸易日益自由化背景下，粮食标准等非关税贸易措施占据重要位置。同时，粮食标准执行的严格程度与粮食进口量负相关，表明标准执行越严格，进口越受限。最后，签署自由贸易协议有利于缓解粮食标准的抑制效应，促进中国从其他国家和地区的粮食进口。

表6-4　　　　　　　　　基于传统引力模型的回归结果

解释变量	（1）	（2）
粮食标准	-2.95 *** （1.09）	-3.27 *** （1.08）
关税	-2.42 *** （0.67）	-1.83 *** （0.40）

续表

解释变量	（1）	（2）
自由贸易协议	1.41*** (0.24)	0.46** (0.22)
抽检不合格公告	-0.06* (0.20)	-0.10* (0.19)
国家对固定效应	未控制	未控制
粮食进口国—年份固定效应	未控制	未控制
粮食出口国—年份固定效应	未控制	未控制
传统引力模型变量（双边地理距离、殖民关系、共同语言、地理接壤）	已控制	已控制
双边地理距离	-0.28*** (0.12)	-0.22*** (0.10)
殖民关系	-5.54*** (0.77)	-5.02*** (0.61)
共同语言	1.56*** (0.42)	1.5468*** (0.52)
地理接壤	0.13*** (0.21)	0.78*** (0.20)
常数项	38.52*** (6.65)	39.63*** (6.33)
观测值	2589	689
零值贸易份额	包括	排除
回归方法	PPML	PPML
R^2	0.05	0.10

注：*、**、***分别表示系数在10%、5%和1%水平上显著，括号内为稳健标准误。

第二，本书认为相对于进口贸易而言，国家标准的制定为外生。原因包括：其一，标准化主要由技术进步推动，技术进步最终对贸易产生影响，但该影响存在较长的时间滞后（Blind，2004；Blind et al.，2018）。其二，中国国家标准的标龄和制定周期较长。以轻工业为例，标龄在10年以上的标准占总标准数的15%[①]。国家标准平均制定周期约为24个月，

---

① 参见 https://www.cqn.com.cn/zj/content/2018-05/08/content_5752320.htm。

至 2025 年这一制定周期缩短至 18 个月以内①。这一周期性特点显示标准对短期贸易波动的反应性有限。其三，粮食进口贸易波动具有高度不确定性，不仅受到世界粮食市场的供求约束，对全球政治环境、卫生事件、金融危机、气候变化等外部冲击也具有敏感性。由于这些复杂因素，中国专门调整粮食标准以应对不同贸易伙伴的可能性相对较小（Mangelsdorf et al.，2012）。

四 稳健性检验

（1）调整研究期。调整研究期的回归结果如表 6-5 所示。本章分别缩短研究期为 1995—2020 年、2001—2019 年，并对比这些时间段的回归结果。调整研究期的原因在于：首先，1990—1994 年，中国粮食标准体系处于初创阶段，粮食标准数量相对较少（见图 6-1）。其次，2020 年受到全球气候变化、蝗灾和疫情等多重外部冲击，各国粮食进口明显高于2019 年。最后，中国于 2001 年加入世界贸易组织，这一历史事件对于中国粮食贸易发展格局具有深远影响（孙致陆和李先德，2018）。调整研究期可以考察粮食标准对进口的影响是否在具体时间段内稳健。通过对不同时间段进行回归分析，研究结果依然显示粮食标准对粮食进口具有显著的抑制作用，支持粮食标准本身在调整市场行为方面的作用。标准回归系数的符号没有发生变化，影响力度与基准模型回归结果接近。

表 6-5　　　　　　　　　　　调整研究期的回归结果

解释变量	（1） 1995—2020 年	（2） 2001—2019 年
粮食标准	−0.03 ** （0.01）	−0.03 *** （0.01）
关税	−3.55 *** （0.60）	−2.26 *** （0.44）
自由贸易协议	0.89 *** （0.23）	0.88 *** （0.23）
抽检不合格公告	−0.07 *** （0.20）	−0.04 *** （0.12）

---

① 参见 http://www.gov.cn/zhengce/2021-10/10/content_5641727.htm。

续表

解释变量	（1） 1995—2020 年	（2） 2001—2019 年
国家对固定效应	已控制	已控制
粮食进口国—年份 固定效应	已控制	已控制
粮食出口国—年份 固定效应	已控制	已控制
传统引力模型变量 （双边地理距离、殖民关系、共同语言、地理毗邻）	未控制	未控制
常数项	33.71 *** (3.13)	33.71 *** (3.13)
观测值	2100	2604
零值贸易份额	包括	包括
R^2	0.04	0.04

注：*、**、***分别表示系数在 10%、5%和 1%水平上显著，括号内为稳健的标准误。

在全球气候变化和其他多重外部冲击下，粮食标准依然是关键的市场调节工具，显示出其作为技术规范的重要价值。在中国加入世界贸易组织以后，粮食标准的贸易效应力度增大，且统计显著性进一步提升。该实证结果说明，粮食标准不仅反映本国粮食市场对粮食的偏好、需求和规范，更在世界贸易组织多边贸易框架中，体现了其对粮食贸易的作用。中国粮食标准对调节粮食进口的影响进一步凸显。粮食标准在优化和推动中国与全球粮食市场有效运转中发挥更为主导和积极的作用。在全球贸易体系向更高度一体化和规范化发展的背景下，粮食标准在粮食贸易领域的作用更为显著，将有助于塑造和影响粮食贸易格局。

（2）划分子样本。划分子样本的回归结果如表 6-6 所示。区分子样本可以考察标准对中国来自不同收入水平贸易伙伴国和地区粮食进口的差异化影响（Santeramo et al.，2019）。本书依据世界银行的收入分类体系（World Bank Income classification），将研究样本区分为发展中国家和发达国家。根据表 6-6 的回归结果，粮食标准对粮食进口的抑制效应不仅影响来自发达国家的进口，而且影响来自发展中国家的进口，粮食标准对于前者的影响更大更显著。

表 6-6   区分子样本的回归结果

解释变量	(1)	(2)
	发达国家样本	发展中国家样本
粮食标准	-0.02** (0.02)	-0.03 (0.02)
关税	-1.98*** (0.48)	-4.14*** (0.98)
自由贸易协议	-0.03 (0.45)	2.20*** (0.34)
抽检不合格公告	-0.08** (0.28)	-0.09** (0.27)
国家对固定效应	已控制	已控制
粮食进口国—年份 固定效应	已控制	已控制
粮食出口国—年份 固定效应	已控制	已控制
传统引力模型变量 (双边地理距离、殖民关系、共同语言、地理毗邻)	未控制	未控制
常数项	32.68*** (3.99)	39.57*** (5.03)
观测值	899	1705
零值贸易份额	包括	包括
R^2	0.03	0.14

注: *、**、***分别表示系数在10%、5%和1%水平上显著，括号内为稳健标准误。

中国粮食标准的贸易抑制效应更多地影响了来自美国、加拿大等发达国家的粮食进口，对来自发展中国家粮食进口也具有负面影响但并不显著。原因在于：首先，中国粮食出口与进口来源国更加集中于美国等发达国家（见附表14、附表15）。结合图6-2和图6-3数据来看，2020年粮食进口份额超过20%的国家包括美国和乌克兰，来自前者的粮食进口额约为后者的130.9%。因此，粮食标准的贸易抑制效应在发达国家样本中更加显著。其次，从供应链复杂性的角度来看，发达国家通常具有更为复杂和多样化的粮食供应链结构，可能会导致更高的适应成本，加剧粮食标准对粮食进口的贸易抑制效应。

（3）删除样本。删除样本的回归结果如表 6-7 所示，从中分别排除了两个具有代表性的粮食出口国：美国和乌克兰。结合图 6-2 和图 6-3 可以看出，美国是向中国出口粮食最大的发达国家。尤其是在 2020 年，中国来自美国的粮食进口居首位。乌克兰则是向中国出口粮食最大的发展中国家，中国来自乌克兰的粮食进口规模较大且稳定。据乌克兰农业部提供的数据显示，2019—2020 年，乌克兰的所有谷物出口总量在世界范围内排名第二，仅次于美国①。本章在回归中分别排除了这两大粮食出口国，回归结果依然支持了主要结论。

表 6-7　　　　　　　　　　删除样本的回归结果

解释变量	(1)	(2)
	排除贸易量最大的发达国家	排除贸易量最大的发展中国家
粮食标准	-0.03 ** (0.01)	-0.03 ** (0.01)
关税	-1.98 ** (0.73)	-1.97 *** (0.43)
自由贸易协议	1.35 *** (0.24)	1.04 *** (0.24)
抽检不合格公告	-0.08 ** (0.21)	-0.09 ** (0.21)
国家对固定效应	控制	已控制
粮食进口国—年份 固定效应	已控制	已控制
粮食出口国—年份 固定效应	已控制	已控制
传统引力模型变量 （双边地理距离、殖民关系、 共同语言、地理毗邻）	未控制	未控制

---

① 驻乌克兰大使馆经济商务处：《乌克兰成为世界第二大谷物出口国》，http://www.mofcom.gov.cn/article/i/jyjl/e/202101/20210103034243.shtml。

续表

解释变量	（1）排除贸易量最大的发达国家	（2）排除贸易量最大的发展中国家
常数项	31. 20*** (3. 25)	31. 77*** (3. 16)
观测值	2573	2573
零值贸易份额	包括	包括
R^2	0. 06	0. 04

注：*、**、***分别表示系数在10%、5%和1%水平上显著，括号内为稳健标准误。

　　排除乌克兰情形下的标准回归系数略大于排除美国情形下的标准回归系数。这与以上区分发达国家和发展中国家子样本的回归结论一致，说明在包含最大粮食出口国（发达国家）情形下，粮食标准的进口抑制效应大于包含最大粮食出口国（发展中国家）情形下粮食标准的进口抑制效应。在涉及发达国家开展的粮食贸易中，粮食标准发挥的规范作用更加明显。可能的原因在于：首先，发达国家的供应链结构通常更为复杂，信息披露机制更为完善和透明。这些因素可能增加了遵循粮食标准的预期收益和成本预期，加强了进口抑制效应。其次，该结果也说明，即使在最大的粮食出口国（无论是发达国家还是发展中国家）被排除的情况下，粮食标准依然是粮食进口领域的重要影响因素。

　　（4）分组回归。分组回归的结果如表6-8所示，显示了自由贸易协议在粮食标准与粮食贸易关系中的潜在作用。对与中国签署自由贸易协议的国家与未签署自由贸易协议的国家进行分组回归，可以分析粮食标准对粮食进口的抑制效应是否受到自由贸易协议的影响①。根据表6-8的回归结果，标准对粮食贸易的抑制效应对与中国签署有自由贸易协议的国家和未与中国签署有自由贸易协议的国家均有负面影响。结合回归系数来看，标准对与中国签署有自由贸易协议国家的负面影响小于未与中国签署有自由贸易协议国家的负面影响。

---

　　① 本章对与中国签署自由协议的国家与未签署自由贸易协议的国家进行分组回归，分析粮食标准对粮食进口的抑制效应是否受到签署自由贸易协议的影响。

表 6-8 划分组别的回归结果

解释变量	（1）	（2）
	签署自由贸易协议的国家	未签署自由贸易协议的国家
粮食标准	-0.02** （0.0147）	-0.03** （0.03）
关税	-4.08*** （0.74）	-6.77*** （1.10）
抽检不合格公告	-0.12* （0.26）	-0.47* （0.25）
国家对固定效应	已控制	已控制
粮食进口国—年份 固定效应	已控制	已控制
粮食出口国—年份 固定效应	已控制	已控制
传统引力模型变量 （双边地理距离、殖民关系、 共同语言、地理毗邻）	未控制	未控制
常数项	33.02*** （3.58）	39.62*** （4.81）
观测值	1575	2573
零值贸易份额	包括	包括
R^2	0.02	0.08

注：*、**、***分别表示系数在10%、5%和1%水平上显著，括号内为稳健标准误。

　　回归结果说明，自由贸易协议不仅促进了市场准入和货物流通，还可能对特定的非关税壁垒，如粮食标准等产生缓解作用。签署自由贸易协议有利于减少粮食标准对粮食贸易的抑制效应。从政策和实践的角度来看，当前在贸易协议中纳入标准条款已成为发达国家关注的议题（Blind et al.，2019）。可以预期该趋势将进一步加强，贸易谈判中会更多地考虑标准问题。粮食标准在自由贸易协议中将发挥更加重要的规范作用，特别是在全球粮食安全日益受到关注的当前环境下。

五　研究结论与政策建议

(一) 研究结论

本章基于反对数引力模型提供了关于中国粮食标准与粮食进口的经验证据。研究数据涵盖 1990—2020 年中国粮食标准数量与来自 84 个国家和地区的粮食进口额。主要研究结论包括：第一，与已有关注农食标准贸易效应的研究一致，本章发现粮食标准表现出进口抑制效应。调整研究期、区分子样本、删除样本、分组回归等均不会影响研究的主要结论。无论是否包含零值贸易份额，该回归结果保持稳健。第二，标准对粮食进口的抑制效应表现出异质性，除国别外也受到粮食进口国所占贸易份额、是否与中国签署自由贸易协议等因素的影响。第三，结合基准回归和敏感性、稳健性检验的结果显示，标准的贸易抑制效应在 1%—5% 的显著性水平上显著。有研究发现中国农产品贸易伙伴的进口份额与其相应的贸易成本弹性之间存在明显的负相关关系 (Meng et al.，2018)，但与农食标准贸易效应的研究结论不同 (Fiankor et al.，2021)，本章并没有发现标准的粮食进口抑制效应与粮食出口国所占贸易份额存在直接联系。

(二) 政策建议

本章的研究结论与标准作为非关税贸易措施和粮食贸易政策的论点相联系。标准的贸易效应并非针对个别国家或少数地区，因此从公共政策视角而言具有重要的政策含义。国际食品法典委员会、国际谷物科学和技术协会等国际机构制定世界粮食领域的国际标准，世界贸易组织关于《实施卫生与植物卫生措施协议》允许各国设定本国的国家标准，以保护人类、动物和植物健康。作为世界上最大的粮食进口国，中国标准的粮食贸易效应不仅直接影响粮食供求，而且关系粮食安全。本章的研究结论对于中国掌握粮食标准制定话语权以规范和引导粮食进口，推动粮食进口多元化、健康化，制定更加高效的粮食贸易政策等具有参考价值。

具体的政策含义包括：第一，完善粮食标准体系，发挥标准对中国粮食进口的调节作用。一方面，党的十八大以来中国粮食安全强调适度进口。合理利用国际市场、调剂粮食品种具有必要性。标准作为粮食贸易政策的重要工具之一，在规范管理粮食进口上扮演重要角色，也鼓励农业企业、教育和科研机构参与粮食国家标准的起草和制定（甘藏春等，

2017）。另一方面，21 世纪粮食安全突出强调粮食质量安全和营养健康。有研究发现，美加自由贸易协议的签署与加拿大卡路里供应量的大幅增加有关，与美国的自由贸易和投资协议可能通过增加热量摄入，导致肥胖症和相关疾病的增加（Barlow et al.，2018）。来自美国的农食进口能够解释约 20% 的墨西哥国内女性肥胖增长，这种促使肥胖的效应由那些更容易接触不健康农食产品进口的地区所驱动（Giuntella et al.，2020）。粮食标准的作用不仅体现于进口规模，还体现于进口粮食的品种和营养含量。积极发挥中国标准对于进口粮食的引导和规范作用，加强粮食标准质量工作，有利于实现进口粮食健康化、营养化，提高粮食质量安全水平。

第二，加强与粮食进口国及地区的标准合作，降低标准贸易成本。拓展中国与主要粮食进口国的标准合作，建立粮食领域互利共赢、协同共进的国际标准化合作伙伴关系。本章研究结论显示，标准对粮食进口具有抑制效应。基于标准合作的粮食贸易政策，有利于降低标准遵循成本、促进粮食进口。以"一带一路"农业合作为例，标准协同可以为共建国家农业产能合作开拓新路径（高振等，2019）。作为农食进口大国，中国可以通过粮食标准提供本地市场信息，有助于实现农食贸易便利化（Wongmonta，2021）。非关税贸易措施的自由化，对于贸易量较小的贸易伙伴而言更加受益（Fiankor et al.，2021）。粮食领域的标准合作更有利于增加中国除美国、加拿大等发达国家以外的其他国家粮食进口，为加快实现多元化粮食进口布局、拓展粮食进口渠道提供支持。

第三，积极参与粮食领域国际标准制定组织的相关工作，提升中国标准的国际影响力。标准是重要的贸易政策工具，标准治理为贸易收益提供技术保障。农食标准不仅是保护国内市场的公共品或工具，而且还通过重新设计市场规则为本国产业和企业构建长期竞争优势。自加入世界贸易组织以来，中国在农食标准领域发挥更积极的作用，并使用多种策略参与该种形式的全球竞争（Mangelsdorf，2011；Augustin-Jean et al.，2018）。2021 年，中国牵头制定《小麦规格》《玉米规格》等四项国际标准，推动制定《谷物储存技术指南》等五项国际标准，是粮食国际标准体系的重要建设者、贡献者和引领者。当前世界多边贸易体系有所削弱并面临重构，对国际食品法典委员会、国际谷物科学和技术协会等国际标准制定机构的科学性提出更高要求。中国标准的制定和实施以及中国标准国际化，已成为中国参与国际标准化活动并贡献中国智慧的路径之一。中国应以粮食标准制定为契机并实质性参与国际粮农领域的国际标准制定，增强中国在国际粮农领域的发言权和竞争力，维护和推进中国在全球粮食贸易中的长期利益。

第四节　小结

粮食标准是规范粮食进口的技术准则。本章基于贸易成本理论，应用反对数引力模型构建粮食标准影响粮食进口的实证模型，结合 1990—2020 年中国来自 84 个国家和地区的粮食进口面板数据，实证研究粮食标准对中国粮食进口的影响并分析其异质性。实证方法结合面板回归和泊松伪极大似然估计，并采用调整回归策略、缩短研究期、区分子样本、删除样本、分组回归等对研究结论进行敏感性检验和稳健性检验。

研究结果表明，粮食标准对中国粮食进口具有显著的抑制效应，估计结果在各模型设定下稳健。这一效应与粮食出口国所占贸易份额、是否与中国签署自由贸易协议相关。在中国加入世界贸易组织以后，粮食标准对粮食进口的影响力度和统计显著性均有所增加。粮食标准的贸易抑制效应对于来自发达国家的粮食进口更大且更为显著。研究结论对于中国掌握粮食标准话语权以规范和引导粮食进口，推动粮食进口多元化和健康化具有参考价值。与多边和双边贸易伙伴在粮食领域深化标准合作，有助于进一步优化粮食进口结构，更契合其长期发展和公共健康利益。

本章从三个方面对相关研究进行了拓展。

首先，补充了针对中国标准贸易效应的研究。随着中国标准的国际影响力不断扩大，围绕中国标准贸易效应的研究成为标准经济学的前沿领域。中国标准促进了中欧贸易（Mangelsdorf, 2011），对中国农食出口表现出贸易促进效应（唐锋等，2018）。自加入世界贸易组织以来，中国在农食标准领域发挥了更积极的作用（Augustin-Jean et al., 2018）。中国标准促进了中国与"一带一路"共建国家的农食贸易（杨丽娟等，2021）。本章基于反对数引力模型，提供了中国粮食标准与粮食贸易的实证经验证据。

其次，推进了针对农食标准贸易效应的研究。农食标准抑制农食贸易，且负面影响与出口产品种类有关（Medin，2019）。国家特定标准不利于农食贸易而国际一致标准促进农食贸易（Karemera，2020）。标准制定国和贸易伙伴国之间的贸易集中度越高，标准对农食贸易的负面影响越小。标准协调对于发展中国家而言意义更为重要（Fiankor et al.，2021）。虽然粮食是农食贸易的重要种类，但还鲜有研究专门考察粮食标准对粮食贸易的影响。本章研究发现，粮食标准负面影响粮食进口且该效应存在异质性。这一抑制效应在中国加入世界贸易组织之后力度更大更显著，且对于来自发达国家的粮食进口影响更明显。

最后，丰富了国际政治经济学视域下的标准治理研究。贸易自由化是经济全球化的基础，但各国从贸易自由化中的获益并不公平。受损方会希冀政府维护其贸易利益（Melitz，2018）。合理的粮食安全政策有利于维护中国在自身粮食安全体系中的主导权（倪国华等，2021）。粮食关系国计民生，是确保国家安全的重要基础（苏小松和徐磊，2021；朱坤林，2022；武舜臣等，2022）。粮食不仅是重要的贸易商品，而且是特殊的战略物资，具有政治性和战略性。中国是粮食进口大国，粮食贸易政策须掌握粮食安全主动权。本书分析了标准作为非关税贸易措施和粮食进口贸易政策的意义，并从这一视角出发，研究如何以标准治理提升中国在世界粮食市场的发言权。

在实践层面，本章的研究结论有助于把握中国粮食标准现状，为完善中国粮食领域标准体系和促进中国粮食进口来源多元化提供信息参考。研究中国粮食标准对粮食进口的影响，也有利于发挥以标准合作支持粮食贸易合作的积极政策效果，为具有中国特色的粮食安全道路提供参考。研究结果有益于促进针对粮食贸易的多边或双边技术标准谈判，为改进粮食贸易的效率提供借鉴，为可持续性提供理论支持和实践参考，也可以为寻求与中国建立或加强粮食贸易关系的贸易伙伴提供数据和贸易策略参考。基于本章的研究发现，可以预期粮食标准将在中国建立或加强粮食贸易伙伴关系、拓展粮食贸易合作空间，以及维护自身利益方面发挥更为关键的作用。

第七章 标准经济学视角下粮食标准 影响粮食进口的实证研究

第一节 实证模型

粮食贸易是丝绸之路经济交流的主要合作领域，也是"一带一路"倡议下经济贸易合作的重要组成部分。在"一带一路"多边倡议合作框架下，农业合作已经成为中国与沿线国家深化经济互动与战略对接的重要领域，包括推广农业技术、知识和经验的传播，与沿线国家共同推进农业生产，以及农产品质量安全标准的提升。中国还积极推进农业基础设施建设和现代农业种植技术的转移，加强区域内农业生产能力，促进粮食贸易可持续发展。在推进"一带一路"框架下的粮食贸易时，中国和"一带一路"共建国家也面临着一些挑战，如不同国家的农产品标准、质量等多重因素，这些差异可能会导致贸易壁垒。中国采取了一系列措施来加强对进口粮食的监管，提高进口粮食的质量和安全水平，促进粮食贸易健康发展，构建更为流畅和高效的粮食贸易通道。

本章应用标准经济学和拓展的引力模型，基于1990—2020年中国粮食标准和"一带一路"共建国家粮食贸易的面板数据，实证检验中国粮食标准如何影响其从"一带一路"共建国家进口粮食。结合标准经济学，粮食标准对粮食进口的影响包括正向的竞争力效应、信息效应、共同语言效应以及负向的遵循成本效应。正向效应源自粮食标准的普遍认同和接受，进而促进粮食贸易。负向效应则源于与粮食标准相关的遵循成本，这些成本会阻碍粮食贸易活动。借鉴相关研究（Yang and Du，2023），本章实证模型设定如下：

$$\ln(import)_{ict} = \alpha_0 + \delta_{ic} + \delta_{ct} + \alpha_1 mst_{ic,t-1} + \alpha_2 mist_{ic,t-1} + \alpha_3 vst_{ic,t-1} + \alpha_4 vist_{ic,t-1} +$$
$$\alpha_5 nontariff_{it} + \alpha_6 \ln gdp_{it} + \varepsilon_{ict} \tag{7-1}$$

在以上实证模型中，$import_{ict}$ 反映中国在年份 t 从 "一带一路" 共建国家 i 所进口的粮食贸易量。其中，$mst_{ic,t-1}$、$mist_{ic,t-1}$ 代表中国在 $t-1$ 年为粮食领域制定的特有强制性国家标准数量及与国际标准一致的强制性国家标准数量。$vst_{ic,t-1}$ 与 $vist_{ic,t-1}$ 则分别代表中国在 $t-1$ 年粮食领域特有的推荐性国家标准数量和与国际标准一致的推荐性国家标准数量。这种细分方法可以更加准确地识别不同类型的粮食标准对粮食进口的异质性影响。分析结论可以为优化粮食标准体系，促进中国与 "一带一路" 共建国家粮食贸易合作提供信息参考。模型同时引入了其他控制变量，如 $nontariff_{it}$ 是 "一带一路" 共建国家在年份 t 对粮食贸易实施的非关税贸易措施。为考虑经济规模在粮食贸易中的含义，加入代表 "一带一路" 共建国家 i 在年份 t 的国内生产总值的变量 gdp_{it}。

在控制变量方面，本章主要关注两类固定效应的应用和分析：首先是贸易国与粮食间的固定效应（δ_{ic}），其次是粮食与时间的固定效应（δ_{ct}）。其中，δ_{ic} 主要用于控制那些在研究期内基本不随时间变化，与特定贸易国和粮食种类相关的稳定特征。如贸易国在相关农贸领域的固有比较优势（土地资源、气候条件等）以及特定农产品的技术参数值等。δ_{ic} 也控制了由于长期贸易协议、地缘政治关系或者其他形式的国际合作而在中国与 "一带一路" 共建国家形成的稳定贸易联系。δ_{ct} 则用于控制粮食领域中与时间有关的因素，包括由于国际经济形势、政治摩擦或自然灾害等特定年份在全球范围内产生的冲击。如世界粮食价格的波动、全球粮食产量的变化或者国际贸易政策的周期性调整等都可能作为时间相关的因素影响粮食贸易。最后，ε_{int} 为误差项，描述模型未能完全解释的所有其他潜在影响。以上相关变量设置可以为考察粮食标准对 "一带一路" 共建国家粮食进口的影响提供多层面的分析框架。

第二节 实证数据

近年来，中国和 "一带一路" 共建国家的农业合作不断加强，并在粮食领域取得显著成就。依据 2013 年外交部公布 "一带一路" 重点建设名单，该倡议涵盖 64 个国家和地区。[①] 参考中国农业农村部和海关总署以及《"一带一路"农产品贸易发展报告（2018）》的相关官方统计数据，粮食贸易在中国与"一带一路"共建国家的农食贸易中占据重要地位。2013—2018 年，中国从"一带一路"共建国家粮食净进口量累计达到 3571. 74 万吨，这一数额占同期中国粮食总进口量的 32.4%。相关数据说明，"一带一路"共建国家已成为中国粮食贸易的重要合作伙伴。在此背景下，粮食贸易成为农业合作的关键领域之一，也是遵循较多严格标准的领域。粮食贸易的稳定性对于维护"一带一路"共建国家的经济发展举足轻重，制定与执行高标准的粮食贸易准则，有助于确保粮食产品质量和安全，为加强地区经济一体化与推动可持续发展提供了有力支撑。

海关总署数据显示，2019 年，中国从"一带一路"共建国家进口的农产品总额为 1747. 8 亿美元，其中粮食进口额为 216. 6 亿美元。当年中国从"一带一路"共建国家进口的粮食品类主要包括大豆、小麦、玉米、稻谷以及油籽等。大豆是进口量最大的农产品之一。2019 年从"一带一路"共建国家进口的大豆总量为 9752. 4 万吨，占中国进口大豆总量的74.5%；其次是小麦、玉米和稻谷，进口量分别为 578. 3 万吨、480. 4 万吨和 335. 4 万吨；油籽进口量为 1106. 8 万吨。2020 年，中国与"一带一路"共建国家农产品贸易总额为 957. 9 亿美元，其中粮食贸易额为 67. 2亿美元，占同期中国粮食贸易总额的 19.6%。[②] 2022 年中国与"一带一路"共建国家农产品贸易总额 895 亿美元，比上年同期增长 11.9%。其中，出口贸易总额 339. 1 亿美元，增长 15.2%；进口贸易总额 555. 9 亿美元，增长 9.9%。贸易逆差 216. 8 亿美元，比上年同期扩大 2.6%。2022年中国从"一带一路"共建国家进口的粮食总量为 1.4687 亿吨，总金额为 826. 459 亿美元。其中，进口大豆总金额为 612. 36 亿美元，占比达到74%。中国与"一带一路"共建国家的粮食贸易量不断增加，贸易质量和深度提升，粮食标准的作用将逐渐凸显其关键性。

---

① 包括白俄罗斯、阿塞拜疆、阿尔巴尼亚等。

② 南京财经大学现代服务业智库：《切实加强与"一带一路"沿线国家粮食贸易，更好保障中国粮食安全》，http://fwzk. nufe. edu. cn/info/1011/1422. htm。

钱龙：《切实加强与"一带一路"沿线国家粮食贸易，更好保障中国粮食安全》，http://www. jsthinktank. com/zhikuyanjiu/202110/t20211025_7283114. shtml。

"2021 年中国与'一带一路'沿线国家货物贸易额达 1.8 万亿美元创 9 年来新高"，http://chinawto. mofcom. gov. cn/article/e/r/202211/20221103366410. shtml。

鉴于粮食标准和贸易数据的完整性及统计标准的匹配性，本章确定的研究时间跨度为 1990—2020 年。中国与"一带一路"共建国家的粮食进口量数据来自联合国 UNCOMTRADE 数据库，该数据库中以"谷物豆类及其制品"（ICS 代码：67.060）作为分类，提供了当年粮食贸易额真实值。在所选研究期内，中国从"一带一路"共建国家进口的粮食规模呈现出明显的波动性。尤其是在 2001 年加入世界贸易组织以及 2013 年"一带一路"倡议提出之后，中国来自"一带一路"共建国家的粮食进口均出现增长趋势。这种增长趋势反映了粮食贸易的基础性地位和贸易国对相关粮食进口的刚性需求，进而保障了谷物等土地密集型商品的进口规模相对平稳。这有助于提高贸易国的粮食安全水平，减少价格波动对消费者造成的冲击，并保障粮食市场的稳定性。在"一带一路"倡议下，可行的粮食标准不仅能确保质量，还可以成为推动贸易量增长和多样化的催化剂，促进粮食贸易量的增长和多样化。实施标准有助于增强贸易稳定性和可预见性，形成有效的贸易生态环境，推动贸易国在全球粮食安全体系中的影响力。

标准贸易效应的定量研究主要用标准数量对国际贸易规模的影响进行分析。这一方法的优势在于简便直接、易于统计分析，因此在国内外考察标准对贸易影响的文献中被广泛使用。本章也采用这一方法统计中国各类国家标准数量，获得粮食领域标准的总体情况和变化趋势，考察标准对粮食进口的影响。同时，借鉴已有研究（Yang and Du，2023）建立起海关编码（HS 1992）与粮食标准领域中国际标准文献分类法的对应关系，便于后续的综合数据统计和计量分析，并为农业经济和食品安全等多个相关领域的进一步的合作与政策制定提供参考依据。

国家标准数据来自国家标准化管理委员会数据库。为了确保数据的完整性和准确性，本章结合《中国标准化年鉴》（2016—2018 年）对数据进行交叉核查，排除可能存在的数据错误、冗余或遗漏等问题。国家标准化管理委员会数据库提供了每项国家标准的具体细节内容，按照国际标准文献分类法对中国国家标准进行条目分类和索引，并提供了每项标准的正式颁布和废止日期。相关数据为后续的时序分析和研究趋势提供了参考依据。

中国是农业强国，在粮食领域占据关键地位。根据图 7-1 所示，中国在粮食领域的相关标准水平高于大部分"一带一路"共建国家。这一标准化领域的优势可以促进中国与"一带一路"共建国家的粮食贸易合作，提升中国进口"一带一路"共建国家粮食进口的效益和规模。粮食标准的持续优化和更新也为"一带一路"共建国家带来技术转移和质量提升的机会。从宏观经济角度来看，标准构成商业交易的基础，更是推动"一带一路"共建国家粮食生产与分配更加可持续和高效的重要工具。标准的制定和实施有利于扩大和优化相关国家的贸易联系，为推动区域经济一体化、区域内可持续和高效的粮食生产与分配提供坚实的保障。

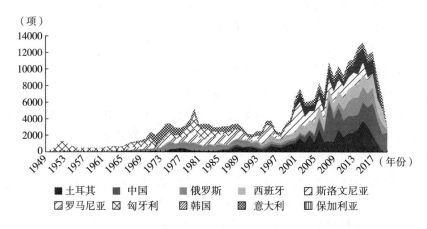

图 7-1　1949—2020 年中国和"一带一路"共建国家标准数量趋势
资料来源：国家标准化管理委员会数据库。

结合数据来看，截至 2020 年 12 月 17 日，中国共有 59994 项国家标准，其中现行标准 38897 项，废止标准 19606 项。在粮食领域，农业标准数量超过 3000 项，涵盖农业生产、种植、养殖等方面的规范要求（见附表 7）。在现代农业转型和绿色农业发展的背景下，这些标准成为引领和规范农业生产行为的重要依据。食品技术标准接近 1500 项，涉及食品加工、食品安全以及质量控制等方面的规范，确保食品的安全性和高质量特性，为食品加工和贸易活动提供了统一的标准参考框架。农业和食品技术领域的标准数量超过 4500 项，体现了标准在粮食产业链全过程中的普遍应用，反映粮食标准在确保粮食安全、推动产业持续发展、优化市场环境等方面的综合效应。观察标准类别分析，可以发现农业标准与食品技术标准在各类标准中的占比显著领先，最高比例超过了 60%（见图7-2）。

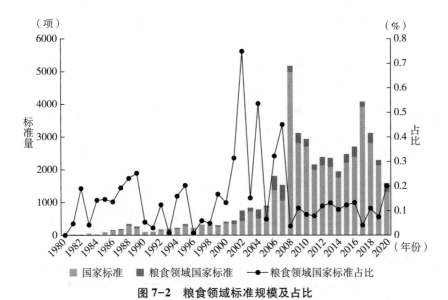

图 7-2 粮食领域标准规模及占比

资料来源：国家标准化管理委员会数据库。

　　相关数据体现了标准在农业和食品科技两个领域的集中度、权威性及其在国家战略和公共政策制定中的关键地位，显示出中国政府对粮食领域的规范管理和重视程度。粮食标准的制定和实施，为确保粮食产品安全和粮食贸易可持续发展发挥了重要作用。在全球化和"一带一路"倡议背景下，粮食标准有助于提升中国粮食产品在国际市场的竞争力，为中国与各国粮食贸易合作奠定坚实基础和有效保障。粮食标准作为规范和指导，加强了中国与"一带一路"共建国家及其他贸易伙伴在粮食贸易中达成更加高效和互利的合作关系。

　　按照执行力度，中国的国家标准可以分为强制性和推荐性两类（见表 7-3）。进一步根据这些标准与国际标准的对应关系，可以细分为中国特有的标准和与国际标准一致的标准。在本章中，以 1989 年 12 月 31 日之前粮食领域的标准存量为起点，累加每年新增各类标准并减去当年废除标准，以此计算当年在粮食领域的各类型国家标准数量。在 30 年的时间跨度内，粮食领域的国家标准显示出持续增长的模式，而在各类标准数量上则表现出明显的差异性（见图 7-3）。其中，强制性特有标准的总数通常超过强制性一致标准，且标准的数量保持一定的稳定性，特别是对于强制性一致标准而言。相较之下，推荐性标准的总数是强制性标准数量的两倍甚至更多。2008 年是推荐性标准数量达到峰值的一年，总计有 236 项标准，其中与国际标准一致的推荐性标准占比达到 35.17%。与此同时，在 2006 年、2009 年、2013 年及 2018 年，推荐性标准的数量均显著超过其他时期，特别是推荐性特有标准的数量，多次接近或超过 100 项，而与国际标准一致的推荐性标准的峰值接近 85 项。中国粮食领域标准化工作呈现持续优化和持续发展趋势，为保障粮食质量与安全、促进行业规范化发展发挥积极作用。一系列标准对于推动粮食产业现代化和应对全球化与"一带一路"倡议而言具有重要意义。

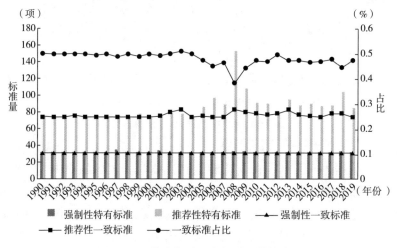

图 7-3　粮食领域国家标准规模构成

资料来源：国家标准化管理委员会数据库。

在研究时段内，与国际标准一致的标准（包括强制性和推荐性两类）在整体标准中的比例呈现出一定的波动特性，但呈总体上升趋势。其中的周期性波动和整体增长反映了标准化工作受政策导向、技术进步和市场需求等多因素的综合影响。在 2008 年之前，与国际标准一致的标准在总体中的比例经历了明显下滑，降至 2008 年的 38%。[①] 而从 2008 年开

---

① 2004 年的阜阳劣质奶粉事件、2008 年的奶粉污染事件影响了中国农产品和食品领域标准化进程。这两起事件的发生触发公众对食品安全的担忧和社会的广泛关注。政府和相关监管部门认识到加强食品安全监管的紧迫性和必要性，为保障公众健康和提升食品行业竞争力，采取一系列措施来加强标准化进程。中国在农产品和食品领域加大了标准制定和执行力度，农食领域均出台更为严格的国家标准，涵盖从生产、包装、运输到销售等各个环节，并明确对农产品和食品质量、安全、卫生、营养价值等方面的要求。为确保标准的有效实施，相关部门还加强了监督检查和法律法规的建设。加强食品安全监管，提升执法和追责力度，严惩违法行为，打击非法生产、销售等行为，维护了市场秩序和公众利益。

始，这一比例明显反弹并上升，至 2012 年达到 49.5% 的峰值，2019 年时仍保持在 47.3% 的稳定水平。这一趋势与全球金融危机后各国对食品安全和贸易规范的日益重视有关，也反映出标准化工作在应对市场不稳定和促进可持续发展领域的关键性作用。截至 2020 年 12 月 31 日，国家标准存量规模数据显示，在谷物、豆类及其制品领域中，国家标准存量达 2625 项，明显高于其他农食领域标准规模（见图 7-4）。该数据凸显国家重视谷物、豆类及其制品的标准化工作，对其质量与安全做出细致规范，在明确和统一的框架下发展粮食生产与贸易。国内外生产商需要遵循更为严格的质量控制和安全管理，进而促成整个产业链质量和安全性的提升。在"一带一路"倡议下，高度规范的国家标准为中国与"一带一路"共建国家在粮食领域的贸易合作提供了强有力的制度保障。

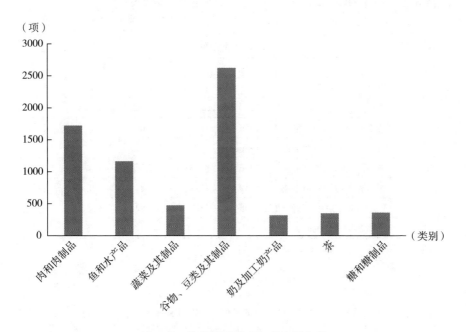

图 7-4　粮食领域国家标准存量规模

资料来源：国家标准化管理委员会数据库。

在利用扩展的引力模型分析国家标准对贸易影响的相关研究中，除了选择国家标准数量作为主要的解释变量以外[①]，学者通常选取其他宏观经济和政策相关的解释变量以增强模型的解释力，如贸易国的非关税措施和国内生产总值等。借鉴已有研究，本章的实证分析基于国家标准影响贸易的引力模型框架内，实证研究的其他控制变量包括"一带一路"共建国家的国内生产总值和非关税贸易措施，相关数据主要来自世界银行发展指数（WDI）数据库，以确保数据质量和可靠性。其中，贸易国国内生产总值统一按照 2010 年不变价美元作为标准计量单位，剔除货币价值变动和通货膨胀等潜在因素对分析结果的干扰。此外，鉴于部分粮食贸易国并未逐年公布与非关税措施相关的数据，该变量的观察数据相对减少。在接下来的回归分析中，本章将贸易国的非关税措施变量予以排除，经过该类处理后，核心的实证研究结果并未呈现明显变化[②]，进一步提高了研究结果的可靠性。各变量的描述性统计如表 7-1 所示。

表 7-1 各变量描述性统计

变量	定义	观测值	均值	标准误	最小值	最大值
$\log(import)_{ict}$	进口额	776	12.98	3.68	0.69	21.26
std_{ct}	国家标准量	1950	224.73	17.62	211	300
mst_{ct}	强制性特有国家标准量	1950	32.27	0.68	32	35
$mist_{ct}$	强制性一致国家标准量	1950	31	0	31	31
vst_{ct}	推荐性特有国家标准量	1950	85.33	15.67	74	153
$vist_{ct}$	推荐性一致国家标准量	1950	76.13	2.84	74	83
$\log(gdp)_{it}$	贸易国国内生产总值	1805	24.59	1.82	19.82	30.08
$nontariff_{it}$	贸易国非关税措施	900	916.6	1495.50	105	7256

注：i 表示贸易国，c 表示具体农产品类别，如粮食，t 表示年份。

---

① 本章针对国家标准对中国来自"一带一路"共建国家粮食贸易的影响进行研究，核心解释变量为中国国家标准，关注的贸易变量为中国来自"一带一路"共建国家的粮食进口。理论上应用引力模型对标准的贸易效应进行分析，应同时纳入贸易伙伴国各自的国家标准量，但由于各国体系沿革和标准实践有所不同，目前还难以获取"一带一路"共建国家粮食贸易领域的分类国家标准数据。因此，研究中仅包括中国粮食领域各类国家标准数据。

② 从 Mangelsdorf 等（2012）相关研究来看，针对不同类别标准对农产品贸易影响的研究中包括观测值数量在 243—1209 的多个回归分析。本章实证结果的估计结果通过了稳健性检验，表明实证估计结果的可靠性。如果能够获取"一带一路"共建国家的粮食分类标准数据并进一步扩大样本容量，可以进一步对粮食标准影响粮食进口作用机理的异质性提供有力支撑，是具有重要价值的研究方向。

自 2013 年"一带一路"倡议（Belt and Road Initiative，BRI）提出以来，已经成为全球最大规模的基础设施建设和经济发展项目之一。在本章中，对"一带一路"共建国家的界定范围采用了 2013 年外交部在共建"一带一路"倡议提出之初，公布的 64 个"一带一路"共建国家名单（刘卫东等，2018），以下统称"一带一路"共建国家（见表 7-2）①。"一带一路"共建国家地理上分布广泛，涵盖多个重要的经济和政治区域，包括东北亚（1 国）、东南亚（11 国）、独立国家联合体及其他国家（7 国）、南亚（8 国）、西亚北非（15 国）、中东欧（17 国）以及中亚（5 国）。广泛的覆盖范围凸显了"一带一路"倡议的全球视野和深远意义。

表 7-2　　"一带一路"共建国家的粮食贸易优势与所处的标准区

地区	国家	农业贸易优势	所处标准区
东北亚（1 国）	蒙古国	耕地资源相对充足，农产品互补性较强，小麦等农产品的重要产地	蒙古国属于 ISO 3166-1 的亚洲标准区。在国际标准化领域中，蒙古国与其他亚洲国家共同参与制定和应用相应的标准
东南亚（11 国）	老挝；越南；柬埔寨；缅甸；泰国；新加坡；马来西亚；印度尼西亚；菲律宾；文莱；东帝汶	地处热带，物产资源丰富，农业劳动力充足，是水稻、棕榈油等农产品的重要产地	老挝、越南、柬埔寨、缅甸、泰国、东帝汶属于 ISO 3166-1 的东南亚标准区。新加坡属于 ISO 3166-1 的东南亚标准区中的独立市级行政单位。马来西亚属于 ISO 3166-1 的东南亚标准区，有 ISO 3166-2 代码，用于区分马来西亚的各个州层级。印度尼西亚属于 ISO 3166-1 的东南亚标准区。菲律宾属于 ISO 3166-1 的东南亚标准区。文莱属于 ISO 3166-1 的东南亚标准区

① 64 个"一带一路"共建国家：阿富汗、阿尔巴尼亚、亚美尼亚、阿塞拜疆、巴林、孟加拉国、白俄罗斯、不丹、波斯尼亚和黑塞哥维那、文莱、保加利亚、柬埔寨、克罗地亚、捷克、埃及、爱沙尼亚、格鲁吉亚、匈牙利、印度、印度尼西亚、伊朗、伊拉克、以色列、约旦、哈萨克斯坦、科威特、吉尔吉斯斯坦、老挝、拉脱维亚、黎巴嫩、立陶宛、马来西亚、马尔代夫、摩尔多瓦、蒙古国、黑山、缅甸、尼泊尔、巴基斯坦、菲律宾、波兰、卡塔尔、罗马尼亚、俄罗斯、沙特阿拉伯、新加坡、斯洛伐克、斯洛文尼亚、斯里兰卡、叙利亚、塔吉克斯坦、泰国、东帝汶、土耳其、土库曼斯坦、乌克兰、阿拉伯联合酋长国、乌兹别克斯坦、越南、也门、北马其顿、阿曼、巴勒斯坦、塞尔维亚。

续表

地区	国家	农业贸易优势	所处标准区
独立国家联合体及其他国家（7 国）	白俄罗斯；俄罗斯；乌克兰；阿尔巴尼亚；亚美尼亚；格鲁吉亚；摩尔多瓦	盛产坚果、牛羊肉等农产品	白俄罗斯、俄罗斯和乌克兰属于 ISO 3166-1 的欧洲标准区。 阿尔巴尼亚、亚美尼亚、格鲁吉亚和摩尔多瓦属于 ISO 3166-1 的欧洲标准区中的东欧标准区
南亚（8 国）	阿富汗；孟加拉国；不丹；尼泊尔；印度；马尔代夫；巴基斯坦；斯里兰卡	水资源充足，水域广阔，且有充足低廉的劳动力，是水稻、棉花、菜籽油、小麦等农产品的重要产地	阿富汗、巴基斯坦属于 ISO 3166-1 的亚洲标准区。 孟加拉国、不丹、尼泊尔、印度、斯里兰卡属于 ISO 3166-1 的亚洲标准区中的南亚标准区。 马尔代夫属于 ISO 3166-1 的亚洲标准区中的南亚标准区中的岛国标准区
西亚北非（15 国）	伊朗；伊拉克；埃及；以色列；约旦；科威特；黎巴嫩；阿曼；巴勒斯坦；卡塔尔；沙特阿拉伯；叙利亚；土耳其；阿联酋；也门	虽然由于土地、气候、水源等环境因素不利于粮食生产，粮食多需进口，但该地区拥有丰富的海洋资源和矿产资源	伊朗、伊拉克、约旦、黎巴嫩、叙利亚、土耳其属于 ISO 3166-1 的亚洲标准区。 埃及属于 ISO 3166-1 的非洲标准区。 以色列属于 ISO 3166-1 的亚洲标准区中的西亚标准区。 科威特、卡塔尔、沙特阿拉伯、阿联酋、也门属于 ISO 3166-1 的亚洲标准区中的西亚标准区中的海湾标准区。 阿曼属于 ISO 3166-1 的亚洲标准区中的西亚标准区
中东欧（17 国）	阿塞拜疆；巴林；拉脱维亚；立陶宛；波黑；波兰；捷克；斯洛伐克；匈牙利；斯洛文尼亚；克罗地亚；保加利亚；塞尔维亚；爱沙尼亚；黑山；北马其顿；罗马尼亚	气候适宜，土壤肥沃，劳动力充足且农业基础设备较为完善，是欧洲粮食、果蔬和油籽等重要农产品的产区	阿塞拜疆、亚美尼亚属于 ISO 3166-1 的欧洲标准区中的东欧标准区。 巴林属于 ISO 3166-1 的亚洲标准区中的阿拉伯联合酋长国标准区。 拉脱维亚、立陶宛、波兰、捷克、斯洛伐克、匈牙利、斯洛文尼亚、克罗地亚、保加利亚、罗马尼亚属于 ISO 3166-1 的欧洲标准区中的东欧标准区。 波黑、塞尔维亚、黑山、北马其顿属于 ISO 3166-1 的欧洲标准区中的南欧标准区。 爱沙尼亚属于 ISO 3166-1 的欧洲标准区中的北欧标准区

续表

地区	国家	农业贸易优势	所处标准区
中亚 （5国）	塔吉克斯坦；土库曼斯坦；乌兹别克斯坦；哈萨克斯坦；吉尔吉斯斯坦	均为内陆国家，"丝绸之路经济带"核心区域，农产品品种丰富、部分国家拥有较强的农业科技能力，是棉花、果蔬以及小麦等农产品的重要产地	塔吉克斯坦、乌兹别克斯坦、哈萨克斯坦、吉尔吉斯斯坦属于 ISO 3166-1 的亚洲标准区中的中亚标准区。 土库曼斯坦属于 ISO 3166-1 的亚洲标准区中的西亚标准区

注：仅按照国际标准化组织标准进行划分，并不涉及其他特定标准的划分。每个国家可能还参与其他国际标准和地区标准的制定和适用。

由于历史、地理和文化背景的多样性浸润，这些国家和地区在粮食领域所主要使用的标准体系有所不同（见附表16）。例如，西亚、北非地区由于宗教因素，对粮食的品质和安全性有特定规范和具体要求。在东南亚地区，受益于气候和地形因素，某些特有农作物具有独特的标准和质量控制机制。这些差异和多样性形成粮食领域标准体系复杂且富有挑战性的合作基础，为中国与"一带一路"共建国家开展粮食领域标准合作中构建共识、促进互利共赢提供了有力参照。粮食标准合作有望促进地区内粮食贸易的规范化和优化，对全球粮食安全和可持续发展产生积极影响。

第三节　实证结果与讨论

一　基准回归

表7-3汇报了实证模型（7-1）的回归分析结果。第（1）列和第（2）列报告了各类国家标准量对粮食进口额的影响。由于相关国家非关税措施数据的观测值相对较少，第（2）列排除了该解释变量，以减少潜在的模型估计偏误。为反映与粮食贸易、粮食贸易国和特定年份有关的特征，本章在所有回归分析中均纳入了贸易国—粮食固定效应以及粮食—时间固定效应。贸易国—粮食固定效应主要控制贸易国内部的一系列特定属性，如经济结构、贸易政策、消费模式以及其他可能影响粮食

进口额的国内因素。粮食—时间固定效应控制具体年份对粮食进口额的影响，如全球粮食市场的价格波动、国际贸易关系变动以及气候变化或极端天气事件等特定年份的影响。这一回归分析有助于推进对国家标准在粮食贸易中相关作用的理论和实证认识。

表 7-3　　　　　　　　国家标准影响粮食进口贸易的回归结果

变量	(1) 进口额	(2) 进口额
强制性特有标准（滞后一期）	1.43 *** (0.43)	0.88 *** (0.47)
强制性一致标准（滞后一期）	1.15 (0.42)	0.56 (0.41)
推荐性特有标准（滞后一期）	0.05 (0.03)	0.01 (0.03)
推荐性一致标准（滞后一期）	0.08 *** (0.04)	0.03 *** (0.03)
贸易国国内生产总值	0.16 *** (0.13)	0.01 *** (0.04)
贸易国非关税措施	-0.00 *** (0.00)	
常数项	11.15 (1.43)	11.56 *** (0.36)
贸易国—粮食固定效应	已控制	已控制
粮食—时间固定效应	已控制	已控制
样本量	3740	12530
调整的 R^2	0.10	0.01

注：*、**、***分别表示系数在10%、5%和1%水平上显著，括号内为稳健标准误。强制性一致标准量相对较少，并且在研究期间基本保持不变，因此在回归分析中被剔除，下同。

根据回归分析的结果，本章的主要研究发现包括：首先，推荐性一致标准对中国从"一带一路"共建国家粮食进口表现出正向但并不显著的贸易效应。这表明，虽然推荐性一致标准在促进粮食进口方面具有一定作用，但该效应的影响程度并不明显。进一步说明，与国际一致标准在粮食贸易中带来的共同语言效应和信息效应与其可能带来的成本效应相比相对较弱，因此没有显著推动粮食进口增长。其次，推荐性特有标准在粮食进口上显现出较强的抑制作用，说明推荐性特有标准对来自"一带一路"共建国家的粮食进口具有限制性作用。在删除贸易国非关税措施变量后，标准进口抑制效应的显著性有所增加，进一步凸显了推荐性特有标准在国际贸易环境中的作用。

在进口方面，强制性特有标准具有的信息效应与其带来的成本效应在影响上互相平衡。这类标准为"一带一路"共建国家出口粮食提供了关于中国市场的重要信息。然而，对于"一带一路"共建国家，满足这些中国特定的国家标准需承担额外成本。尽管强制性执行可增强粮食标准的贸易促进效应，综合效应使得强制性特有标准并未呈现明显的进口激励效应。与此同时，推荐性一致标准的信息和共同语言效应超过成本效应，但其总体影响力相对微弱，意味着对于"一带一路"共建国家的粮食出口，与国际一致标准所带来的贸易抑制效应较为温和并不显著。与此同时，贸易国国内生产总值增长有利于加强其向中国的粮食出口。非关税贸易措施则对中国从"一带一路"共建国家的粮食进口产生了显著的抑制效应。因此，政策制定者可以通过进一步优化粮食标准体系和粮食贸易政策，促进更加顺畅和可持续的粮食贸易，实现经济发展和合作共赢目标。本章的实证结果证实了第五章提出的假说2-a和假说3-a，即特有标准和与国际一致标准都对中国从"一带一路"共建国家进口粮食产生了积极的推动效应。

二　拓展分析

表7-4是一系列稳健性检验结果。首先，对进口额进行回归时，在模型中纳入了滞后两期的标准变量。纳入滞后两期标准变量的原因主要包括：（1）此前的回归分析可能并未充分解决标准量与贸易额之间可能的反向因果问题。尽管标准的制定和实施是涉及多方利益相关者广泛参与和经过多层次审议的复杂过程。（2）国家标准从制定到实施发挥效率，通常存在一些时滞。引入滞后变量可以描述这一动态性，提高模型估计的精准程度。其次，本章在引力模型的基础上应用泊松伪极大似然估计。这一选择的原因包括：中国与"一带一路"共建国家在某些年份的粮食贸易统计数据可能存在空缺或零值，使用泊松伪极大似然估计方法可以避免由此引起的结果偏误。此外，泊松伪极大似然估计方法有助于处理对数线性模型中的异方差性问题，进而得到更加稳健的估计结果。

表 7-4   稳健性检验

变量	(1)	(2)
	1995-2019	1995-2019
	PPML	OLS
强制性特有标准（滞后两期）	1.44*** (0.49)	0.04*** (0.39)
强制性一致标准（滞后两期）	1.17 (0.53)	0.10 (0.39)
推荐性特有标准（滞后两期）	0.06 (0.04)	0.06 (0.06)
推荐性一致标准（滞后两期）	0.09*** (0.05)	0.09*** (0.07)
贸易国国内生产总值	0.18*** (0.15)	0.53*** (0.17)
贸易国非关税措施	-0.00*** (0.00)	-0.00*** (0.00)
关税	-0.02*** (0.02)	-0.03*** (0.02)
常数项	9.18*** (1.50)	13.48*** (0.01)
贸易国—粮食固定效应	已控制	已控制
粮食—时间固定效应	已控制	已控制
样本量	3578	511
调整的 R^2	0.10	0.26

注：*、**、***分别表示系数在10%、5%和1%水平上显著，括号内为稳健标准误。

    上述稳健性检验的回归结果从符号上来看与基准回归模型的结果保持一致性。运用泊松伪极大似然估计估计方法的回归结果显示：首先，滞后一期的强制性特有标准对粮食进口的影响为正，但统计上该影响并不显著。其次，滞后一期的推荐性特有标准对粮食进口在5%的统计水平上具有显著性。最后，推荐性一致标准对粮食进口的影响也为正，但同样在统计意义上不显著。可能原因在于，粮食标准在实际执行过程中由于多种复杂因素（如实施难度、信息不对称等）未能充分发挥预期的作用，也说明粮食标准执行过程中还存在未被解决的问题和挑战。强制性特有标准、推荐性特有标准、推荐性一致标准等关键解释变量以及贸易国国内生产总值和贸易国非关税措施等控制变量，在稳健性检验中的系数与基准回归相比并没有明显改变，这进一步证实了本研究回归分析的稳健性。基于不同的估计方法和数据集，一致的回归结果也验证了模型的稳健性。这种连续性和一致性说明，粮食标准在贸易决策中所发挥的作用不容忽视。

三 研究结论与政策建议

（一）主要研究结论

近年来的数据趋势显示，中国从"一带一路"共建国家进口的粮食数量持续增长。主要粮食种类如大豆、小麦、玉米和稻谷等粮食的进口量也都呈现出不同程度的增长。这一增长趋势反映中国粮食需求的变化和多元化，以及全球粮食供应链在新的地缘经济背景下进行动态调整。中国与"一带一路"共建国家之间的粮食贸易在规模和范围上都在逐步扩大，有助于优化中国的粮食供应结构，在宏观层面上保障国家粮食安全。与此同时，这一增长趋势也为"一带一路"共建国家提供了粮食出口市场，增加了这些国家的贸易收益，促进区域农业现代化和可持续贸易发展。粮食作为最基础的需求和成为经济合作的重要纽带，有助于深化区域经济联系，构建更为紧密和可持续的区域经济合作关系。

本章研究了 1990—2019 年，中国与"一带一路"共建国家之间的粮食贸易，分析不同的国家标准如何影响中国从这些国家进口粮食。研究的核心结论包括：首先，推荐性标准提供了"一带一路"共建国家向中国出口粮食的关键市场信息，有助于加强粮食进口；基于国际标准制定的推荐性标准，推动中国与"一带一路"共建国家的粮食贸易。其次，推荐性特有标准对中国从"一带一路"共建国家进口粮食发挥了一定的制约作用。虽然推荐性一致标准从理论上看有助于增加粮食进口，但其在实际中的贸易影响不尽明显。粮食标准的制约作用主要源于其增加的成本效应超过了其他如信息效应、竞争力效应和技术共同语言效应。这些结果反映，中国特有标准更多地体现了中国本地市场的特定需求和供应情况，与"一带一路"共建国家的粮食生产和供应规范有所不同，从而在某种程度上增加了这些国家出口粮食到中国的成本，对粮食贸易流通产生影响。相关研究结论为调整和优化粮食标准和贸易政策以促进粮食贸易流动，以及加强与"一带一路"共建国家粮食贸易合作提供了参考。

（二）对策建议

首先，完善的国家标准体系是确保各种国家标准得到高效供给的核心。2017 年发布的《中华人民共和国标准化法》明确指出，强制性国家标准的范围主要是确保人身健康和生命财产的安全。在强制性国家标准的框架下，与国际标准一致的强制性标准数量相对较少。为确保粮食标准的有效供给，其数量和质量成为关键。推荐性一致标准相较于推荐性特有标准具有更高的贸易促进效应，所以在维护国家标准规模的同时，应增强基于国际标准来制定的推荐性国家标准数量。

其次，在粮食领域与"一带一路"共建国家加强标准的协同与合作。除了强制性国家标准外，推荐性一致标准对于粮食贸易的促进效应明显优于推荐性特有标准，尽管该效应并不显著。部分原因在于，"一带一路"共建国家的标准化发展阶段存在差异。因此，采取差异化的标准策略，不仅可以提高中国国家标准的国际化程度，还可以积极地促进与"一带一路"共建国家在粮食贸易领域的标准协作，从而增强中国粮食标准的影响力，并根据各国实际情况采纳国际标准。

最后，参与国际标准制定和修订，积极塑造全球粮食贸易体系规则。加强中国与粮食贸易领域核心国际标准化组织的双边和多边合作，如国际食品法典委员会、国际谷类科学技术协会（International Association for Cereal Science and Technology，ICC）、国际食糖分析统一方法委员会（International Commission for Uniform Methods of Sugar Analysis，ICUMSA）、国际乳业联合会（International Dairy Federation，IDF）等。同时，促进中国与欧洲标准化委员会（CEN）、亚太经济合作组织（APEC）以及太平洋地区标准大会（Pacific Area Standards Congress）等区域标准化组织的合作交流，在"一带一路"沿线标准化活动承担更重要的角色。参与制定和修订国际、区域标准，在全球粮食贸易规则制定中发挥积极和主导作用，维护和增进中国粮食贸易利益，为"一带一路"共建国家标准化发展提供支持。

第四节　小结

本章旨在通过竞争力效应、信息效应、共同语言效应和成本效应四个维度，分析粮食标准对中国来自"一带一路"共建国家粮食进口的影响。首先，竞争力效应主要关注粮食标准如何塑造中国在全球粮食市场上的相对竞争优势和劣势。在该框架下，制定具有竞争力的高标准有助于优化一国在全球粮食供应链中的位置。不同国家的标准要求可能导致产品差异化，影响价格和市场份额，影响粮食进口。其次，信息效应凸显了粮食标准在促进和维护中国与其他国家在粮食质量和安全方面信息交流和信任度的重要角色，进而影响进口决策和合作意愿。信息效应强调粮食标准在建立和维护信任方面的重要性，信息的透明性和准确性是建立和维护持久贸易关系的关键因素。共同语言效应揭示了粮食标准在为中国与其他国家在粮食领域建立共同的技术、法律、管理等一致语言方面的功能。通过制定和遵守共同的标准，建立共同的技术和法律语言，有助于降低沟通障碍和误解，增加贸易合作的效率和质量。成本效应主要涉及粮食标准在影响中国与其他国家在粮食进口相关成本（包括运输成本、储存成本、检验成本、税收成本等）方面的作用。高成本可能会削弱贸易收益和可持续性。粮食标准的制定和实施需要综合考虑并谨慎权衡以上多重效应，确保其在促进贸易、保障食品安全和实现可持续发展领域发挥最大效益。

粮食标准对中国来自"一带一路"共建国家粮食进口有正面和负面的双重影响。从积极的角度看，这些标准有助于提升中国在全球粮食市场上的竞争力；增加中国与其他国家在粮食质量和安全方面的信息交流和信任度；促进中国与贸易伙伴国在粮食领域建立共同的技术、法律、管理等语言；降低中国在粮食进口方面的各种综合成本。负面影响主要表现在：高度竞争的粮食标准会增加中国在粮食市场上的竞争压力，增加中国与其他国家在粮食质量和安全方面的监管难度以及粮食领域协调和沟通的复杂性。标准的多样性和不一致性也会加剧中国与其他国家在粮食进口过程中的不确定性和风险。粮食标准的制定与实施必须权衡促进效率和贸易便利性与维护食品质量和安全。

　　本章实证分析发现，中国粮食标准会影响"一带一路"共建国家粮食进入国内市场。推荐性标准有利于增加中国来自"一带一路"共建国家的粮食进口额，其中，推荐性一致标准对贸易的积极效应优于推荐性特有标准。强制性国家标准在一定程度上对中国来自"一带一路"共建国家的粮食贸易进口具有抑制效应。基于这一现实背景，中国应该根据自身的粮食安全需求和"一带一路"倡议的目标，体现策略性和灵活性以制定合理、科学、适度、灵活的粮食标准，既保证自身利益，又尊重其他国家的经济差异和选择。同时，中国应该加强与"一带一路"共建国家在粮食领域的合作和交流，共同提高粮食生产、流通、消费及环境保护等方面的技术标准合作水平，推动全球粮食供应链的互利共赢与可持续发展。

第八章　经验借鉴研究：国内外粮食标准建设经验借鉴研究

第一节　国外粮食标准建设经验分析

国外粮食标准建设经验主要包括国际标准制定组织、主要发达经济体和发展中经济体的粮食标准建设经验。粮食领域国际标准制定组织主要借鉴了国际食品法典委员会和国际标准化组织的粮食标准建设经验。原因在于：第一，国际食品法典委员会和国际标准化组织作为国际粮食标准制定的权威机构，其发布的标准在粮食领域拥有广泛认可度和权威性。第二，借鉴这些组织的标准建设经验，能够促进国际的标准统一、可操作性和对接，便于粮食贸易与合作。第三，这些组织的标准制定过程相对透明和科学，有助于确保粮食质量与安全的一致性，减少粮食贸易中的相关贸易摩擦。第四，借鉴国际标准制定组织的经验有助于提高中国粮食标准的国际影响力，同时有助于中国粮食标准融入国际标准体系，并在全球范围内发挥积极作用。第五，通过参考国际组织的标准建设经验，有助于增加中国在全球食品安全和可持续发展议题上的话语权与竞争力，同时提升中国农产品的国际声誉和市场份额。

发达经济体主要借鉴了欧盟、美国和日本的粮食标准建设经验。原因主要有以下方面：第一，这些先进经济体在粮食标准领域积累了丰富的实践经验和专业知识，从生产、加工到运输与存储，都有较为完善的标准和检验机制。这些经验可以为粮食贸易提供有力的技术支撑，还增加了流程的可靠性和效率。第二，这些国家的标准制定过程相对规范和透明，有助于保障粮食质量与安全。透明的标准制定过程允许多元化的参与方，包括农户、生产商、消费者和政府机构。相关做法有助于综合考虑多个利益方的需求和疑虑，更全面地确保粮食产品的质量和安全。第三，借鉴这些国家的标准建设经验能够与国际接轨，促进中国和发达经济体的粮食贸易合作与互通有无。标准领域的国际交流有助于提升中国粮食产品在国际市场上的竞争力，加强与全球主要粮食生产和消费国的贸易关系，更有效地保障国内粮食供应的稳定性和可持续性。第四，借鉴发达经济体的粮食标准建设经验，能够促进中国农业生产与可持续发展相协调。这一做法有助于推动农业现代化和提升农产品的市场竞争力，引导中国农业朝着更环保、高效和可持续的方向发展，增强中国在国际粮食贸易中的竞争优势和话语权，提升中国在全球粮食供应链中的地位。第五，借鉴发达经济体的粮食标准建设经验还有助于引进先进技术和创新理念。这些经济体在粮食标准制定和执行中常常采用先进的检测技术、成熟的质量管理方法以及新兴的科技应用，如远程监控、物联网、大数据分析等。这些先进技术的引进和应用有助于提升粮食生产、流通和销售的效率与质量，推动中国粮食产业的高质量发展和转型升级，并在粮食供应链中实现更加可持续和智能化的发展。

发展中经济体主要借鉴印度、巴西和南非粮食标准建设经验。原因在于：第一，这些国家在农业领域拥有丰富的资源和经验，其粮食标准建设经验能够提供适合本地农业条件和种植特点的指导性标准。相关标准在土地和气候条件方面具有适应性。第二，这些国家在本地农产品质量和安全方面取得显著成就，参考其经验有助于为提升发展中经济体自身的农产品质量和食品安全水平提供参考。第三，这些国家采用的粮食标准制定过程相对灵活，适应发展中经济体多变和不均衡的发展背景。第四，这些国家的粮食标准建设更加注重考虑社会、环境和可持续发展因素，为发展中经济体提供可供参考的模式，帮助其制定更加全面和可持续的粮食标准，促进农业生产与环境保护的协调发展。第五，从印度、巴西和南非等国家的粮食标准建设中学习，有助于中国与这些发展中经济体之间建立合作伙伴关系，推动更紧密的粮食贸易合作。

在国内经验借鉴方面，主要借鉴了中国粮食标准体系建设经验、农业标准体系建设经验、企业标准"领跑者"建设经验、主粮国家标准建设经验、"中国好粮油"标准建设经验和高标准农田建设经验等，原因在于：第一，这些经验积累了丰富的行业知识和实践经验，具有较强的针对性和适应性。相关经验可以为该领域提供更为精准的解决方案，有效满足特定需求和挑战提供可能。第二，借鉴这些经验能够推动中国粮食质量和安全的整体提升，增强国内市场竞争力以及对外贸易合作的可信度，为建立长期稳定的贸易关系奠定基础。第三，这些经验背后蕴含着中国农业发展和可持续经济发展的战略思考，对于促进农业现代化、保护生态环境和提高农民收入具有积极的示范效应和推动效应。第四，借鉴这些国内经验，有助于提升中国在粮食标准制定和推行方面的自主能力，加强国内标准体系的完善与升级。为标准对接提供更可靠的依据，促进全球粮食贸易的顺畅与平衡发展。第五，通过借鉴国内实践经验并结合国际先进标准，中国能够更好地保障国内消费者的食品安全，提高农产品的市场竞争力，实现粮食产业的可持续发展和国家的粮食安全战略目标。

一　国际标准制定组织的粮食标准建设经验

（一）国际标准制定组织在粮食领域的贡献

国际标准是由国际政府间机构或国际非政府组织，在多国合作的背景下，制定的一系列规定和标准。国际标准对于各国没有强制的法律效力，一般为各国制定或修订国内标准时提供参考依据。在特定场合，如出现跨国争端或纠纷时，国际标准可以提供中立的评判依据，有助于协调解决问题。从制定过程的角度看，国际标准在协调各国意见基础上确定，需要考虑各国发展情况的不同、技术水平的差异以及多个行业和领域的特性。因此，国际标准并不反映单一国家或地区最高技术水平，而是更多地致力于维护消费者健康，促进国际贸易和实现各国之间的协调一致。① 国际标准能够适应全球化时代多元化和复杂性增加的挑战，促成更加和谐和可持续的全球经济环境。

粮食领域国际标准制定组织在国际层面制定和发布与粮食和农业有关的标准、指南、规范等文件。在粮食领域制定国际标准的组织主要包括国际食品法典委员会、国际标准化组织、联合国粮食及农业组织、国际植物保护公约、世界动物卫生组织等。这些国际标准组织承担制定和推广国际粮食标准的重要责任，旨在保护消费者健康，促进贸易公平性，提高粮食和农业生产、流通、消费、保护等各环节的水平，实现整体粮

---

① 例如，国际食品法典委员会在制定国际食品法典标准时，以科学为依据，既确保食品安全，也充分考虑食品出口国和进口国的不同诉求。

食产业链的可持续发展。这些国际组织制定的国际标准为解决全球性粮食安全和贫困问题提供了政策和技术支持，为各国参与农业生产与贸易现代化进程奠定了参考与导向，对于塑造全球粮食安全体系和推动各国农业生产与贸易现代化产生深刻影响。依据国际标准化组织与国际电工委员会颁布的《标准化和相关活动的通用术语》，国际标准是由国际标准化组织或其他有关机构批准并公开颁布的系列规范。《采用国际标准管理办法》进一步阐明，国际标准由国际标准化组织、国际电工委员会和国际电信联盟所制定，也包括受到国际标准化组织认定并宣布的其他国际机构所制定的标准。国际标准的起源来自技术与科学领域，而国际电工委员会和国际电信联盟是首批确立国际标准的机构。自 1946 年成立至今，已有 137 个国家标准机构加入，且作为非政府机构工作运行。ISO 国际标准由各个技术委员会负责拟定，委员会聚集了来自工业、科技和商业部门的专家。这些委员会所制定的国际标准覆盖了众多技术领域，从传统的如农业、建筑，到机械制造以及最前沿的信息技术，其中还包括数字编码在多媒体应用中的技术，电气和电子技术领域除外。

国际标准在世界贸易组织的成员国之间进行的贸易中具有重要的策略性价值。这些标准的制定旨在确保国际商业、贸易和合作的一致性与高效性。国际标准的角色不仅局限于保障产品的品质和功效，而且对于技术贸易壁垒的构建和消除具有直接影响。国际贸易壁垒从关税、非关税贸易措施转向更为复杂的技术和环境标准。初始阶段主要集中在关税，此后的阶段以数量限制如配额和许可为主。当前，技术与环境标准已经逐渐成为重要的非关税贸易措施。遵循国际标准已成为世界贸易组织对其成员的基本要求。《WTO 技术性贸易壁垒协议》和《实施卫生与植物卫生措施协议》明确规定，除非在合理的气候、地域或核心技术条件等特殊情况下，各成员在制定技术法规或技术标准时，应以国际标准作为基石，进一步推动全球贸易的公正与高效运作。鉴于技术在世界范围内的快速进步，国际标准已获得广泛关注并被积极采纳（见附表18）。

国际食品法典委员会是由联合国粮农组织与世界卫生组织设立的跨政府国际组织。该委员会主要负责制定与食品安全和贸易有关的国际食品法典标准。这些标准获得了全球广泛接受和应用，已被确立为食品安全领域的权威国际准则，为全球范围内确保食品安全和公平贸易提供了坚实的制度支持。世界贸易组织的《实施卫生与植物卫生措施协议》将国际食品法典委员会与世界动物卫生组织和国际植物保护公约（International Plant Protection Convention，IPPC）并列为协调国际食品、动物产品和植物产品贸易的三大国际机构。在涉及跨境食品贸易争端争议时，世界贸易组织成员通常会参照这些组织所制定的国际标准进行仲裁和决策，以确保食品安全和贸易公正性。国际标准增强了国际食品贸易的透明度和可预见性，为解决复杂食品安全问题提供指导原则。

国际食品法典委员会的标准结构涵盖341项标准条目，分为五类：标准（212项）、指南（73项）、规程（49项）、最大残留限量标准（3项）以及其他相关技术文件（4项）。这些建立的标准由38个专业技术委员会提出和制定，其中有5个是基于地理区域的委员会，如欧洲食品标准化委员会（Codex Coordinating Committee for Europe，CCEURO）和非洲食品标准化委员会（Codex Coordinating Committee for Africa，CCAFRICA），以及33个食品或饲料委员会，如水果蔬菜标准化委员会（Codex Committee on Processed Fruits and Vegetables，CCPFV）和食用油标准化委员会（Codex Committee on Fats and Oils，CCFO）。这些标准涵盖一系列关键领域，包括农药和兽药的残留、食品添加剂、污染物质、食品的检查与认证、食品卫生、特定的膳食要求、食品标识，以及分析和取样的方法、专业术语等。此外，相关标准还包括各类食品和饲料产品的具体定义、组成成分、品质标准、食品添加剂使用、污染物限量、处理与卫生要求以及产品标记等相关规定。

国际食品法典委员会的标准制定遵循以下四个核心准则与特性：（1）以确保消费者健康为首要目标；（2）为确保国际食品贸易的公正性而设；（3）基于科学研究和风险评估而制定；（4）通过共识的方式来采纳或调整标准。按照食品法典委员会的两阶段策略计划，该委员会始终强调鼓励各成员国构建合理的法律监管框架作为主要的策略方向，并希望通过影响各国的食品管理机制，实现长期的标准协同和统一。国际食品法典委员会在制定标准时显示出将相似产品进行分类的趋势。例如，此前的食用豆油、食用棉籽油、食用花生油、食用芝麻油等23项独立标准，现被整合为植物油标准、动物油标准和食用油脂通用标准三大类。这种调整有多重价值，不仅强调了相似产品的通性，还减少了标准的数量，从而扩大了标准的适用面。高质量且有针对性的产品标准，使得整个标准体系更为用户友好，方便查找和实施。国际食品法典已经建立了完整的食品标准体系。

在全球治理体系中，《WTO 技术性贸易壁垒协议》要求成员国的技术法规和标准基于国际标准化组织、国际电工委员会、国际电信联盟等国际标准，并参与国际标准制定工作。国际标准化组织标准具有世界范围内的权威性和重要性。国际标准化组织标准的编制过程经过严格筛选，一般包括六个步骤：提议、准备、委员会审查、征询、核准和发布。每个阶段都需要积极成员（P-成员）和观察成员（O-成员）的投票表决，才能进入下一步骤。国际标准化组织与多个国家及地区组织，如世界卫生组织、国际乳业联合会（International Dairy Federation，IDF）、国际食品法典委员会、国际微生物学会联合会（International Union of Microbiological Societies，IUMS）、国际理论和应用化学联合会（International Union of Pure and Applied Chemistry，IUPAC）等，建立了合作关系。国际标准化组织与国际食品法典委员会在粮食标准领域的合作尤为突出，为全球粮食标准化提供了坚实的技术基础。

国际标准化组织在标准化领域享有权威地位，拥有国际标准制定权，其中包括粮食标准。这些标准主要涉及术语词汇、产品规格、检测方法、储藏运输技术等方面，旨在提高粮食的质量、安全和品质。国际标准化组织国际标准建立了先进适用、协调统一的检测技术体系，并在全球范围内广泛应用，促进全球范围内的粮食公平贸易并推动粮食供应链可持续发展。国际标准化组织国际标准体系中的粮油标准化重点突出，其标准构建逻辑清晰、概念明确，为全球提供了统一且全面的评估和管理框架，旨在提高全链条上的粮食质量、安全和品质要求。国际标准化组织在粮食领域的国际标准反映了科技与工艺的前沿进展，为各国在粮食安全、技术升级和国际合作等领域提供了共同的参照与合作基础。

国际标准化组织标准体系从两个维度进行构建：一是依据技术委员会（Technical Committee，TC）的顺序进行排列；二是基于国际标准分类法（International Classification for Standards，ICS）进行排列。该体系功能分明，架构合理。在纵向层面，国际标准化组织的标准体系涵盖了224个代表各种行业领域的 TC，每个 TC 之下都设有更为详细的 SC①。在横向

① SC 是指特殊特性（Significant Characteristics）。TC 是国际标准化组织制定的常设组织，负责某一领域 ISO 标准制订的工作。SC 这是在 TC 下细分领域的标准制订常设组织，负责某一专业领域标准制定的具体工作。

层面，国际标准化组织的标准体系由基础标准（如术语）、分析与取样的方法标准、产品质量和等级标准、包装标准、运输标准、存储标准等多个类别构成。这些纵向与横向的标准相互衔接，形成国际标准化组织的网状标准体系。在 ISO 的 224 项涉及各行业领域的技术委员会中，ISO/TC 34 主要关注食品产业的标准和规范，包括乳品、果蔬、粮食、肉类和蛋类等。下属于 TC 34 的有 15 个分技术委员会（SC），各自负责综合分析方法、管理体系以及特定产品的标准制定。关于粮油，主要涉及的分技术委员会为 SC2、SC4 和 SC11。截至 2020 年 5 月，ISO/TC 34/SC 2 发布了 26 项油料标准，ISO/TC 34/SC 4 发布了 64 项谷物与豆类标准，而 ISO/TC 34/SC 11 发布了 87 项动物与植物油脂标准。[①] 这一精密且高度专业的体系使国际标准化组织得以在全球范围内推行一套权威和可信赖的标准。

ISO/TC 34 中的粮油标准体系展现以下显著特点：首先，采用简洁高效的标准架构，标准种类丰富且数量适中。在 ISO/TC 34 涉及的粮油类标准中，共发布了 177 项，这些标准涵盖了基础性、储存性、计量设备来源性、测试仪器类、产品规格以及检测方法六大分类。其中，有两种计量设备（如容重计和水分检测仪）的标准提供了方法指引，面向国际标准设备，为那些在粮食行业中没有检测或校准规范的专业检测设备提供了参考模型。其次，重视标准化的关键领域，集中于标准化的核心部分。在 ISO/TC 34 的粮油标准体系里，检测方法的标准最为丰富，占整个标准体系的 82%，而其中的 95% 都集中于对质量和品质指标的检测。基础性标准，如涉及的词汇、取样、分样和样本制备等，约占 7%。关于安全指标的检测较少，如谷物及其制品中的赭曲霉毒素 A、高粱中的单宁和豆类中的糖苷氢氰酸的测定方法标准。最后，为粮油产品设立了针对性的标准。在 ISO/TC 34/SC 4 的谷物与豆类标准体系中，只有四个产品规格标准，分别是稻米、小麦、玉米和杜伦小麦。由于粮食是主要的食物来源，具有多种类型，其产品的专业性和复杂性都很高，并且不同国家的饮食文化和习惯存在很大差异。因此，国际标准化组织仅为主要粮食制定了规格标准，作为交易的基础，而其他产品的规格则由交易双方通过合同来协商和确定。

---

① ISO，"ISO/TC 34 Food products"，https：//www.iso.org/committee/47858.html.

（二）国际标准化组织粮食标准建设经验总结

第一，以科学为基础兼顾各方利益。国际标准制定组织的粮食标准建设遵循以科学为基础的原则，在制定和实施粮食标准时，充分考虑科学证据和风险评估，确保粮食标准的科学性、合理性、有效性和现实适用性。同时，国际标准制定组织强调兼顾各方利益的原则，即在制定和实施粮食标准时，努力平衡各方的需求和诉求，尊重各方差异和选择，促进各方参与和合作。这种均衡的策略为促进国际之间的互信与合作创造了有利条件，进一步强化了全球粮食安全的协同治理框架。

第二，以协调为目标，推动国际粮食标准的整合与互认。国际标准制定组织的粮食标准建设以协调为目标，即在制定和实施粮食标准时，应尽可能消除或减少不同国家或地区之间在粮食标准方面的差异或分歧，促进不同国家或地区之间在粮食标准方面的一致性或相互认可。这样可以避免或降低因为不同粮食标准而导致的贸易壁垒或摩擦，促进粮食贸易的畅通和发展。随着全球化不断加速，标准协调与整合的需求更加迫切，强调国际合作的重要性和为未来粮食安全策略的制定提供坚实基础。

第三，以动态适应性为核心，应对全球粮食和农业领域的多维度变化。国际标准制定组织的粮食标准建设以动态为特征，即在制定、修订和实施粮食标准时，应根据国际粮食和农业领域的发展变化持续迭代，及时调整和更新粮食标准的内容和要求，使之能够反映最新的科技进步、市场需求、消费者偏好、环境保护等因素，如联合国粮食及农业组织不断修订和完善其与粮食安全、营养、生物多样性等相关的标准和政策，为提升全球粮食系统的整体性能和韧性提供保障。动态适应性也意味着国际标准可以为农业生产和粮食流通提供稳定性与连续性，确保食品供应链的稳固和安全。

第四，以标准建设促进粮食贸易质量与多样性，强调其对可持续性和全球责任的影响。国际标准制定组织的粮食标准建设经验对粮食贸易效应有积极的影响，主要表现在以下四个方面：一是制定全面且严格的质量和安全标准，有利于提高粮食产品的质量和安全，保障消费者健康；二是标准化进程体现制度化特征，有利于促进粮食贸易的规范和公平，在全球粮食贸易体系内部防止不正当竞争和减轻贸易壁垒；三是有利于促进粮食贸易的多样化和创新，以满足多元化的消费需求和文化偏好；四是有利于促进粮食贸易的可持续性和责任性，在考虑全球环境可持续性与资源约束压力的条件下强调环境和社会责任标准，保护环境和资源。国际标准建设在促进高质量、规范、多样性和可持续性方面的粮食贸易中发挥关键作用。

二　主要发达经济体的粮食标准建设经验

主要发达经济体在粮食标准建设方面积累了经验，源自其对标准的科学认识和对多元利益的平衡。首先，粮食标准不仅是一个单一的质量控制手段，更是涵盖粮食品质、检验、贮存、运输、销售、加工以及最终用途等多个环节的综合性制度框架。该框架基于严谨的科学研究、风险评估和经验积累而建立，其目标是确保粮食的全链条安全与高品质。其次，粮食标准是动态的，在不同国家或地区都有相关的粮食标准，并且这些标准会根据社会需求的变化和科学技术的进步而不断更新。发达经济体通常有专门的机构或部门定期评估和更新粮食标准，包括粮食的品质、品种、物理化学指标、微生物指标、重金属指标、农药残留等方面。发达经济体的粮食标准呈现多元化，以满足不同社会群体和经济体的多样需求。例如，除了基础的食品安全标准和农业生产标准外，还包括适应国际贸易和出口检验的相关规范，这有助于形成全面系统的标准体系。这些粮食标准建设经验为全球食品安全和质量管理体系建设提供了宝贵的借鉴与启示。

（一）欧盟粮食标准建设经验

欧盟粮食标准的内容主要包括：食品安全、食品质量、食品标签、食品添加剂、食品接触材料、动物饲料、植物保护产品、有机农业、地理标志和传统特色等。其中，食品安全标准聚焦于确保食品在整个生产和供应链中的无害性。食品质量标准集中于保证食品的品质和口感。食品标签、食品添加剂和食品接触材料等标准旨在为消费者提供准确、全面的产品信息。通过规范动物饲料、植物保护产品以及推广有机农业和地理标志，欧盟致力于实现农业生产的环境友好性和可持续性。整体上，欧盟粮食标准旨在保护消费者的健康和利益，促进食品贸易的公平性和透明度，支持欧盟农业的可持续发展。

欧盟粮食标准的制定过程展现高度系统化和多层次参与的模式，遵循风险分析、可追踪、质量保证、生物安全及环境保护等核心原则。欧盟粮食标准的制定过程并非单一的政策推动，而是涉及多个机构和利益相关者参与的多方共建过程。从欧洲委员会、欧洲议会、欧洲理事会，到专门的科技机构如欧洲食品安全局、国际食品法典委员会，再到成员国政府、行业协会、消费者组织等。欧盟制定粮食标准的流程通过提出建议、收集反馈、评估影响、起草草案、审查确认以及实施并进行监管等环节。这一生命周期有助于促进政策质量并提供调整和修正的机制。欧盟粮食标准的制定过程体现治理的复杂性，并成功融合可操作性和社会责任。

欧盟粮食标准的建设经验涉及领域广泛，如风险分析、可追踪、质量保证、生物安全、环境保护等核心原则。欧盟粮食标准也对其粮食进口产生影响，主要包括：第一，欧盟粮食标准对进口国的影响。欧盟粮食标准要求进口国遵守欧盟的法规和标准，提高粮食的安全性和质量，保证消费者的健康和利益。这对进口国而言既是提升粮食安全性和质量的机遇，也带来了制度和技术上的挑战。进口国可以借此提升自身的粮食竞争力和声誉，拓展更多的市场和合作。与此同时，进口国也需要投入更多的资源和技术，在粮食生产和加工环节实现资质提升已符合欧盟的严格标准。第二，欧盟粮食标准对出口国的影响。欧盟粮食标准影响了出口国的粮食供应和价格。由于欧盟对部分农产品实施限制或配额，导致出口国的粮食供应减少或价格波动。例如，欧盟曾经对从乌克兰进口的小麦和其他农产品采取特殊和临时限制措施，以保护欧盟本地农民的利益。这对乌克兰等出口国造成损失，也可能对全球粮食市场构成影响。第三，欧盟粮食标准对欧盟自身的影响。欧盟粮食标准给欧盟自身带来一些利弊。一方面，欧盟粮食标准可以保障欧盟消费者的健康和权益，提高欧盟农业的可持续性和竞争力，促进欧盟农业绿色转型。另一方面，欧盟粮食标准也会增加欧盟农业生产和贸易的成本和复杂性，限制欧盟农业创新和灵活性，引起贸易争端或摩擦。

欧盟与国际食品法典委员会合作的主要方式涵盖标准制定、政策建议、战略规划和组织内部决策等关键领域。第一，国际食品法典委员会的标准和指南是欧盟粮食标准的重要参考，欧盟在制定和修改其粮食标准时，致力于与国际食品法典委员会保持一致，促进全球粮食贸易的规范化。第二，欧盟积极参与国际食品法典委员会的专业委员会和工作组，反映其在粮食标准治理中的立场和利益。这有助于欧盟推动其在食品安全、可持续农业和消费者保护方面的政策目标。第三，欧盟在国际食品法典委员会的执行委员会中拥有席位，参与该组织的战略规划、预算管理和工作优先级等重要决策环节，增强了欧盟在全球粮食标准设定中的影响力。第四，欧盟在国际食品法典委员会的年度大会中，与其他成员国共同审议和通过各个专业委员会和工作组提交的标准草案和报告。该过程是多边协商和合作的体现，也是全球粮食标准共同制定和认证的关键环节。

欧盟在国际食品法典委员会中影响力较大。其影响力来源于几个关键因素。第一，欧盟是国际食品法典委员会中最大的成员国组织，具有准入和规模优势。第二，欧盟在国际食品法典委员会中有固定席位，可参与该组织的战略规划、预算管理、工作优先级等重要事务，具有决策权。第三，欧盟在国际食品法典委员会中有统一立场和投票权，加强了欧盟在标准制定和政策决策过程中的凝聚力和影响力。第四，欧盟在国际食品法典委员会中积极提出建议和意见，反映其在粮食标准方面的核心关切和利益。第五，欧盟在国际食品法典委员会中与其他成员国和地区保持良好的沟通和合作，尤其是与非洲、拉丁美洲和加勒比地区等发展中国家。此外，欧盟与其他成员国在国际食品法典委员会中也存在一些分歧或冲突，主要是因为不同的食品安全标准、经济利益诉求和贸易政策差异。这些分歧或冲突会影响国际食品法典委员会的标准制定和实施，也会引发世界贸易组织的争端解决机制。因此，欧盟与其他成员国通常通过对话和协商来寻求共识和妥协，以维护国际食品法典委员会的权威性和有效性。

（二）美国粮食标准建设经验

美国的粮食标准主要包括原粮及成品粮标准、粮食检测方法标准等。在原粮及成品粮标准方面，美国农业部（United States Department of Agriculture，USDA）制定了 15 个主要类别的粮食标准，涵盖一系列农作物，包括大麦、木薯、玉米、亚麻籽、混合粮油、燕麦、黑麦、高粱、大豆、葵花籽、黑小麦、小麦（见附表 19 和附表 20）、加工糙米以及大米等。广泛的涵盖范围为农产品质量与安全提供了全面保障。在粮食检测方法标准领域，美国谷物化学家协会（American Association of Cereal Chemists，AACC）具有权威性。其出版的《美国谷物化学家协会审批方法》涉及300 项粮油及制品检测方法标准。这些标准进一步按照化学成分、产品类别进行分类划分为 36 个子类别，涵盖了谷物及制品的各种加工品质和食用品质的检测。美国谷物化学家协会日益注重快速检测方法的制定和推广。例如，近红外分析法和高效液相色谱法等快速仪器检测方法标准已经被纳入最新版本的审批方法中。

美国粮食标准的制定和实施可视为跨领域的综合治理体系，该体系在全球粮食治理格局中展现出适应性。以下五个方面构成其核心经验：一是积极参与国际和区域粮食治理论坛，制定和推动实施符合自身利益的粮食标准和规范。例如，美国通过参与联合国粮食及农业组织等全球性机构，对全球粮食统计方法和标准的制定和实施发挥重要影响。二是通过政策支持、技术创新、市场激励三重驱动，持续提升粮食产量和质量。政府推广应用现代农业技术如生物技术、信息技术和机械化技术等，提高农业生产效率和降低成本。同时，通过政策激励支持多元化农业产业，如有机农业、休闲农业、能源农业等，增加农业附加值和竞争力。三是通过适度进口和出口等贸易手段来调节国内粮食供需平衡，保障国内粮食消费需求和价格稳定。美国作为世界上最大的粮食出口国之一，通过出口大豆、玉米等主要粮食作物获取外汇收入和市场份额。美国也凭借进口小麦、大米等辅助性粮食作物，满足国内消费者的多样化需求。四是建立粮食质量与安全管理体系，如完善的法律法规、标准体系、检测认证、追本溯源等措施，确保国内外粮食贸易的公平公正和消费者的健康权益。美国设立了专门的粮食质量安全管理部门，如美国农业部、美国食品药品监督管理局（Food and Drug Administration，FDA）等，制定了一系列关于粮食生产、加工、储存、运输、销售等各个环节的质量安全标准和规范，并通过严格的检测认证和监督执法来保证其执行。美国对小麦的分类与质量检测体系具有科学性。为进行质量检测和认定，美国农业部联邦粮谷检验署（Federal Grain Inspection Service，FGIS）对七大类小麦进行了分级处理，并将其分为五个等级（见附表18、附表19）。该分级体系进一步增强了粮食标准的准确性和可靠性，是对全球粮食质量与安全治理的有力贡献。五是推动绿色低碳的农业生产方式，减少对环境资源的消耗和污染，并积极应对气候变化对粮食生产的影响。通过实施农业环境质量保护计划、农业保护合同计划、保护储备计划等，鼓励和支持农民采取土壤保护、水资源保护、生物多样性保护等措施，提高农业生态效益。通过开展农业气候变化研究、建立农业气候变化适应中心、推广农业气候变化适应技术等，增强农业对气候变化的抵御能力。

（三）日本粮食标准建设经验

日本是世界第二大粮食进口国，在全球粮食供应链中占有重要但也相对脆弱的地位。根据联合国粮农组织粮食及农业统计司发布的数据来看，日本 2020 年粮食进口量达到 2353 万吨，其中三大主粮（大米、小麦、玉米）占 93%。在进口来源方面，日本主要依赖从美国（38.4%）、加拿大（14.6%）、澳大利亚（13.9%）和巴西（8.9%）等国家进口粮食，表现出其粮食进口结构的高度集中。与全球其他主要经济体相比，日本的粮食自给率仅为 38%，远低于中国的 70%，在全球主要经济体中处于较低水平。日本的粮食进口结构对少数特定国家的依赖程度较高，如美国等。这意味着日本的粮食安全在全球粮食供应链中面临潜在风险。如果出现国际政治冲突、气候变化或供应链中断等不可预见的风险因素，日本可能会陷入粮食供应危机。

为应对日本在全球粮食供应链中的相关挑战，日本政府制定了一系列综合性、多维度的粮食标准和政策体系，旨在提高国内农业生产与质量优化，保障粮食供应稳定，并促进与主要粮食进口国家的良好战略关系。主要包括：第一，参考联合国粮农组织和国际法典委员会的统计方法和标准，构建本国特有的粮食安全评估体系和指标。该体系有助于更精确地度量和检测国内粮食供应的稳定性。第二，在法律框架方面，政府制定《基本法》《基本计划》《中期计划》等关键性法律法规。这些法律规定了粮食自给率的具体目标，还规范了农业补贴政策和农业结构改革方案等内容，为农业可持续发展提供法律基础。第三，注重农业科技创新和应用。包括数字农业、智能化机械和其他高端技术的广泛应用。目标是创造具有吸引力的农业生态系统，吸引更多年轻人从事农业工作。第四，从国际战略出发，日本通过与美国签署贸易协议、加入跨太平洋伙伴关系协议（Trans-Pacific Partnership，TPP）等方式，降低进口关税、扩大市场准入、增强与主要进口国家的合作。相关部署减轻了粮食供应的单一依赖风险，为其他面临类似挑战的国家提供了参考。

日本对进口大米实行配额制度，兼顾国内生产者与消费者的核心利益，同时符合高度标准化和质量控制的要求。首先，制度性地限制进口大米数量和质量标准，如不含转基因成分和禁止使用特定农药等。这种保护有助于维护农业生产的经济可持续性，在更大范围内符合日本农业政策的长期目标。其次，严格的质量标准确保了消费者的食品安全和健康权益得到保障。根据日本农林水产省发布数据，尽管其他食品品类的自给率相对较低①，日本大米的自给率达到了100%。2022年版《世界粮食安全和营养状况》报告显示，日本在全球粮食安全指数中排名第8位，综合得分为85.5分。这一得分基于粮食的可及性、可利用性、稳定性和质量四个方面进行综合评估。日本在粮食可及性方面得分最高（97.8分），在稳定性方面得分最低（75.6分）。日本的大米配额制度旨在全球化与地方生产之间找到可持续和安全的中间道路。

日本粮食标准对粮食进口的正面影响和负面影响如下：第一，正面影响。①日本粮食标准有助于保证进口粮食的质量和安全性，避免不合格的粮食对国民健康造成潜在危害。日本粮食标准也有助于调整进口粮食的结构，使之与国内粮食生产相互补充，进一步优化粮食的多样性和营养性。例如，日本目前进口的粮食主要是一些饲料用粮以及工业用粮，而基本口粮稻米、水果、蔬菜及畜产品等则主要由国内自给。②日本的粮食标准对其进口国家具有国际外溢效应，要求其提高粮食的质量和安全性，如不含转基因成分、不使用农药等。这样做既保护了日本国民的健康，也促进了进口国家的粮食生产技术和管理水平的提升。③日本的粮食标准还对其竞争国家有一定的影响，要求其遵守日本的标签和透明度制度，如在包装上标明产地、品种、等级、保存期限等信息。这样做既有助于提高日本粮食在国际市场中的竞争力，也能够促进竞争国家的粮食贸易，提升全球消费者权益（如知情权和选择权）。第二，负面影响。①日本粮食标准可能导致进口粮食的成本增加，降低进口粮食的可及性和可利用性。②日本粮食标准可能限制进口粮食的来源，增加对少数特定国家的依赖，从而降低进口粮食供应的稳定性和可持续性。例如，日本目前进口的大豆主要来自美国、巴西和加拿大，这些国家可能会受到气候变化、政治冲突或贸易摩擦等外部因素的影响。

日本粮食标准建设经验具有示范作用，主要包括：第一，建立完善的法律法规体系，规范和监督粮食生产、流通和消费的各个环节，保障国民知情权和选择权。第二，建立科学合理的检测评价机制，采用先进的技术手段对进口粮食进行严格的质量检测和评价，确保其符合国内标

---

① 牛肉为36%，猪肉为49%，鸡肉为64%。除此之外，日本其他品类的自给率为小麦14%，大麦9%，大豆7%，果实38%，砂糖类34%，油脂类13%等。

准。第三，建立有效的协调沟通机制，与主要进口国家保持良好的贸易和政治关系，及时了解和反馈市场信息，协商解决可能出现的问题，积极应对多元化挑战。第四，建立灵活适应的调整机制，根据国内外形势的变化，及时调整进口粮食的数量、结构和来源，保证供需平衡。第五，强调消费者参与，确保公众对粮食安全的信任度。鼓励消费者参与标准修订过程，为相关粮食标准的接受度和可行性提供有力保证。

日本粮食标准建设经验对其他国家的启示包括：第一，重视粮食的商品属性。通过制定合理的配额、检疫、标签等制度来保证粮食的质量和安全性，满足消费者的多元化需求和偏好。第二，重视粮食的政治属性。通过制定合理的补贴、保护、协调等政策，确保粮食的供应稳定性和广泛可及性，以平衡生产者和国家的长期利益和目标。第三，重视粮食的非经济属性。通过制定合理的教育、宣传、合作等措施，保证粮食质量和多样性，满足社会责任和环境可持续性的要求。这些经验体现了发达经济体在面对复杂全球粮食市场时的综合性策略思考。第四，突出粮食标准建设的跨学科和跨领域整合能力。相关部门围绕粮食安全、贸易、农业发展等问题进行联合研究和决策。在国际层面加强外交策略和合作导向，通过多边和双边机制与主要粮食生产国和出口国进行密切合作。

三　主要发展中经济体的粮食标准建设经验

(一) 印度粮食标准建设经验

印度虽然面临粮食安全的挑战，但自从 1945 年成为联合国粮农组织创始会员国以来，一直致力于改善粮食安全，其粮食安全战略得到了持续优化和发展。通过印度农业的绿色革命，① 印度成功地从粮食净进口国转变为粮食出口国，该转变具有广泛的国内外影响。印度的主要粮食作物是大米和小麦，两者占国内粮食总产量的 71% 以上。印度是世界上最大的粮食生产国之一，也是世界粮食计划署（World Food Programme，WFP）的重要合作伙伴。印度的粮食标准建设经验主要包括：建立粮食安全法律体系，保障每个人都有权获得充足、营养、安全的粮食。建立粮食储备体系，应对自然灾害和市场波动等突发事件，保障粮食稳定供

---

① 绿色革命不仅关注高产农作物的技术革命，也与土地改革、农业政策、教育和培训以及农村基础设施投资等多个领域相关。

应。建立粮食分配体系，通过公共分配系统和粮食补贴计划等方式，将粮食送达到贫困和弱势群体。相关经验围绕法律、储备和分配三方面构建，平衡自给自足的目标与国际市场的开放。印度绿色革命的历程也为其他发展中国家提供了如何通过综合手段提高国家粮食安全的经验借鉴。

印度的粮食标准具体包括以下几个方面：第一，粮食质量标准。主要涉及粮食的品种、等级、水分、杂质、破损、虫蛀等指标，以及粮食的营养成分、微生物、农药残留等生物化学指标。第二，粮食安全标准。主要涉及粮食的卫生、无公害、有机等认证，以及粮食的检验、检测、监督等制度，实施严格的食品安全管控。第三，粮食储存和运输标准。主要涉及粮食的仓储条件、防虫防霉措施、包装材料、运输工具等要求。第四，粮食加工和销售标准。主要涉及粮食的加工工艺、设备、产品规格、标签、价格等规范。印度粮食标准广泛且细致，从多个角度确保粮食安全、高质量和合规性，以满足不同消费者群体的需求和期望。

印度在制定和修订粮食标准、参加粮食国际标准制定方面的经验可以分为以下三个方面：第一，自适应性与动态修订。根据自身的粮食生产和消费情况，制定一系列的粮食标准，包括粮食的质量、安全、储存、运输、加工等各个环节。印度不断修订和完善这些标准，以适应国内外市场的变化和需求。第二，积极参与联合国粮农组织等国际机构的粮食标准制定工作，为全球粮食安全和贸易公平做出重要贡献。印度与粮农组织的合作，有助于引进全球最佳实践和技术支持以优化自身粮食管理体系，改善其粮食管理水平。第三，印度在制定和修订粮食标准的过程中，充分考虑农民、消费者、企业等多个社会经济主体的利益，通过法律法规、政策措施、信息公开等方式，保障各方权利和义务，促进粮食市场的健康发展。

印度作为农业大国，深度参与多项国际粮食标准制定的机构和活动。印度是联合国粮食及农业组织的创始会员国之一，积极参与各项工作，包括食品法典委员会、国际植物保护公约、国际农业发展基金等。通过这些平台，印度能够在全球粮食标准制定和管理领域提供专业知识和经验。印度是世界贸易组织的成员国，遵守《卫生与植物卫生措施协议》和《WTO 技术性贸易壁垒协议》，并在其框架下与其他成员国就粮食标准进行磋商和协调。印度是亚洲太平洋经济合作组织（Asia-Pacific Economic Cooperation，APEC）的观察员国，积极参与粮食安全中心的建设和运作，以及粮食安全路线图的制定和实施。

印度在世界贸易组织中面临的粮食标准争端和挑战主要涉及两个方面：一是印度对于成员国出口到印度的粮食以及食品的检验和检疫标准；二是印度自身实行的国内粮食安全政策。在对成员国出口到印度的粮食和食品进行检验和检疫时，印度的严格标准曾经引发国际争议。最终解决方案是，在保证食品安全的前提下，印度需要缩小检测标准与国际标准之间的差距，以便更接近全球接受的标准。在国内粮食安全政策方面，印度曾因实行有关粮食保护主义措施，如农业补贴、最低支持价格和出口限制等，而受到多个世界贸易组织成员批评。这些成员国认为相关政策违反了世界贸易组织的自由贸易原则。印度则坚持认为，这些措施是出于保障国内粮食供应和维护农民福祉的考虑，与世界贸易组织所允许的"特别和差别对待"的原则相一致。印度进一步阐述，这些政策是在权衡社会公平和经济发展的多重利益后制定。印度需要在标准制定与实施方面做出调整，形成更加灵活和包容的规则与机制。

（二）巴西粮食标准建设经验

巴西是全球第四大粮食生产国和第二大粮食出口国，[①] 拥有丰富的粮食资源和多样的农业生产体系。巴西是世界上主要的农业出口国之一，也是世界粮食计划署的重要捐赠国。巴西的粮食标准建设经验主要包括三个层面，即法律体系、生产与消费平衡以及减少粮食损失和浪费。具体而言，建立粮食安全与营养保障法律体系，将粮食安全作为基本人权和国家政策。明确粮食安全不仅是政策承诺，而且得到法律的有力保障。基于市场导向和国家干预，建立粮食生产与消费平衡体系。通过调节供需关系和价格机制，实现粮食市场的稳定，维护国内农户利益和消费者利益。建立粮食损失与浪费减少体系，通过提高农业生产效率和加强后期管理，实现粮食资源的节约，优化农业生产模式。法律制度、市场机制和科技创新的综合运用是实现粮食安全和可持续农业发展的关键。

巴西在制定修订粮食标准、参与制定粮食领域国际标准方面的经验包括：第一，积极参与多边贸易组织（如世界贸易组织和联合国粮农组织）以及多个区域贸易协议，推动其粮食安全和质量标准的国际认可，影响全球粮食质量和安全性的标准设定。与其他粮食大国开展双边协议

---

① 巴西是全球第二大大豆生产国和出口国。

和技术交流,分享最佳实践和粮食标准互认,拓宽其粮食产品的国际市场。第二,巴西在参与制定粮食领域国际标准方面,主要通过联合国粮食及农业组织和国际植物保护公约等机构,与其他国家和地区进行合作和交流。积极推动国际标准的制定和实施,以保护巴西的农业利益和消费者权益,同时也为全球粮食安全和贸易便利化做出贡献。例如,巴西参与了《植物检疫措施国际标准》的制定和修订,以防止有害生物在国际贸易中的传播。第三,将粮食安全作为国家战略和宏观经济政策的重要内容;建立全国综合粮食和营养安全政策,并以法律和机构框架来支持该项政策;注重科技创新和技术转移,提高粮食生产效率和质量;积极参与国际合作和交流,推动国际标准的制定和实施。

(三)南非粮食标准建设经验

南非是中等收入国家,但也面临着粮食不安全和营养不良的挑战。南非在可持续发展和食品安全方面积极参与国际合作,与其他发展中国家分享有关粮食安全和农业发展的经验和解决方案,提高粮食体系的效率和可持续性。南非是非洲最发达的国家之一,也是世界粮食计划署在非洲地区的重要合作伙伴。这一地位使其在国际合作中具有独特的影响力和责任,特别是与其他发展中国家在粮食安全和农业发展方面进行的经验和解决方案的共享。南非建立了粮食安全政策体系,将粮食安全作为国家发展战略和社会福利目标。南非还建立了粮食质量管理体系,通过制定严格的检测和监督机制,保证粮食质量和安全。此外粮食援助体系的建立,受益于与世界粮食计划署等国际组织开展合作,为非洲其他国家提供紧急或长期粮食援助。

南非在制定修订粮食标准以及参与粮食领域国际标准制定方面的经验包括:第一,南非是非洲大陆上粮食安全形势相对稳定的国家,拥有较为完善的粮食标准体系,包括粮食质量、安全、营养、包装、运输等方面的规范。南非还参与了非洲联盟和南部非洲发展共同体等区域组织的粮食标准协调工作,促进了区域内的粮食贸易和流通。第二,南非积极参与国际农业标准的制定和修订,保护自身和他国的农业生产和生物多样性。南非是国际植物保护公约、国际动物卫生组织、联合国粮农组织、世界卫生组织食品法典委员会等国际组织的成员,为制定和实施国际植物检疫、动物卫生、食品安全等标准提供专业支持。第三,南非还通过南南合作的方式,与其他发展中国家分享其在粮食标准方面的经验和技术。例如，南非与中国在农业领域开展多层次、多领域的合作，包括农业科技创新、农业人才培养、农业贸易促进等。双方还就农产品检验检疫、动植物防疫等标准进行交流和对接，促进双边农业发展和加强经济联系。南非的粮食标准建设也涉及多个政府部门的合作，如农业、健康、贸易和工业部门，以确保政策的连贯性和执行力。

第二节　中国粮食标准建设经验分析

一　粮食标准体系建设经验

中国是世界上最大的粮食生产国和消费国，粮食标准的制定和修订对于保障粮食质量安全、促进粮食产业发展、维护国家粮食安全具有重要意义。近年来，中国加强粮食标准化工作，建立以国家标准为主导、行业标准为补充、团体标准为参考的多层次粮食标准体系。制定和修订一批涉及粮食生产、加工、储备、流通、消费等各个环节的标准，如《玉米》《小麦》《稻谷》等。这些标准的制定和修订旨在达到保障粮食质量安全、促进粮食产业可持续发展以及维护国家粮食安全等多重目标。中国粮食标准体系不仅服务于国内需求（见附表2和附表8），也逐渐与国际标准接轨，为全球粮食标准的制定与实施提供了有益参考。

中国积极参与制定粮食领域国际标准，发挥了标准引领作用。中国已成功牵头制定了四项粮食国际标准，分别是《大米品质检验方法》《大米品质检验仪器》《玉米品质检验方法》《玉米品质检验仪器》，并在联合国粮农组织、世界卫生组织食品法典委员会等国际组织中发挥重要作用。中国还与其他国家和地区开展了双边或多边的粮食标准合作交流，推动了粮食贸易便利化和技术创新，如中国与美国开展粮食标准合作，促进贸易便利化。两国共同制定符合双方标准的粮食质量检验和认证程序，简化了进口粮食的审批流程。粮食标准合作不仅减少了贸易壁垒，提高了贸易效率，还为农户和生产商提供了更广阔的出口市场。此外，中国与欧盟展开多边合作，推动粮食标准的技术创新。双方在粮食安全、农药残留、食品质量等方面进行合作研究和经验交流，共同制定了严格的标准和监管机制。这种合作有助于提升中国粮食安全水平，也促进了中欧之间在粮食贸易和技术合作方面的互信。

中国在制定和修订粮食标准、参与制定粮食领域国际标准方面的经验主要有以下三方面：一是坚持以法治思维和法治方式推进粮食标准化工作，建立健全粮食标准化工作管理办法，规范粮食标准的制定、实施和监督检查等程序。二是坚持以市场需求和科技进步为导向的双重驱动，不断提高粮食标准的科学性、先进性和适用性，促进节粮减损、提高粮食加工效率等关键目标的实现。三是坚持以开放包容和互利共赢为原则，秉承国际化视野，积极参与国际规则的制定和完善，增强中国在国际粮食领域的话语权和影响力，为推动建立更加公正合理的全球粮食标准体系做出贡献。相关做法为其他发展中国家提供了有关粮食标准制定与实施的参考模式。

2019 年 10 月，国务院新闻办公室发布《中国的粮食安全》白皮书，系统阐述了中国粮食安全的成就、特色发展路径、对外开放与国际合作、未来展望与政策主张，为国内外了解中国粮食安全状况和政策提供了权威资料，也将中国的粮食安全议题置于全球化视野中。2021 年 3 月，国家发展和改革委员会发布关于进一步加强粮食市场监管维护市场秩序的通知，要求各地区各有关部门严格执行粮食标准，规范粮食收购、储存、加工、销售等环节，加强粮食质量安全监管，严厉打击假冒伪劣、掺杂掺假等违法违规行为。2021 年 9 月，中国农业科学院发布《中国农业科学院 2020 年度科技创新报告》，介绍该院在粮食领域的科技创新成果，包括制定和修订《玉米品质检验方法》《玉米品质检验仪器》等国际标准和《玉米淀粉》《玉米油》等国家标准，以及开发一批高产优质抗逆玉米品种。这些成果体现了科研与政策之间的有机结合。

具体经验包括：第一，制定科学可行的标准体系。通过多年的积累和实践，形成适合本国国情的标准体系。这一体系包括各类粮食的质量标准、安全标准、加工标准和检验标准等。这些标准的建立，能够为粮食加工企业提供可靠的依据，为消费者提供健康安全的保障。第二，加强标准的执行力度。除标准体系的制定，中国还注重加强标准的执行力度。政府通过加大对企业的监管力度，不断完善监管制度，加强监督检查，促进企业全面落实粮食标准。政府还鼓励企业通过自愿性认证和标准的第三方认证，来提高企业的标准执行水平，推动行业的规范化发展。第三，建立科学的粮食标准评估机制。建立科学的标准评估机制，推动标准得到广泛认可和有效应用。在制定标准的同时，注重与国际接轨，积极采纳和借鉴国际相关标准。中国还组建了专家委员会、技术委员会和质量监督检验中心等机构，对粮食标准进行科学评估和修订，促进粮食标准的不断完善。第四，推广优秀标准经验。为了加强粮食标准的建设推广，中国政府在国内建立一批示范基地和标准化生产线，通过先进的标准和管理模式，为其他企业提供参考和借鉴。中国还积极参与国际标准制定和推广工作，向全球推广中国的标准经验。第五，加强标准宣传，培养消费者意识。政府通过各类宣传渠道，如电视、报刊、网络等媒体，向公众普及粮食标准的知识、重要性及其保障作用。提升消费者对粮食领域相关标准的认知能力和理解水平，维护自身合法权益，促进粮食行业健康持续发展。

二　农业标准体系建设经验

中国是农业大国，农业是国民经济的基础和支柱。中国政府高度重视农业的标准化进程，视其为确保农产品质量与安全、增强绿色高品质农产品的供应以及促进农业高品质增长的核心策略和有力路径。国家层面连续出台《"十四五"推进农业农村现代化规划》《农业标准化生产实施方案（2022—2025 年）》等一系列政策文件，明确提出加快构建农业高质量生产的标准体系，制定反映国际先进经验、满足国内市场变化、融合科技创新的农业标准体系。构建现代农业全产业链的标准化综合应用基地、培养由高标准驱动的绿色高质量农产品的精品化，推进以标准化为带动力的特色农产品产业进步和品质增强的范例。

中国农业标准体系建设主要包括：第一，农产品质量和安全标准。该类标准是确保大众食品健康和确保国家粮食安全的基本标准，主要涉及粮食、油料、蔬菜、水果、茶叶、肉蛋奶等重要农产品的质量等级、检验方法、卫生要求等内容。这些标准是质量控制的基础和食品安全的前提条件。第二，农业生产过程控制标准。提高农产品质量效益和竞争力的关键性标准，主要涉及种子（苗）、肥料、饲料、兽药、植物保护剂等投入品使用规范，以及种植、养殖、采收、储运等环节管理规范等内容，通过农业生产过程控制标准，保障从源头至终端的农产品质量。第三，农产品加工转化标准。增加农产品附加值和市场占有率的战略性标准，主要涉及粮食深加工、畜禽水产品加工、果蔬加工、茶叶加工等领域的工艺流程、技术要求、产品规格等内容。该类标准通过优化加工流程和提升产品质量，为农产品在市场中取得更高附加值提供策略支持。

第四，农产品地理标志保护标准。这是突出农产品特色优势和文化内涵的创新性标准，主要涉及具有地域特征和历史传承的优质农产品的品种、产地、生产工艺等内容，以及保护地理标志农产品的质量、声誉和市场竞争力等内容。农业标准体系体现了对农业生产全周期的科学管理。

中国农业标准体系建设经过长期努力，取得了显著成效。农业标准体系建设不仅提高了农产品质量与安全，促进了农业生产效率和效益，增强了农业国际竞争力和影响力，也为推动乡村振兴提供了有力支撑。从结构上看，中国农业标准体系主要包括农业综合通用标准、农产品标准（包括初级加工品）和支撑与服务农业标准三个子体系（见表8-1）。这反映了中国对农业领域全面规范化和标准化的重视，确保产品的质量安全及持续的农业发展。具体包括：首先，中国农业标准体系建设，有益于保障粮食质量安全，满足消费者需求，提高粮食市场信誉。其次，该体系有助于促进粮食生产、加工、储运等各个环节的标准化、规范化、科学化，提高粮食生产效率和效益。最后，体系还注重保护和发展具有地理标准的粮食产品，打造国内外广泛认可的中国优质粮食品牌，增强粮食国际竞争力和影响力。推动粮食科技创新，引领粮食产业转型升级，适应国际规则和市场变化。这一体系凸显了中国在农业投入品、农产品流通及动植物卫生等关键环节的细致管理，确保从源头到终端的全链条监管。该体系的深度和广度也展现了中国农业现代化进程中对于科技、环境和市场因素的平衡和综合考虑。

表 8-1　　　　　　　　　　　中国农业标准体系

	子体系	标准内容
农业标准体系	农业综合通用标准	农业领域的基础标准（包括农产品分类、名词术语及定义等）
		各类农产品生产的产地环境要求
		各类良好农业规范
		农产品质量安全（包括农产品中农兽药残留、重金属、有害微生物、生物毒素等有害物质限量要求，农业投入品安全使用准则，农兽药、化肥的合理使用要求，饲料及其饲料添加剂的使用要求等）
		农产品流通领域的产品分等分级、标签标识、质量溯源要求、农产品市场准入、市场建设和管理等
		动植物卫生及防疫检疫、检验检测方法

续表

子体系		标准内容
农业标准体系	农产品标准（包括初级加工品）	种植业：粮食、油料、瓜果、蔬菜、烟草、食用菌、糖料、花卉、林产品、草产品、棉、麻、茶叶
		养殖业：家畜及初级制品、蛋及初级制品、毛皮、蚕茧、羽绒羽毛、蜂产品、水产品及初级制品、特种养殖动物
	支撑与服务农业标准	肥料、农药、兽药、饲料及其他投入品产品、农田水利建设及装备、营林造林工程、种植设施、养殖设施、农林生产机械、农林产品初加工机械、畜牧兽医用器械、水资源、土壤资源、农业气象、农村能源

注：每类农产品、农业投入品标准中都包括产品质量安全标准；针对卫生和动植物防疫检疫动向，统一制定动植物卫生及防疫检疫标准。

中国农业标准体系建设，特别是粮食领域的规范标准化，对中国粮食进口具有重要意义。第一，农业标准体系的建设提高了中国粮食质量安全水平，确保进口粮食符合国家标准和相关要求。通过建立严格的检验、监测和认证程序，可以有效预防和控制进口粮食中的农药残留、重金属等有害物质的超标问题，保障消费者健康和饮食安全（见附表6）。第二，农业标准化在促进贸易便利化方面具有积极作用。中国与其他国家和地区进行粮食贸易时，共同遵循的标准和规范可以简化贸易程序和审批流程，减少非贸易壁垒，提高贸易效率（见附表3、附表4）。这有助于增加粮食进口的数量和多样性，满足中国不断增长的粮食需求。第三，农业标准建设还推动了国内粮食生产、加工、储运等环节的标准化、规范化和科学化，提高了中国粮食的产量和质量。这使得中国在粮食出口方面具备更强的竞争力，提高中国粮食的国际影响力。第四，农业标准体系的建设为中国粮食进口提供坚实的法律和技术基础。通过与其他国家共同制定和遵守标准，中国能够更好地参与国际贸易体系，增强对粮食贸易规则制定和国际市场话语权的影响，从而更全面地维护中国粮食安全和国家利益。

三　企业标准"领跑者"建设经验

企业标准"领跑者"指同行业可比范围内，企业自我声明公开的产品、服务标准中核心指标处于领先水平的产品或服务。企业标准"领跑者"制度通过高水平标准的引领，旨在增强中高端产品和服务的有效供给。结合鼓励高质量发展的政策，这进一步深化了标准化工作的改革，促进经济从旧动能到新动能的转变和供给侧的结构性改革，进而孕育出一系列具备创新精神的企业。2022 年 10 月，国家粮食和物资储备局办公室公布 2022 年粮油产品企业标准"领跑者"名单，涉及大米、糙米、面粉、植物油、杂粮、米面制品、玉米加工产品等粮油产品。这些企业标准涵盖食品安全、生产工艺、质量控制等多个领域。相关企业标准集中于食品安全问题，同时涉及生产工艺和质量控制等多个维度。该体系对于保障食品安全和提高食品质量具有重要作用，有助于塑造消费者信心、促进产品创新和优化市场供应结构。企业标准"领跑者"为各行业内的企业提供了明确且动态的优质标准参考体系，同时有效推动企业和整个经济体系向高质量和高效率方向的转型（见表 8-2）。

表 8-2 **粮食领域企业标准"领跑者"**

产品类别	领跑者企业
粳米	中粮米业（吉林）有限公司；松原粮食集团有限公司；大连阳光佳禾农业有限公司；吉林省彦之道米业经销有限公司；辽阳三禾农业发展有限公司
籼米	湖北洪森实业（集团）有限公司；湖北国宝桥米有限公司
富硒大米	方正县宝兴新龙米业有限公司；中粮米业（宁夏）有限公司
糙米	安徽秋果食品有限公司；安徽山野香食品有限公司；安徽燕之坊食品有限公司
通用小麦粉	中粮东海粮油工业（张家港）有限公司；沈阳香雪面粉股份有限公司；西安市群众面粉厂；山东富世康面业集团有限公司
专用小麦粉	中粮（郑州）粮油工业有限公司；中粮东海粮油工业（张家港）有限公司；中粮面业（庐江）有限公司；益海嘉里（安阳）食品工业有限公司；广州岭南穗粮谷物股份有限公司
全麦粉	中粮海嘉（厦门）面业有限公司；益海嘉里（昆山）食品工业有限公司
花生油	中粮福临门食品营销有限公司；山东玉皇粮油食品有限公司；青岛天祥食品集团有限公司
菜籽油	益海嘉里食品营销有限公司；山东鲁花集团有限公司；海南澳斯卡国际粮油有限公司
大豆油	山东鲁花集团有限公司；九三食品股份有限公司；益海嘉里食品营销有限公司；中粮福临门食品营销有限公司

续表

产品类别	领跑者企业
油茶籽油	中粮福临门食品营销有限公司；海南澳斯卡国际粮油有限公司
芝麻油	保定市冠香居食品有限公司；山东鲁花集团有限公司
葵花籽油	益海嘉里食品营销有限公司；山东鲁花集团有限公司；佳格食品（中国）有限公司；金太阳粮油股份有限公司
米糠油	益海嘉里食品营销有限公司
红花籽油	中粮福临门食品营销有限公司
橄榄油	益海嘉里食品营销有限公司；中粮福临门食品营销有限公司
亚麻籽油	益海嘉里食品营销有限公司
核桃油	中粮福临门食品营销有限公司
玉米粉	抚顺县万仓浩粮食储备中心有限公司
玉米糁	抚顺县万仓浩粮食储备中心有限公司；安徽燕之坊食品有限公司；安徽秋果食品有限公司；安徽山野香食品有限公司
绿豆	通榆县新洋丰现代农业服务有限公司；吉林好雨现代农业股份有限公司；洮南市田野农业发展有限公司；白城市麦地多绿色农牧专业合作社联合社
红小豆	安徽燕之坊食品有限公司；安徽豆宝食品有限公司；安徽秋果食品有限公司
薏仁米	中粮米业（磐石）有限公司
小米	安徽燕之坊食品有限公司；安徽秋果食品有限公司；安徽豆宝食品有限公司
燕麦米	吉林市老爷岭农业发展有限公司
挂面	沈阳香雪面粉股份有限公司；山东鲁花集团有限公司；中粮（成都）粮油工业有限公司
花色挂面	中粮面业（濮阳）有限公司

注：根据 2022 年粮油产品企业标准"领跑者"名单整理。

中国企业标准"领跑者"建设在粮食领域中的经验是中国农业发展的重要组成部分。这一经验旨在引领企业积极参与标准制定和推广，促进粮食产业的优化升级以及增强企业在国际市场中的竞争力。这种建设模式可以为粮食产业提供良好的标准化基础，促进产业优化升级和提质增效，提升中国粮食产业的整体竞争力和可持续发展能力。企业标准"领跑者"在粮食领域的建设经验也体现了企业自主创新、行业间合作和可持续发展理念。该经验主要包括三个方面：第一，注重企业自主创新和技术研发。鼓励企业增加科技投入，引导企业加强技术创新，提高生产工艺和设备水平，提升产品质量和效率，如粮食加工企业可以引进先进的生产技术和设备，实施智能化生产管理，提高加工效率和产品品质，满足市场需求。第二，鼓励企业加强行业间合作和共享资源。通过开展产学研合作、建立联盟组织等多元化途径，促进企业间的信息共享、技术交流和合作创新。粮食领域企业积极参与标准制定过程，与行业协会、科研机构等共同制定行业标准并推广实施，进而提高整个产业链的标准化水平和协同效应。第三，强调企业的社会责任和可持续发展。企业积极响应国家粮食安全政策，加大生态环境保护力度，推行绿色生产和可持续经营理念，如粮食种植领域企业积极推广精准施肥等绿色农业技术，减少农药和化肥使用，改善生态环境，推动农业可持续发展。企业标准"领跑者"建设在粮食领域中的经验体现了企业自主创新、行业间合作和可持续发展的理念。这种建设模式可以为粮食产业提供良好的标准化基础，促进产业优化升级和提质增效，提升中国粮食产业的整体竞争力和可持续发展能力。这一经验也为其他领域的标准化建设提供了具有借鉴和参考价值的案例。

四　主粮国家标准建设经验

截至 2022 年 6 月 7 日，根据国家粮食和物资储备局的数据，归口管理的粮食标准共计 641 项，建立起较为完整的粮食标准体系。① 其中包括国家标准 363 项和行业标准 278 项。已形成覆盖粮食收购、储存、运输、加工、销售等环节衔接配套的标准体系，对保障国家粮食安全发挥了重要的技术支撑作用。食品安全标准是对食品中各种影响消费者健康的危害因素进行控制的技术法规。依照《中华人民共和国食品安全法》规定，食品安全标准为强制执行，且除食品安全标准之外，不能制定其他强制性的食品标准。食品安全标准应涵盖以下内容：其一，在食品、食品添加剂以及与食品相关的产品中对致病性微生物、农药残留、兽药残留、生物毒素、重金属等污染物以及其他有害人体健康物质的最大残留限量规定。其二，关于食品添加剂的种类和其适用的范围以及使用量。其三，

----

① 央视网：《我国粮食质量安全标准达 641 项》，https://news.cctv.com/2021/06/28/AR-TINHJRvu7Ftry2pHHmSnxK210628.shtml。

为婴幼儿及某些特定人群设计的主辅食品的营养组成标准。其四，与卫生、营养等食品安全标准相关的标签、符号和使用指南的准则以及食品生产和销售过程中的卫生标准。此外，还包括与食品安全相关的品质标准，食品安全检测的方法和程序以及其他应被纳入食品安全标准的事项。

中国于 2016 年发布实施了四大主粮标准，分别是《稻谷》（GB/T 17891—2016）、《小麦》（GB/T 1351—2016）、《玉米》（GB/T 1353—2016）和《大豆》（GB/T 1354—2016）四项国家标准。这些标准在深入实施国家粮食安全战略和标准化战略的指导下制定，是应对粮食产业转型发展和消费升级需求的规范。主粮标准制定以科技创新为驱动，通过深化改革，优化顶层设计，完善政策措施，充分发挥市场活力和主体作用，经过广泛征求意见和反复论证而制定。这些标准反映了中国粮食生产和贸易的现状和未来发展趋势，也体现了中国粮食标准化工作的理念和执行力。标准制定有助于增强消费者对国产粮食的信任，提高市场接受度。同时，相关标准为国内外粮食贸易提供了坚实的规范基础，促进了贸易环境的发展。该标准体系对于提升中国粮食产业在全球粮食市场的竞争力具有重要战略价值。

中国的四大主粮标准在制定过程中，坚持了以质量为核心、以安全为底线、以效益为目标的三重原则。这些标准全面覆盖了从原料选取到加工、检验、包装、运输以至储存等各个关键环节，规定了粮食的质量要求、检验方法以及判定规则。相关标准对粮食的质量和安全性进行严格规范，推动了整个粮食产业链的结构优化和效率提升。例如，《稻谷》标准将稻谷分为普通稻谷、优质稻谷和特殊稻谷三个等级，针对不同等级设定了一系列质量指标。多元化的质量框架能够满足不同消费群体的多样化需求，为生产者提供了明确的品质提升方向和激励方向。该策略有力促进了产品差异化，提高了市场竞争力，为科学的粮食管理和政策制定提供了可靠依据。

在标准国际化领域，中国积极参与国际标准制定组织（如国际标准化组织、国际电工委员会、国际电信联盟）的多层次活动，积极推动主粮标准与国际标准的融合或转化。在制定主粮标准的前置阶段，开展文献研究和对比分析，系统梳理和评估现有国际标准。这些标准结合了中国特有的地理、文化和社会经济因素，采纳与国际标准相一致的规定，提高了国内标准与国际标准的一致性和兼容性。主粮标准在国内层面具有重要的引领和规范作用，在国际层面提升了与其他国家和地区在粮食标准方面的交流与合作，为国际粮食安全和贸易合作提供了稳健可靠且富有弹性的规范体系。相关标准建设有助于推动全球粮食安全的可持续性并强化多边贸易体系。这一积极的国际标准参与策略旨在与各方共建全球农业标准体系，共同守护全球粮食安全。

全球贸易体系下，国家标准的制定与实施对于确保粮食安全和贸易稳定性至关重要。以中国进口玉米的标准为例（见表8-3）。玉米实行进口国营贸易管理机制，确保具有资质的企业才能进口玉米，以此方式进行行业的规范和质量监管。中国于2020年2月1日正式实施了新修订的玉米国家标准（GB 1353—2018）。该标准将玉米划分为5个等级，具体包括多个质量参数。例如一等玉米的各项质量指标、不完善颗粒数、霉变粒含量、杂质含量以及水分含量等。该标准有助于提升中国进口玉米的整体质量，在微观层面上为企业提供明确的质量参照和合规路径。这不仅促进了高质量玉米的进口和应用，也确保进口玉米符合国家食品法规定，进一步巩固国内粮食市场的稳定性。通过与国际标准的对比与整合，玉米国家标准也体现了全球视角和国际兼容性，旨在构建更为透明可靠的全球粮食贸易体系。

表8-3　　　　　　　　　玉米国家标准（GB 1353—2018）

等级	具体标准内容
一等	容重大于720g/L，不完善粒含量≤4.0%，霉变粒含量≤2.0%，杂质含量≤1.0%，水分含量≤14.0%，色泽、气味正常
二等	容重大于720g/L≥690g/L，不完善粒含量≤6.0%，霉变粒含量≤2.0%，杂质含量≤1.0%，水分含量≤14.0%，色泽、气味正常
三等	容重大于690g/L≥660g/L，不完善粒含量≤8.0%，霉变粒含量≤2.0%，杂质含量≤1.0%，水分含量≤14.0%，色泽、气味正常
四等	容重大于660g/L≥630g/L，不完善粒含量≤10.0%，霉变粒含量≤2.0%，杂质含量≤1.0%，水分含量≤14.0%，色泽、气味正常
五等	容重大于630g/L≥660g/L，不完善粒含量≤15.0%，霉变粒含量≤2.0%，杂质含量≤1.0%，水分含量≤14.0%，色泽、气味正常

资料来源：玉米国家标准（GB 1353—2018）。

中国玉米等级标准建设经验包括：第一，注重科学化和规范化。通过科学调研、专家咨询和实践，制定玉米等级标准体系。这一体系包括玉米质量指标、品种特征、生产加工要求等多方面，确保玉米质量评价的客观性和准确性和玉米等级标准的权威性。第二，注重市场导向和需求适应性。根据市场需求动态和消费者偏好，不断修订和完善玉米等级标准。鼓励企业参与标准制定，促进标准贴近实际生产，提高企业竞争力和产品质量。市场导向有效地推动了玉米产业的健康、可持续发展。第三，注重标准推广和实施。加强普及宣传和教育培训，提高农民、种植户和企业对玉米等级标准的认知度和理解能力。加强质检监管，严格执行等级标准，维护市场秩序并保护消费者利益。标准推广和应用经验的普及，有效地促进了玉米等级标准的实施和执行，为玉米产业链的协同发展奠定基础。中国玉米等级标准建设经验具有科学化、规范化、市场导向和推广应用的特点。这一经验为玉米产业的提质增效和可持续发展提供了重要支撑，也为其他农产品等级标准的建设提供了有益借鉴。玉米等级标准也需要不断适应市场需求和技术变革以实现在多边经济环境下的纵深发展。

五　粮食质量安全标准建设经验

国家粮食和物资储备局数据显示，截至 2022 年 9 月，中国粮食质量安全标准达 661 项，显著提升国内粮食质量和安全性水平。牵头完成 3 项标准制定任务，组织制定 31 项国际标准，显示中国在全球粮食标准制定领域的影响力逐渐增强。此外，有 109 项企业标准被评为领跑者，而 10 家社会组织和 24 项团体标准被选为重点培养对象。相关做法促进了企业和组织在粮食标准领域的积极参与，有力推动了产业内的质量提升和创新。近 60 家储备企业开展绿色储粮标准化试点，该举措旨在提高粮食储备的环境可持续性。在执行部门的层面，整个体系内共有粮食经验机构达 712 家，员工接近 5000 人。专业化团队在调整种植模式、保障农户权益、辅助粮食购买、加强库存管理等关键领域发挥核心作用，并肩负质量检测和保障的重要任务。中国在粮食质量安全标准的建设和实施领域取得显著进展，在提升国内粮食安全水平的同时，也对全球粮食安全标准体系的完善和推进做出了贡献。

中国粮食质量安全标准的建设经验体现了综合性和战略性考虑。第一，以保障舌尖上的安全为核心目标，不断提高粮食质量安全水平，保障消费者权益，凸显社会责任和公共健康的重要性。第二，通过加强粮食标准体系建设，确保标准体系的高效运行与广泛应用。制定和完善涵盖粮食生产、流通、加工、储备、消费等各环节的质量与安全准则。全链条的覆盖方式增强了标准体系的内在一致性和实施可行性，有助于确保从农田到餐桌的全流程质量监控。第三，该体系强调标准的应用以及严格的监管机制。实施了一系列检测、监督、管理和法律责任追究手段，提高了粮食质量安全的规范引领作用。这些举措提升了行业准则，同时增强了社会各方对粮食标准的认知和遵守。中国粮食质量安全标准建设得益于长期的农业实践和国家对粮食安全问题的高度重视。凸显科技创新与标准化工作的深度融合，强调在基于国内发展基础上，主动汲取国际前沿经验，并参与国际标准制定和修改。这一多元参与策略确保了中国粮食质量安全标准不断朝更高的国际化和科学化方向发展，使得国内粮食产业的竞争力和影响力逐步提高，推动粮食产业可持续发展，增进全球粮食安全。

具体包括：第一，标准制定和修订经验。注重广泛听取各方意见，建议和反馈从产业界、科研机构、政府部门以及消费者等不同角度展开，确保标准更加科学公正、合理有效，其创新性和适用性得到社会各界广泛认同和接受。高度重视标准化工作的创新，积极推进科技创新，鼓励并支持标准化工作与科技创新的深度融合。这种做法可以提高标准制定和修订的效率和质量，使国家标准更加精准、先进、可信。中国在制定和修订标准方面的经验得到较好的运用，如 2016 年颁布修订后的《食品安全法》规定，国家将实施严格的食品安全标准，修改并完善不符合食品安全要求的标准和规范，成立多个专业委员会，推动标准针对不同产品和特定问题进行逐步制定和修订，如针对转基因问题制定的行业标准《进口食用植物油中转基因成分检测方法》（SN/T 5406-2021）。广泛的社会参与和专门机构的设立，有助于确保标准制定的专业性和精准性。

第二，标准发布和宣传经验。根据实际需要，及时制定和修订国家标准，不断提高标准水平。在修订过程中充分考虑国际先进标准和国内发展需求，强调标准的创新性和适用性。注重标准信息的发布和宣传，推动标准在广大消费者和生产者中得到广泛认可和应用。通过标准的及时修订和有效宣传，保证粮食质量安全标准的科学性和实效性，为中国粮食行业的健康可持续发展提供有力支持。中国在标准发布和宣传方面也进行了良好实践，如国家市场监督管理总局出台的现代标准化工作计划，重点加强标准的推广宣传。针对粮农产品，农业部门采取电视媒体、宣传资料等多种途径加强标准宣传，加强标准在社会各界的认可度和影响力。中国粮食标准在国际市场得到广泛应用和认可，如稻米出口质量标准涵盖稻米的外观、储存、营养成分、加工特性等多个方面。通过制定和执行严格的小麦质量标准，中国小麦在国际市场上享有良好声誉。

第三，粮食领域国际标准制定经验。增加人力和物力资源投入，积极参与国际标准化活动，加强与国际标准组织以及其他国家和地区的交流与合作，为全球食品标准的制定和执行做出积极贡献。充分发挥国内专业标准化组织的作用，积极参与国际标准制订并不断推广和运用国际标准，提高中国在全球标准化领域的话语权和影响力。基于这些经验和做法，中国进一步加强与国际标准组织和其他国家和地区的合作，为其他国家和地区建立和完善粮食质量安全标准提供了重要参考和借鉴。中国积极参与国际标准组织的工作，截至 2021 年 6 月，中国已经成为 ISO/TC 34/SC 11 动物和植物油脂分委会①（ISO/TC 34/SC 11）的正式成员，并负责 4 个子委员会的工作，推动粮食领域国际标准的制定和修订。

六　"中国好粮油"标准建设经验

2017 年国家粮食和物资储备局发布了中华人民共和国粮食行业推荐性标准"中国好粮油"系列标准。这些标准在粮食行业发挥引领和规范作用，标志着中国粮食行业标准化工作进入新的发展阶段。该系列标准共计 17 项，确立了系统标准框架，对粮食行业生产、流通和销售等环节产生引导和规范影响。其中，关于大米相关的标准主要有《中国好粮油生产质量控制规范》（LS/T 1218—2017）、《中国好粮油稻谷》（LS/T 3108—2017）、《中国好粮油大米》（LS/T 3247—2017）。三项标准从原粮种植、收获、干燥、储藏、加工、运输、销售、检验、溯源、稻谷质量指标、大米质量指标等全产业链进行了详细的规定，为优质大米的标准化生产提供了依据。相关标准确保了大米质量的优质性，有助于形成中国大米品质的核心竞争力。该类标准的制定体现了国家构建和完善粮食产业的质量标准体系，确保食品安全，促进中国粮食产业的可持续健康发展。

"中国好粮油"标准的主要内容包括：①术语和定义。规定"中国好

---

① 该委员会的工作范围包括动物、水产品和植物油脂等农业和食品产品的标准。

粮油"产品的概念和范围以及相关的专业术语和含义，为后续标准实施提供理论基础。②质量与安全要求。规定了"中国好粮油"产品的基本质量指标、定等指标、安全指数以及对原料、加工、储存等环节的质量控制要求。③检验方法。规定了"中国好粮油"产品的检验方法和仪器设备，包括感官检验、理化检验、微生物检验等，确保检测结果的客观性和准确性。④检验规则。规定了"中国好粮油"产品的抽样方法、判定规则、分级遴选机制等。⑤标签标识。规定了"中国好粮油"产品的标签内容、形式、位置以及"中国好粮油"标志的使用规范。⑥包装、储存和运输。规定了"中国好粮油"产品的包装材料、容器、方式以及储存和运输过程中的注意事项和条件。⑦追溯信息。规定了"中国好粮油"产品的追溯信息内容、形式、载体以及追溯信息管理和使用要求。

"中国好粮油"标准的制订过程主要包括：①项目征集。国家粮食和物资储备局每年向社会公开征集粮食行业标准制订项目，根据国家和行业发展趋势的需求，确定制订的范围和内容。②项目下达。国家粮食和物资储备局根据项目申报情况，组织专家进行评审，确定制订的项目及其承担单位，并向社会公示。③标准编制。承担单位按照国家标准化管理委员会的要求，组织相关专家和利益相关方，进行标准的调研、论证、起草、修改等工作，形成标准草案。④标准审查。国家粮食和物资储备局组织专家对标准草案进行审查，对不符合要求的草案提出修改意见，并进行公开征求意见。⑤标准发布。国家粮食和物资储备局根据审查结果，确定标准的编号、名称、等级等，并将标准报送国家标准化管理委员会审核批准，然后正式发布实施。

"中国好粮油"标准的建设经验包括：第一，"中国好粮油"标准是中国粮食质量安全标准体系的重要组成部分，是对粮食质量安全要求的进一步提升和优化。该标准由国家粮食局主管，全国粮油标准化技术委员会归口上报，主要起草单位包括国家粮食局科学研究院等。第二，"中国好粮油"标准的制订遵循科学、民主、公开、法治的原则，充分听取各方意见和建议，综合考虑中国粮食生产、加工、消费的实际情况和国内外相关标准的差异和趋势。该标准在国家食品安全限量标准的基础上，进一步提高了粮油产品的安全指数。第三，"中国好粮油"标准的国际化旨在促进中国粮油产品的出口和国际竞争力，推动中国在国际粮食质量安全领域的话语权和影响力。该标准参考了国际食品法典委员会等国际组织的规范和要求，与国际接轨或超越国际水平。该标准也为中国参与国际标准的制定提供了借鉴和支持。

《中国好粮油生产质量控制规范》（LS/T 1218—2017）明确了"中国好粮油"在产地环境、品种选择、栽培方法、田间管理、储藏标准、干燥方法、运输标准、加工流程、包装规范、销售等各环节的质量控制技术要求。此规程针对中国好粮油的稻谷、小麦、饲料玉米、食用玉米、大豆、各类杂粮、各种杂豆在生产、收获、储存、运输，以及大米、小麦粉、食用植物油的加工等各个阶段均适用。该标准对核心指标进行了量化，包括肥料使用、确定收获时间、大米的加工流程以及运输条件等，如要求满足保险运输条件，成品粮运输过程中经受连续高温（大于等于30 摄氏度）的时间不超过 5 天。干燥工艺控制参数方面对具体参数也进行了详细的规定。

《中国好粮油稻谷》（LS/T 3108—2017）为中国好粮油稻谷提供了相关的词汇与释义、种类划分、品质及安全标准、测试方法、检测准则、标签标准、打包规定、储藏与运输要求以及溯源信息的相关规定。该标准明确提出单一品种的统一性问题，通过设立一致性指标，确保稻谷的品质稳定性和一致性。质量指标进行了分类，包含基本质量指标、定等指标和声称指标，反映对不同消费者需求的细致关注（见表8-4）。基于多层次多维度的质量体系，该标准旨在保障中国稻谷的品质，满足不同市场区间的消费者需求，并推动整个稻谷行业的健康规范可持续发展。①

表 8-4　　　　　　　　中国好粮油优质稻谷质量指标

指标类型	品种		粳稻			籼稻		
	等级		一级	二级	三级	一级	二级	三级
定等指标	食味值/分	≥	90	85	80	90	85	80
	垩白度/%	≤	4.0	6.0	8.0	4.0	6.0	8.0
	垩白粒率/%	≤	3.0	5.0	7.0	4.0	6.0	8.0
	出糙率/%	≥	80	78		77	75	
	整精米率/%	≥	68	66		62	60	

---

① 该标准在实施过程中，可能会面临地域性、小型农户的种植习惯和资源限制等带来的挑战，需加强对基层和小型农户的指导与支持，确保相关粮食标准的普遍适应性和实施效果。

指标 类型	品种	粳稻			籼稻		
	等级	一级	二级	三级	一级	二级	三级
声称 指标	直链淀粉含量（干基）/%	+			+		
	蛋白质含量（干基）/%	+			+		
	新鲜度/分	+			+		

注1：计算垩白面积大于等于1/2米粒投影面积的垩白粒的比例；

注2："+"须标准检验结果。

资料来源：《中国好粮油稻谷》（LS/T 3108-2017）。

《中国好粮油稻谷》（LS/T 3108—2017）标准的制定对中国粮食进口具有以下影响：第一，该标准明确了中国好粮油稻谷的术语和定义、分类、质量与安全要求等方面的要求。这为中国粮食进口提供了明确的品质标准，使得国内进口商可以更好地选择符合标准的优质稻谷产品。第二，该标准对质量指标进行了分类，包括基本质量指标、定等指标和声称指标等。这种分类有助于进一步规范稻谷质量评价，提高质检验收的科学性和准确性。进口商可以根据标准的要求，更好地了解和验证所购买稻谷的质量指标是否符合预期。第三，该规范还对稻谷的测试技术、验收准则、标签设计、打包方式、存储条件、运输方法及追溯信息提供了详细规定。这些要求提高了进口稻谷的质量和安全管理水平，保障消费者的利益，推动建立可追溯的稻谷供应链，提高进口稻谷的质量溯源能力，增强中国粮食进口的可信度和竞争力。《中国好粮油稻谷》标准的制定为中国粮食进口提供了明确的品质标准和规范要求，有助于提高进口稻谷的质量管理水平，保障消费者权益，并增强了中国粮食进口的可信度和竞争力。明确标准也可以进一步优化供应链，确保进口稻谷的整体质量一致性，更好地满足国内市场的多元化需求，提升整体粮食安全保障水平。

《中国好粮油大米》（LS/T 3247—2017）规定了中国好粮油大米的术语和定义、分类、质量与安全要求、检验方法、检验规则、标签、包装、储存和运输以及追溯信息的要求。该标准质量指标分为基本指标和定等指标（见表8-5）。《中国好粮油大米》标准的制定对中国粮食进口具有以下影响：第一，该标准明确了好粮油大米的术语和定义、分类、质量与安全要求等方面的要求。这为进口商提供了明确的品质标准，使得粮食贸易商更好地选择符合标准的优质大米产品。第二，该标准将质量指标分为基本指标和定等指标。基本指标包括外观质量、储存性、加工品质等，定等指标则根据米粒外观、储存性和加工品质进行评价。这种分类有助于规范大米质量评价，并提高质检验收的科学性和准确性。进口商可以根据标准的要求，更好地了解和验证所购买的大米的质量指标是否符合预期。第三，该标准还对大米的测试技术、验收标准、标签标识、存储方式、运输及其他追溯信息进行了详细规定。这些要求提高了进口大米的质量和安全管理水平，保障了消费者的利益，并有助于建立可追溯的大米供应链，增强了中国粮食进口的可信度和竞争力。

表 8-5　　　中国好粮油优质大米质量指标（LS/T 3247—2017）

指标类别	质量指标		粳米			籼米		
			一级	二级	三级	一级	二级	三级
基本指标	水分含量	≤	15.5			14.5		
	不完善粒含量	≤	1.0					
	杂质含量	≤	0.1					
	黄粒米含量	≤	0.1					
	互混/%	≤	0					
	色泽、气味		无异常色泽和气味					
定等指标	食味值/分		90	85	80	90	85	80
	碎米	总量/% ≤	7.5			15.0		
		其中小碎米/% ≤	0.5			1.0		
	垩白度/%	≤	4.0	6.0	8.0	4.0	6.0	8.0
	垩白粒率/%	≤	2.0	4.0	6.0	3.0	5.0	7.0

注1：企业应根据产品销售区域，在此限量的基础上确定产品在一定期限内能够安全保质的水分含量的最大限量；

注2：砂土、石子、玻璃、塑料等不可检出；

注3：计算垩白面积大于等于1/2米粒投影面积的垩白粒占总试样整精米粒数的比例。

资料来源：中华人民共和国粮食行业标准《中国好粮油大米》（LS/T 3247-2017）。

与优质稻谷和优质大米的国家标准相比，"中国好粮油"标准提高了加工质量及品种一致性的要求，取消了直链淀粉含量的限制值，更注重稻米的食味品质、加工品质及品种的单一性。与此同时，中国好粮油优质稻谷标准取消将直链淀粉含量作为定等指标的规定，将其作为声称指标，更符合中国不同地区居民对优质大米口感的需求。"中国好粮油"系列标准的调整对中国粮食进口产生的影响包括：第一，增强了消费者口感需求的满足。取消将直链淀粉含量作为定等指标的规定，而将其作为声称指标。中国好粮油标准更注重稻米的食味品质和加工品质，以及品种的单一性。这种调整使得进口商有更多选择，可以根据不同地区居民对优质大米口感的需求来选择适合市场的产品。更多适应口感需求的优质大米将有机会进入中国市场。第二，提高大米质量的标准化水平。中国好粮油标准对食味、加工质量和品种一致性提出更高要求。这将促使进口商在生产和供应链环节中更加注重产品质量控制，以确保所供应的大米符合标准的要求。提高大米质量的标准化水平将有助于增加中国粮食进口的可靠性和稳定性，建立起对外贸易的信任和良好形象。第三，促进国内大米产业的发展。"中国好粮油"标准的调整对国内大米产业也具有积极的推动作用。通过更加注重食味、加工质量和品种一致性，标准鼓励国内大米生产者优化种植和加工技术，提高产品质量，满足国内市场的需求。这将进一步推动中国大米产业的发展，提升国内大米的竞争力，减少对进口大米的依赖。

七 高标准农田建设经验

高标准农田建设涉及系统性、多维度和优化措施，建设节水高效、集中连片、稳产高产、旱涝保收、生态友好的农田生态系统，不断改善农田基础设施条件。中国高标准农田建设经验主要有以下四个维度：第一，科学规划与因地制宜的战略定位。根据不同地区的自然条件、耕地资源和粮食生产状况，制定综合性的建设目标、标准和方案，激发各地区农业优势和潜能。第二，财政政策的多元支持机制。财政部门给予高标准农田建设项目补助资金，重点支持粮食主产省和重要农产品生产基地。同时，采取投资补助、以奖代补、财政贴息等多种激励措施，引导金融机构、社会资本和新型农业经营主体加大对高标准农田建设的投资。第三，工程质量与安全性的严格保障。强化工程设计、施工、监理和验收等各环节的质量管理，确保工程质量、安全性和可持续性。针对已建高标准农田的设施不配套、工程老化、标准不足等问题，进行改造提升，增强农田质量和抗灾韧性。第四，利益相关方联动与共同参与。在涉及土地权属调整等重置活动中，高度重视农业参与和意愿，通过合理的补偿机制来保障其基本利益。加强宣传教育，提高农民对高标准农田建设的认知度和参与意愿。

经国家市场监督管理总局（国家标准化管理委员会）批准，《高标准农田建设通则》(GB/T 30600—2022) 于 2022 年 10 月 1 日发布并正式实施。该标准是继 2014 年发布《高标准农田建设通则》(GB/T 30600—2014) 之后的首次修订更新。此外，自 2018 年农田建设管理职能整合归并至农业农村部后，这也是该部门首次主导制定的农田建设领域的关键国家标准。通则特别注意践行农业绿色发展理念。修订版《高标准农田建设通则》是在执行层面具有多重意义。首先，强化耕地保护建设，为高标准农田建设提供统一规范的管理框架。其次，以全面提升农田质量为核心目标，细化编制原则，系统完善了原有的技术规范与内容。依据科学规划、按照分类策略、以目标为导向、优质土地专供粮食、强调生态思维和重要质量保证。

在地域分布和规范方面，新版《高标准农田建设通则》强调因地制宜，与《全国高标准农田建设规划（2021—2030 年）》形成有效衔接，分区域设置建设标准。全国分为东北区、西南区、黄淮海区、西北区、东南区、长江中下游区和青藏区，构成七大农业分区。每个区域根据具体的建设目标、重点、能力和条件，有针对性地制定农田地力标准以及基础设施建设标准。新版《高标准农田建设通则》为各省的高标准农田设定了明确的粮食综合生产能力指标，进而加大了对粮食产能的导向力度。此外，新版《高标准农田建设通则》在农田建设方面增强了实施操作性，特别在设施建设及土壤地力提高方面实现了显著的进展和突破。

详细的工程分类和建设标准为地方政府提供了具体的实施参考，弥补了原有标准在土壤地力提升方面的不足，为提升全球范围内的耕地质量提供技术支持。可以预见修订后的《高标准农田建设通则》将在推动高标准农田建设高质量发展，规范行业行为，巩固国家粮食安全等多领域发挥关键作用。国家市场监督管理总局与农业农村部结合多种形式的宣贯、培训和持续监管，确保该标准在全国范围内得以有效实施，为深化高标准农田管理与建设奠定基础，为巩固国家粮食安全基础提供有利条件。修订后的《高标准农田建设通则》全文共分为 8 章，包含 105 项

条款及 6 个附录，为中国农业规范化和标准化提供了权威参考和指南
（见表 8-6）。

表 8-6 《高标准农田建设通则》（GB/T 30600-2022）主要内容

内容	相关内容说明
第一章	确定标准的应用领域
第二章	列明《高标准农田建设通则》中参照的相关国家和行业规范
第三章	列举八个与高标准农田建设紧密关联的专业词汇及其解释
第四章	明确高标准农田建设的执行应依据六大核心准则，包括策略导向、地理差异性、均衡发展、环境友好、多方合作和综合管理
第五章	基于各地气候特点、地理特性、挑战及水资源状况，高标准农田建设区域被细化为七大板块：东北、黄淮海、长江中下游、东南、西南、西北及青藏。第五章进一步明确了农田建设的优先发展区、受限区和禁建区
第六章 第七章 第八章	《高标准农田建设通则》的核心部分包括第六、七、八章。第六章深入描述农田的田块规划、灌排系统、田间道路、生态防护与环境保障，以及农田电力系统的建设要求与标准指标。第七章专注于土壤优化、处理土层障碍以及土壤肥力的相关措施和标准指标。第八章明确了土地所有权、地块变更、工程验收与评价、土地质量的监测与信息管理、后期管理以及农技配套与实施的各项管理规定
附录	《高标准农田建设通则》中有六个附录作为补充内容：附录 A 详细列出了全国高标准农田建设的区域划分，为资料性附录，并列明七大区域下的具体省（区、市）。附录 B 为规范性附录，明确农田基础设施建设的三层工程体系。附录 C 为规范性附录，依据各个区域，指定五种农田基础设施的具体建设标准指标。附录 D 也为规范性附录，划分农田地力提升的三层工程体系。附录 E 为资料性附录，基于不同区域，定义高标准农田的地力基准值、三年预期目标，以及预期的耕地质量级别。附录 F 为资料性附录，按区域和省份划分，说明了高标准农田中对于稻谷、小麦和玉米三大粮食作物的预期综合生产能力
特点	第一，区域差异化考虑。依据不同的建设区域，为每个区域定制其特有的建设标准，强调在建设中充分融入各地的特色和实际需求，落实因地制宜的战略方针。第二，以粮食安全为重点。设定各省明确的粮食产能目标值，确保高标准农田在建成后为国家粮食安全提供坚实保障。通过明确目标，确保粮食生产能力得到整体提升。第三，整体考量设施与土地质量。在更新设施建设标准时，同步加强对土地质量提升的重视，为地区针对土地质量的建设工程提供技术支撑和参考。第四，科学与实用并重。将农田建设内容精细化为农田基础设施与土地质量提升两大部分，进一步明确各个工程的种类，并为之规定严格的建设标准，为地方在推进各类工程时提供明确方向

续表

内容	相关内容说明
趋势	市场监管总局与农业农村部等相关机构深度合作，根据《全国高标准农田建设规划（2021—2030年）》指引，展开以下重点工作：首先，对标准进行广泛宣传。合作编制《高标准农田建设通则》的图解和视频讲解，进一步强化对高标准农田和粮食安全的公众宣贯。为视频的使用者提供培训，确保《高标准农田建设通则》标准达到有效执行，并引导各地推进农田工程。其次，优化高标准农田的建设标准框架。遵循科学合理、重点突出和协同共进的原则，推进高标准农田建设标准体系的完善及其标准修订。适时进行《高标准农田建设评价规范》为核心的农田国家标准体系，规范农田建设、后续维护以及评估监测工作。支持相关机构制定与《高标准农田建设通则》相配套的行业标准，引导各地结合国家和行业标准制定自己的地方标准，不断丰富高标准农田建设的标准体系，鼓励各地高标准农田的发展，实现农产稳定增长及农民持续增收

《高标准农田建设通则》（GB/T 30600—2022）对中国粮食进口具有积极影响。该标准明确了高标准农田建设在土地质量、水资源利用、农药使用和环境保护等多个关键领域的具体要求。第一，该标准有助于提高国内农田的生产效率。通过规范土地质量和水资源利用，农田的综合耕作能力得以显著提升。这能够促进国内粮食产量的持续增长，减少对粮食进口的依赖，并提高粮食质量。第二，标准的实施不仅局限于生产过程，还涵盖了农产品的后续流通和市场竞争力。标准的引入规范了农产品生产环境和质量管理，旨在提升产品品质和安全性，增强中国农产品的市场竞争力。第三，该标准的执行有助于推动中国在全球粮食市场上发挥更加重要的角色。高标准农田建设可以提升粮食产量和质量，优化农产品的整体供应链。标准实施有助于中国在国际粮食贸易中树立和巩固竞争优势，提高国内农民收入水平，为农村经济的可持续发展注入新活力。第四，该标准的实施关注土壤管理、水资源和环境保护，同时也高度重视气候适应性。通过规范农药与肥料使用、推广耐逆境作物品种以及优化土地利用方式，标准为环境保护和气候适应提供了科学依据。这些具体措施有助于减轻农业对环境的负担，增强农业系统对气候变化的适应能力，提升中国农业系统的整体韧性和可持续性。整合相关策略并确保其得到有效执行，积极维护中国农业的生态平衡和长远发展。

第三节　经验研究结论对理论、实证研究结论的修正分析

从理论角度来看，粮食标准体系的建设是确保粮食贸易中安全、可靠和公平的重要手段。粮食标准在规范和约束生产、加工和贸易活动中起着关键作用。粮食标准的构建不仅对内部生产环节进行规范，同时为外部市场交往提供信任机制。经验研究对发达经济体和发展中经济体的粮食标准体系建设进行比较和分析，揭示出不同的实践经验和成功案例。不同经济体在粮食标准体系建设上的实践各异，其核心目标都是为了促进公平贸易和保护消费者权益。

对于发达经济体，其粮食标准体系通常具备成熟的技术基础与严格的监管框架，在全球范围内具有推动作用。发达经济体在粮食标准体系建设上展现出领先地位，受益于国家治理能力、科技进步和经济发展水平的共同影响。这些经济体通常能够制定和执行严格的标准，确保粮食产品的质量和安全，同时兼顾环境和社会的可持续性。发达经济体还注重跨国合作，经常借助国际标准组织等多边机制推动和引导国际标准制定和实施，利用双边或多边贸易协议推广其粮食标准，因此在全球粮食贸易的规范化和便利化方面发挥重要角色。

相对而言，发展中经济体在构建粮食标准体系时面临诸如资源短缺、技术滞后和监管不足等特定挑战。在实践中，发展中经济体可以吸纳发达经济体经验，并根据特定国情和发展阶段进行适当的调整和改进。考虑各国农业结构、文化习惯、消费者偏好等因素，发展中经济体更加注重本土化创新。同时，加强与国际组织和发达经济体的合作，分享资源、技术和经验，引入外部专业支持和技术援助来提升标准制定和执行能力。

经验研究可以为粮食标准体系建设提供重要的参考和指导。发达经济体和发展中经济体的实践经验均有借鉴价值，但需要结合各国条件和发展特点进行适当的调整和分析。随着全球粮食贸易合作的深入发展，粮食贸易合作日益密切，对于粮食标准的理论探索和实证研究也随之加深。深入研究不仅有利于对当前标准的审视和修正，更在于为未来粮食标准体系建设提供坚实的理论和实践基础。通过针对粮食标准的相关研

究，可以更精准地把握市场需求。这有助于完善和优化粮食标准体系，促进全球粮食市场的健康、稳定和可持续发展。

对于经验研究结论对理论和实证研究的修正分析，可以进行多角度的思考。第一，理论修正。经验研究结论可能与现有理论存在出入，需要对相关理论进行修正。例如，经验研究可能发现发展中经济体在粮食标准体系建设中采取了独特的策略和路径，更多考虑本国粮食安全和农业发展策略，这可能与传统理论认为的模仿发达国家的做法不同。可以通过修正或扩展现有理论，更好地解释和理解这些实证研究结果。第二，实证修正。经验研究结论可能需要在实证研究中进行修正。经验研究可能基于特定时期或地区的数据，而无法涵盖所有情况。因此，在对理论进行实证验证时，需要考虑不同的背景和条件（尤其是各国粮食政策、消费者偏好以及与主要粮食出口国的贸易关系），同时使用多元化的数据集和研究方法，以获得更全面和准确的结论。第三，案例比较。经验研究结论可以用于对发达经济体和发展中经济体的案例进行比较和分析。通过比较各个经济体的做法和效果，有助于形成通用性原则和指南，对于制定跨国或区域性的指导原则具有参考价值。对比发达经济体和发展中经济体如何根据粮食标准调整其粮食进口策略，可以为完善中国粮食标准体系，规范粮食进口提供参考。第四，简化标准流程并提高效率。经验研究结论可以推动标准制定和执行的简化流程。通过使用现代科技手段，如电子认证和溯源系统，可以减少烦琐的纸质文件和实地检查，提高效率和可行性。培养相关人员的专业能力，加强标准检测和监管机构的合作，也可以促进标准流程的简化和高效运行。在对经验研究结论进行思考时，应注重综合分析，并将其与实证研究相结合，得出更具深度和准确性的结论。随着粮食经济和标准经济学的不断发展，经验研究推进和完善将为粮食标准体系建设提供有益启示和指导。

第四节　小结

本章研究了粮食标准建设的国际与国内经验，特别关注粮食进口领域的标准设定与实施。国际标准制定组织如国际食品法典委员会、国际标准化组织具有权威性和普遍性，在构建全球粮食标准的统一框架方面发挥决定性作用。主要发达经济体（如美国、欧盟、日本等）以及主要发展中经济体（如中国、印度、巴西、南非等）在粮食标准制定领域的影响力不可忽视。

在国际层面，国际标准制定组织涵盖国际层面上制定和实施与粮食和农业相关的标准和政策的组织，如联合国粮食及农业组织、国际植物保护公约、国际动物卫生组织等。这些组织的粮食标准建设经验呈现三大核心特征：科学性，基于严格的科学研究与实证数据；协商性，通过广泛的多方协商确保各方利益得到平衡；动态性，随着科技进步和全球化推进适时更新。三者相互融合，为粮食标准提供科学合理、市场导向、环境友好、持续更新的制定模式，对粮食贸易产生积极影响。对于中国而言，研究并借鉴国际经验有助于提高粮食标准的全球影响力，在积极融入国际标准体系的同时强化自身在全球粮食贸易中的竞争力，并提升农产品的国际声誉和市场地位。

在主要发达经济体层面，欧盟、美国和日本在粮食标准建设方面都有其独特的实践经验与做法。例如，美国强调法治完备和科技创新驱动；欧盟侧重于消费者权益和环境可持续性；日本专注于公众健康和产品质量管控。这些经验对于提升中国粮食产业的现代化水平、技术创新能力和全球竞争力具有启示意义。在主要发展经济体层面，印度、巴西和南非的经验也具有参考价值。发展中国家在面临资源约束的情况下，在粮食标准制定与实施方面积累了经验，尤其是在质量、安全、营养、环境兼容性和承担社会责任等领域。与这些经济体的合作与交流有助于促进中国粮食标准体系的进一步完善，推动全球粮食标准的持续提升与创新。

在中国农业现代化进程中，粮食标准体系建设展现了独特的模式和内在逻辑。这一体系是系统性、层次性和实用性相结合的模式。该模式主要包括耕地保护制度，农业供给侧改革、粮食储备管理和标准化工作，并与中国特有的国情和农业发展需求紧密结合。建设目标为致力于在2025 年前构建结构完备、衔接配套、功能互补、全产业链覆盖并强调高质量要求的现代粮食标准体系。这些举措有助于提升中国粮食行业向更高水平迈进，也为全球粮食标准建设提供有益参考。

在中国粮食标准建设经验方面，本章主要关注四个关键领域：农业标准体系建设经验、企业标准"领跑者"建设经验，主粮国家标准建设经验以及"中国好粮油"标准建设经验和高标准农田建设经验。选取这些领域的理由包括：相关标准均为中国粮食标准建设的关键组成部分。农业标准体系建设经验是中国在农业领域取得的重要成果之一，包括农业生产、加工、质量安全等方面的标准体系建设，并突出农业标准体系建设与农业现代化的紧密结合。企业标准"领跑者"建设的先进经验可作为其他企业标准制定的参考。这一经验强调如何根据市场需求来制定或优化标准，提供具有国际竞争力的高质量农产品。主粮国家标准建设经验对国家粮食安全意义重大。明确规定主粮（如水稻、小麦、玉米等）的质量与安全标准，直接影响国家粮食储备的质量和消费者健康。"中国好粮油"标准和高标准农田建设均为特定战略领域的重要里程碑。前者针对粮油产品制定一系列质量和安全标准，以增强消费者对产品的信任度。后者主要涉及土地整理、水利工程和土壤改良等基础设施建设，提升农田的整体产量和生态可持续性。相关标准和建设经验在具体领域内有所贡献，在多维度上促进了中国粮食标准和农业可持续发展的全面进步。体系化的各类标准和实践经验相互补充，共同构建具有广泛适应性和灵活性的粮食标准体系，展示了中国在粮食标准建设和粮食安全领域所做的工作。

　　构建完善的粮食标准体系是确保粮食进口规范与安全的关键环节。在全球化背景下，借鉴国际组织的先进经验并整合本国实际情况，是形成科学、有竞争力的粮食标准体系的有效途径。借鉴国际组织的实践模式，能够提供关于粮食标准制定与实施的权威参考。与主要粮食出口国和进口国进行标准合作和交流，能有效减少潜在的贸易摩擦，有助于推进多边或双边合作框架的稳固与深化。参考美国、欧盟、日本等经济体在粮食标准方面的经验，结合印度、巴西等发展中经济体的做法，有助于构建更为高效的进口监管体系，培育和强化中国在国际粮食贸易中的竞争力和话语权。推动建立区域性和全球性的粮食标准对话机制，加强与国际标准制定机构的合作，可以促进国际粮食标准的统一与协调。长远来看，具备国际视野、结合国内特色并持续优化的粮食标准体系将为中国在粮食市场保持和提升其竞争力提供坚实基础。这不仅关系中国的食品安全和经济利益，更关系在全球食品供应链中的战略地位与责任。

第九章 对策建议

第一节 完善中国粮食标准体系的对策建议

作为人口大国，中国的粮食进口和粮食安全尤为重要。随着全球粮食供应链波动以及国际政治经济环境的变化，升级和强化粮食标准体系具有必要性和紧迫性。完善的粮食标准体系可以保障进口粮食的安全与质量，提升国内粮食产业在供应调整、价格波动应对和政策变化中的快速响应能力与市场竞争力，促进国内粮食市场健康发展。为此，本节提出如下完善中国粮食标准体系的对策建议。

第一，集中多部门和多领域专家力量以强化标准制定的科学性。其一，构建跨部门、跨领域协调机制，引入专家、学者以及产业界代表，共同研究和定义粮食质量、安全性和影响价值等领域的细分标准。其二，将国内粮食标准制定与国际最佳实践相对接。该举措涉及持续研制和修订国内粮食标准，以符合国际粮食质量和安全的最新要求。其三，加强教育体系内对标准化专业人才的培养。除传统的农业和食品科学教育外，还需在高等教育层面加强标准化领域的课程和研究，培养具备深度专业知识（如农业和食品科学基础），熟悉国际标准制定规则，具有实战经验的高水平标准化人才。

第二，完善标准分类和标准层次。其一，细化标准分类。粮食品种差异明显，生长环境和生产工艺不同。标准应按粮食种类（如谷物、油料）、加工方式（如粉碎、烘焙、蒸煮）以及用途（如食品加工、饲料生产、食用油提炼）进行系统分类，准确满足特定类型粮食产品的标准需求。其二，完善分层标准体系，以国家标准为主导、行业标准为补充、企业标准为基础的体系（见附表5）。国家标准涵盖粮食产业链的全流程，包括生产、加工、运输、储存和销售，旨在保障整体质量和安全，促进产业协调发展。行业标准补充并细化国家标准，以适应特定生产模式和市场需求。企业标准可调整以符合企业产品特色、生产模式和市场策略，提高产品质量和竞争力。

第三，加强粮贸企业自主创新。其一，企业的产品创新策略需关注消费者需求，基于市场分析开发与特定消费群体匹配的粮食产品。粮食消费不仅与基本营养需求有关，还受文化、社会和个人偏好影响。在产品创新的过程中，采用先进生产和加工技术提高制造效率和质量，如应用物联网、大数据和人工智能技术实现对生产流程的实时监控和自适应调整，提高生产效率，缩短生产周期。其二，提供易于访问和操作的粮食标准数据库和查询系统，提高标准透明度和可操作性，推动标准与粮贸企业技术创新和实践应用相融合。其三，构建动态的粮食标准评估和认证体系，明确企业的标准遵循框架，可通过第三方认证来提高产品的市场信誉并增加消费者信心。

第四，推动粮食标准国际合作。其一，加强与国际标准组织的合作，参与粮食领域国际标准的制定和修订工作。掌握国际标准的最新动态，在各个制定阶段提出符合中国粮食行业特点和利益诉求的需求和建议，如派遣专业人员参与粮食领域国际标准制定的研讨会，邀请粮食领域国际标准组织专家来华进行学术交流，与国际同行建立稳固的合作关系，推动中国粮食标准研制与国际发展趋势紧密对接。其二，合理投入专业人力资源。在国内培养粮食标准化的专业人才队伍，同时借助国际合作，如设立粮油国际标准研究中心（首批国际粮油研究中心名单见附表1），对国际标准进行研究、评估和对接。以数据驱动的方法，包括定量和定性分析，为中国粮食标准制定和修订提供科学依据。其三，推动国际标准互认。参考借鉴国际标准组织的先进经验和实践，积极融入粮食行业国际标准组织的各个工作团队和专家委员会。该层次的工作旨在推动中国粮食标准的观点和建议被广泛接受和纳入国际标准，推动国际粮食标准的协调和互认。

第五，加强粮食标准宣贯和教育。其一，媒体可以定期发布与粮食标准有关的宣传报道和专题节目。相关宣传侧重于阐释粮食标准与食品安全、质量保证之间的内在联系，提升公众认知度。对于数字媒体平台，如微博和微信公众号，可以构建系统的内容库，针对性发布粮食标准的科普文章和实施解答公众疑惑，以拓展影响力。其二，专业培训应着重于粮食生产、检验、贸易等特定领域的人员。除传统的培训班和研讨会，可以创建粮食标准的在线知识库和学习平台，利用模块化和个性化教学方法，适应不同从业人员的学习需求。加强与产业界的合作，通过企业社会责任机制，引导企业在产品包装上明确标注符合国家或国际标准，提高消费者对标准的认知。其三，针对公众的广泛参与，除在销售场所如超市和农贸市场设立展示区以外，可以在社区和教育机构进行标准相关的宣传活动，如讲座、研讨会以及与粮食标准相关的互动体验。现代科技手段如手机应用程序、虚拟现实和增强现实技术能够提供更直观互动的用户体验。其四，为增强公众参与度，可借助视觉和互动元素，如设计视觉宣传物料和举办以粮食标准为主题的创意设计比赛和科普知识竞赛。提高公众对粮食标准的关注度，并通过创新和参与，加强对粮食标准的记忆和理解。

第六，加强粮食标准执行和监督。其一，通过系统化的培训和宣传活动，提升企业和生产者对粮食标准的认可度与遵守意愿。可以构建多层级、多方位的培训体系，涵盖基础理论和标准的具体应用实例，确保粮食标准有效落实。其二，持续监测和评估粮食标准执行状况。建立高效可靠的数据收集和分析体系，以供应链全程可追溯性为目标。设定一致且具有威慑力的违规处罚措施，在该框架下加强与相关监管部门的协同合作。其三，标准内容和执行方式与市场需求和科技进步保持同步。定期更新标准要求，根据企业类型和规模制定差异化的执行措施，提升粮食标准的可操作性和执行效益。其四，对违规行为实施严格的监管和处罚，维护标准的权威性和严肃性。建立明确的违规行为认定标准和处理流程，完善透明、公正的司法或行政审查机制，确保严格执行相关标准。其五，加强标准审核和认证监管。对于标准审核和认证机构，明确其在全流程中的角色和职责。其六，推动消费者参与监督。构建透明的投诉和反馈机制，加强消费者权益保护，为监管机构提供及时的市场反馈，有效促进整个粮食标准体系的持续改进。

第二节　规范粮食进口的对策建议

在全球化市场中，中国的粮食进口直接影响国家粮食安全与经济稳定。面对复杂多变的粮食贸易环境，适应性强且反应及时的粮食标准体系有助于优化粮食进口管理、确保粮食进口的效率和可靠性、应对粮食市场的不确定性。完善的粮食标准体系是便利化粮食进口流程、提升进口粮食健康及安全的重要依据。为此，本小节提出如下完善中国粮食标准体系、规范粮食进口的对策建议。

第一，加强粮食市场监管。其一，设立统一且专业化的粮食市场监督机构。该机构具备专门的技术支持和实施经验，负责市场监管并与其他相关政府部门和监管机构协同，构建全面高效的粮食监管网络。负责制定综合性、多层次的检验与检测方案，包括针对不同种类、来源和风险等级的粮食专门检验机制。其二，在进口粮食的抽检与检测方面，加强与国际标准和规定的对接，确保进口粮食符合严格的质量和安全标准。抽检工作应注重数据驱动和风险评估。运用大数据和机器学习算法预测和识别潜在的高风险产品，将其列入重点监控对象。检测设备和技术应持续更新升级，适应检测需求和技术进步。其三，加强监管机构操作流程的透明度和可追溯性。包括具体的检测流程和科学标准，对检测结果的公示和长期存档，以及对不合规产品的处理机制和处罚措施。确保监管效果达到预期，维护公共安全与市场公平竞争的双重目标。

第二，完善粮食质量安全溯源制度。其一，建立进口粮食的质量安全溯源制度。借鉴国际先进的溯源机制和标准，综合考虑中国特有的社会经济环境和法律制度，确立相应的质量标准和溯源要求。其二，健全粮食质量溯源管理体系，包括企业自我监管、行业组织监管以及政府层面的监管机制。企业需建立和完善质量管理和内部审计流程，确保每个环节进行有效的质量追溯。政府部门加强构建和维护统一的溯源信息管理平台，高效整合和共享不同级别、不同部门的信息。其三，加强对进口粮食质量安全溯源技术的研发和应用。利用先进的信息技术手段，如大数据、互联网、区块链等，对粮食质量溯源进行技术支持和保障。建立智能化的质量安全溯源系统，实现粮食产品的信息化管理和追溯，提高工作效率和准确性。利用无人机、遥感等新技术手段对进口粮食生产环境进行监测，确保粮食产品的生产和环境安全。

第三，发挥粮食标准在粮食进口中的作用。其一，发挥粮食标准作为规范手段对粮食进口流程和质量安全的指导作用。实施统一标准，消除因国家和地区间标准差异造成的技术壁垒，促进国际贸易流畅性。通过标准的规范作用，提高供应链的透明度和可追溯性，降低信息不对称的风险，增加交易的稳定性和信任度。其二，发挥标准在粮食进口中的风险管理功能。建立科学严格的标准体系，识别和评估潜在的风险因素，如重金属、农药残留、微生物污染等。确保进口粮食的安全性和高质量，并在实施严格的检验检疫和抽检机制下，维护消费者权益和公共健康。其三，以标准引导进口政策的灵活挑战和多元化战略。根据国内外粮食市场的变化，粮食标准可以用以调整进口数量和结构，避免过度依赖某一国家和地区，进而降低进口风险。加强进口粮食的检验检疫、储备和信息系统建设，确保进口粮食符合相关规定。其四，以粮食标准的制定促进国际合作与交流。通过参与国际标准的制定和修订，可以加强中国在全球粮食贸易规则中的发言权，推动构建公平、开放、透明的国际贸易环境。中国也可以与其他国家和地区共享标准和经验，加强合作与交流。推动技术创新和发展，提高中国标准的科学性和国际竞争力，为中国的粮食进口提供更多的机会和选择。

第四，优化粮食进口方式。其一，强化进口粮食的实时监控和质量监控机制。建立完善的检验检疫体系，实行随机抽样、全程追溯和数据分析，确保所有进口粮食符合国家标准和食品安全要求。与供应国加强合作，共建食品安全监管体系，加强信息共享和风险评估，及时识别和控制食品安全风险。其二，流程优化和成本控制。简化审批手续、合理调整关税政策和减少非关税壁垒，提升粮食进口的便利性。整合海关、检疫等关键部门间的资源整合与信息流通，提高行政效率和进口粮食的时间效益。优化物流和供应链管理，确保进口粮食品质和及时性。其三，科技创新和质量提升，优化粮食进口方式。鼓励企业采纳先进的生产技术和管理模式，促进研发活动，提高粮食质量和安全性。与供应国进行技术交流和合作，引进先进的种植、储存和加工技术，提升中国农产品的附加值和国际竞争力。其四，综合考虑国内需求和外部环境。在推动粮食进口的同时，适应国内消费需求来调整策略，强化国内农业自给能力和可持续性。通过国内外两个市场的协调和合作，实现中国粮食产业的可持续发展和国际竞争力的提升。

第五，进口粮食标准多方协同。其一，政府作为规范者和监督者，应积极参与并引导进口粮食标准的制定，确保粮食标准符合国际贸易规则和最佳实践。政府可与相关部门、研究机构和国际组织建立合作，集成多源数据进行综合评估。其二，企业作为进口粮食的主体以及粮食标准的执行的直接实践者，应积极参与粮食进口标准的制定和评估。提供关于市场需求、技术能力和产品质量等关键信息，确保制定粮食标准的科学性和实用性。企业需要在技术研发和质量控制领域持续投资，提升产品的安全性和质量。其三，消费者作为最终用户，应参与进口标准的制定和评估过程。可以通过消费者权益协会、社会团体等提出意见和需求。其四，建立政府、企业和消费者之间的沟通平台，共同制定和评估进口粮食标准。其五，以多方协同方式促进进口贸易稳健和可持续发展。通过政府的政策引导、企业的市场运作和消费者的需求反馈，建立更加稳定和可靠的粮食进口贸易体系，形成对外部贸易环境的快速响应与适应能力。

第六，加强先进技术支持和研发创新。其一，创新和升级质量检验技术，加强检测手段和方法的研究开发，关注粮食标准与技术研究的融合。其二，缩小中国粮食标准与国际粮食标准之间的差异，促进粮食标准的国际化和互认。简化和优化进口粮食的检验检疫和认证流程，提高效率和质量，降低经济与风险成本。其三，提高粮食标准的科学性和透明度。加强粮食标准的科学研究和评估，广泛征集国内外各方意见和建议，提高粮食标准的公信力和权威性。其四，加强对进口粮食的监管和执法，建立健全进口粮食的追溯机制和信用体系。严厉打击各种违法违规行为，提高消费者对进口粮食质量和安全的认知和识别能力，维护其合法权益。其五，加强对粮食标准的宣传和普及。充分利用各种媒体和传播渠道，提高公众和企业对中国粮食标准的认知和遵守程度。加强对国内外粮食市场的调研分析，及时掌握国内外粮食供需变化、价格波动、贸易政策等信息，促进国内外粮食市场的对接和协调。

第三节　小结

随着中国融入全球经济体系，粮食市场竞争日益加剧，完善粮食标准体系成为当务之急。本章主要讨论了如何加强中国粮食标准化管理，从六个方面提出了具体的措施：一是加强标准制定能力；二是完善标准分类和标准层次体系；三是引导企业加强自主创新；四是推动标准化国际化；五是向公众传递标准信息；六是加强标准执行和监督。同时，本章还讨论了进口粮食的管理问题并提出解决措施：一是加强市场监管；二是实行质量安全溯源制度；三是发挥标准在粮食进口中的作用；四是优化进口方式；五是进口粮食标准多方协同；六是加强技术支持和科研创新。这些措施的实施将有助于提高中国粮食产业的发展水平和质量水平，为消费者提供更为安全、可靠的粮食产品，推动中国粮食进口可持续发展。

针对完善国家粮食标准体系，主要对策建议包括：第一，增加投入，提高粮食标准制定能力。加大对粮食标准制定能力的投入，吸引更多的专业人才参与粮食标准制定工作，并加强粮食标准化技术研发与应用。第二，完善粮食标准分类和标准层次体系。针对不同类型的粮食产品，制定相应的标准分类和标准层次，确保粮食标准的科学性、规范性和可操作性。第三，引导企业加强自主创新。鼓励企业进行自主研发，采用新技术、新材料等优化生产流程提高产品质量，提高公司竞争力，在国际市场上获得更多话语权。第四，推动标准化国际化。深化与国际标准组织的协同作业，紧密跟踪国际标准的最新进展，积极参与国际标准的编写制定工作，提高中国标准的国际影响力。第五，向公众传递标准信息。通过多种途径向公众普及标准，包括开展宣传活动、发布标准解读等，提高公众对标准的认知度。第六，加强粮食标准执行和监督。建立监督机制和执行框架，定期审查和评估标准，推动标准得到有效执行，维护标准的严谨性和权威性。

针对规范粮食进口，主要对策建议包括：第一，加强市场监管。加大对进口粮食产品的抽检力度，严格执行相关标准，杜绝不合格产品流入市场。第二，实行质量安全溯源制度。建立进口粮食的质量安全溯源

制度，确保进口粮食可追溯、可控、可信，从而保障消费者权益。第三，
发挥标准在粮食进口中的作用。提高中国标准的科学性和规范性，规范
进口流程，加强防控措施，确保进口粮食符合中国标准，提高进口质量。
第四，优化进口方式。采取多种途径引导企业开展进口贸易，优化进口
流程，尽可能减少农药使用等不利于国人身体健康的物质。第五，多方
协同。建立政府、企业、消费者之间的沟通平台，共同制定可行的进口
标准并评估其安全性、环保性和公平性。第六，推动质量检验技术的创
新和升级，加强检测手段和方法的研究开发，开展粮食标准与技术研究
的紧密结合。

　　粮食标准作为保障粮食质量安全和促进粮食贸易的重要手段，对粮
食进口具有重要的影响。当前，中国正在加快融入全球经济体系，粮食
市场竞争日益加剧。在此背景下，完善粮食标准建设、提高标准制定能
力显得尤为重要。同时，需要采取一系列措施，如优化进口方式、加强
市场监管、实行质量安全溯源制度等，有效保障进口粮食的质量和安全，
并防止不合格产品流入市场。随着科技发展、消费者需求的不断变化以
及国际贸易环境的复杂性，中国粮食标准建设仍将面临一些新的挑战。
因此，需要持续加强标准化人才培养和标准研究，引导企业加强自主创
新，逐步推进国际标准化过程，积极应对各种挑战。加强标准制定机构
与农业科研机构和高等院校的合作，共同推动粮食标准的研究和制定，
促进科技创新与农业生产的深度融合，提升中国农业的竞争力和可持续
发展能力。此外，还需注重加强消费者教育和宣传普及活动，提高公众
的标准认知度，推动中国粮食标准建设向更加科学、规范、透明和国际
化的方向迈进。

第十章　结论

第一节　主要研究结论

本书结合中国粮食标准和粮食进口发展实际，结合贸易成本理论和标准经济学，研究中国粮食标准对粮食进口贸易的影响，借鉴国内外粮食标准建设经验，给出完善中国粮食标准体系、规范粮食进口的对策。主要研究结论如下。

第一，中国粮食标准体系正处在完善发展时期。粮食标准的层次、性质和领域不断拓展。结合粮食国家标准发展趋势，入世后中国粮食标准建设步伐加快。中国已制定了一系列与粮食生产、加工、质量安全等相关的标准，如《粮食质量安全标准》《粮油加工质量标准》《谷物及其制品检验规程》等。

第二，粮食标准是规范粮食进口的技术准则。基于贸易成本理论，粮食标准通过贸易成本效应影响粮食进口。结合标准经济学，粮食标准通过正向的质量信号效应、信息效应、共同语言效应以及负向的标准遵循成本效应和进入壁垒效应影响粮食进口，最终效应取决于净效应。

第三，粮食标准对中国粮食进口具有抑制效应。这一效应与粮食出口国所占贸易份额、粮食贸易国签署自由贸易协议相关。在中国加入世界贸易组织以后，粮食标准对粮食进口的影响力度和显著性增加。粮食标准的贸易抑制效应对来自发达国家的粮食进口更为显著。

第四，粮食标准对于粮食进口大国具有重要意义。中国在标准化战略中应重视粮食标准这一领域，掌握粮食标准话语权以规范和引导粮食进口，推动粮食进口多元化和健康化。增强粮食标准精准性，提升粮食标准响应能力，完善粮食贸易标准体系，是中国粮食贸易政策发展的关键领域。加强粮食标准合作，也有益于中国从"一带一路"共建国家进口粮食。

第五，国际标准制定组织以科学、协商、动态为特征的粮食标准建设经验，以及欧盟、美国、日本、印度、巴西和南非在粮食标准方面的独特实践与经验，对于提高粮食进口质量和安全、促进规范和公平、多样化和创新、可持续性和责任性等方面产生了积极影响，为中国粮食标准建设提供了借鉴和参考。中国粮食标准建设经验涉及制定科学可行的标准体系、加强执行力度、建立评估机制、推广优秀经验、培养消费者意识等方面，为中国粮食贸易发展提供了支撑。

第六，完善国家粮食标准体系的对策包括：制定和实施科学合理的粮食标准，包括粮食质量、安全、营养等，保障国内消费者健康和权益。加强粮食标准宣传和培训，提高国内生产者、经营者和消费者对粮食标准的认知和遵守程度。加强粮食标准监督和检验，建立健全粮食标准执行机制和评价体系，及时发现和纠正粮食标准执行问题。参与国际粮食标准制订，增强中国在国际粮食标准领域话语权和影响力。推动国际粮食标准协调互认，促进国际粮食贸易便利化和规范化。

第七，规范粮食进口的对策包括：根据国内外粮食市场的变化，灵活调整进口政策，保持进口数量和结构的适度性和稳定性。构建多元化的进口来源，避免对某一国家或地区过度依赖，降低进口风险。考虑在宏观层面优化粮食标准体系，适应不同国家和地区的贸易特点和需求。加强对进口粮食的检验检疫，确保进口粮食符合中国的质量、安全、卫生等要求。加强对进口粮食的追溯管理，建立完善的进口粮食信息系统，提高进口粮食的可追溯性和可溯源性。加强对进口粮食的储备管理，合理安排进口粮食的储存、运输、分销等环节，防止进口粮食的损耗和浪费。

第二节　不足之处和未来研究方向

一　不足之处

本书在研究视角、研究内容和研究方法上还有进一步提升的空间。

第一，本书在实证部分考察了标准数量及其整体严格程度，没有将标准内容及特定标准的严格程度等对粮食进口的影响纳入其中，如《粮食中绿麦隆残留量的测定》（GB/T 5009.133—2003）仅作为一项标准进行统计，未对其严格程度进行描述。《小麦》（GB 1351—2008）和《便利化农田建设通则》（GB/T 30600—2014）两项国家标准的标准化对象不同，对对粮食贸易影响的作用机理存在差异。本书仅统计了标准数量，尚未刻画标准化对象的差异。

第二，本书主要基于贸易成本理论和标准经济学建立理论框架，结合中国粮食标准规模和结构数据以及标准严格程度数据等开展实证检验。粮食标准的制定和实施，以及粮食标准对粮食进口的影响等涉及多学科多领域，结合跨学科视角考察粮食标准的贸易效应有待推进。

第三，本书实证方法主要采取基于数据库公开数据的计量分析，可以进一步融入田野调查方法和调研数据等。田野调查方法可以深入了解粮食标准的实际执行情况和种粮农户对粮食标准的观念，调研数据则可为完善粮食标准体系、规范粮食进口提供广泛的参考和支持。综合运用多种研究方法有助于启发更全面的政策建议和决策支持。

二　未来研究方向

第一，拓展研究视角。可以进一步从中国粮食标准的制定过程、调整机制、执行效果等方面进行研究。参照其他国家粮食标准制定和执行方式，结合中国实际情况，纳入反映特定粮食标准严格水平和粮食标准化对象的测度指标研究粮食标准的粮食贸易效应。可以继续考察中国粮食标准对不同国家或地区的影响，以及研究其影响因素之间的关系等问题。

第二，增加跨学科研究内容。粮食标准对粮食进口的影响涉及众多领域和学科。可以考虑引入经济学理论研究粮食标准对粮食进口商产品选择、交易价格形成等方面的影响。结合国际贸易学理论和地缘政治经济学理论等评估粮食标准对国际粮食贸易的影响。融入法律学的视角，探讨粮食标准制定和执行中的国际贸易法律议题等。

第三，丰富实证研究方法。发挥社会实践作用，通过采集粮食标准和粮食进口的调研数据，对中国粮食标准对粮食进口的影响程度和影响机制进行分析。考察标准执行过程中出现的问题，并提出相应的解决方案，增加研究的实践性和可操作性。结合粮食标准建设影响粮食进口等典型案例，围绕粮食标准对粮食进口市场的影响进行实地考察。

参考文献

鲍晓华、严晓杰:《我国农产品出口的二元边际测度及 SPS 措施的影响研究》,《国际贸易问题》2014 年第 6 期。

鲍晓华:《食品安全标准促进还是抑制了我国谷物出口贸易?——基于重力模型修正贸易零值的实证研究》,《财经研究》2011 年第 3 期。

崔红梅、韩娟、严东:《提升"标准"含金量 拓宽农业贸易领域》,《科学管理研究》2004 年第 6 期。

崔凯、Sharon Shoemaker:《中美公众的转基因态度差异及公众质疑转基因原因探析》,《华中农业大学学报》2020 年第 6 期。

董银果、冯美丽、张琳琛:《异质性 SPS 措施对农产品出口贸易的影响:基于 RCEP 成员的实证分析》,《世界经济研究》2023 年第 5 期。

董银果、黄俊闻:《SPS 措施对出口农产品质量升级的影响——基于前沿距离模型的实证分析》,《国际贸易问题》2018 年第 10 期。

董银果、姜盼:《我国农产品出口遭遇 SPS 措施的原因探析》,《国际贸易问题》2012 年第 6 期。

董银果、姜盼:《我国蔬菜出口遭遇 SPS 措施的调查分析》,《西北农林科技大学学报》2011 年第 6 期。

董银果、李圳:《SPS 措施对农产品贸易的影响——基于 Heckman 两阶段方法的实证分析》,《浙江大学学报》2017 年第 3 期。

董银果、刘雪梅:《SPS 措施、产品多样化与农产品质量升级:基于多产品出口企业理论》,《世界经济研究》2019 年第 12 期。

董银果、吴倚天、姚欣辰:《基于关税等值的 SPS 措施贸易保护水平测度》,《华中农业大学学报》2021 年第 6 期。

董银果、吴倚天:《健康与贸易,孰轻孰重?——SPS 措施的保护目的探讨》,《华中农业大学学报》2019 年第 6 期。

董银果、严京:《食品国际贸易的官方标准与私营标准——兼论与

SPS 协议的关系》,《国际经贸探索》2011 年第 5 期。

董银果、张洁:《中国农产品 SPS 措施遵从成本的影响因素分析》,《农业经济问题》2011 年第 10 期。

董银果:《SPS 措施对福建省农产品出口影响分析》,《福建农林大学学报》2011 年第 2 期。

董银果:《SPS 措施影响中国水产品贸易的实证分析——以孔雀石绿标准对鳗鱼出口影响为例》,《中国农村经济》2011 年第 2 期。

冯洁菡:《额外卫生措施的国际法规制——以《国际卫生条例》和 SPS 协定为视角》,《武大国际法评论》2020 年第 3 期。

傅伟:《国际贸易货物品质标准演进效果分析——基于广义比较优势公式的解析》,《企业经济》2017 年第 2 期。

甘藏春、田世宏:《中华人民共和国标准化法释义》,中国法制出版社 2017 年版。

高振、张悦、段珺等:《"一带一路"背景下基于标准协同的农业产能合作——以中俄尿素贸易为例》,《中国科技论坛》2019 年第 12 期。

高振、赵顺、倪卫红等:《"一带一路"沿线国家农业标准协同研究——以中国与东盟国家农机贸易为例》,《科技管理研究》2020 年第 1 期。

何雅静、韩刚、郭林宇、邹婉虹:《中国水产品 WTO/SPS 特别贸易关注分析及对策建议》,《世界农业》2021 年第 4 期。

侯俊军、马喜燕:《标准对中日双边贸易规模的影响研究》,《亚太经济》2009 年第 6 期。

吉小燕、侯雅莉:《国外转基因标识、阈值设定与审批管理对中国转基因大豆进口的影响》,《南京农业大学学报》2015 年第 2 期。

江东坡、姚清仿:《农药最大残留限量标准对农产品质量提升的影响——基于欧盟生鲜水果进口的实证分析》,《农业技术经济》2019 年第 3 期。

江东坡、张秋洁:《中国农药最大残留限量标准的演变趋势及动因分析》,《农业经济问题》2021 年第 11 期。

李光德:《SPS 契约剩余控制权的管制研究》,《同济大学学报》2011 年第 3 期。

李怀林:《推行标准经济 促进国际贸易》,《国际贸易》2005 年第

8 期。

李丽：《国外私营标准对我国出口的影响及对策建议》，《国际贸易》2014 年第 9 期。

李姝卉：《转基因生物安全立法的价值问题探究》，《比较法研究》2022 年第 6 期。

李太平：《食品中农药最大残留限量标准的安全风险研究》，《农业技术经济》2011 年第 3 期。

李万君、包玉泽、李艳军：《转基因主粮作物商业化影响中国经济安全吗——基于对中美印比较分析的启示》，《中国科技论坛》2022 年第 11 期。

刘录民、侯军岐、董银果：《论我国食品标准体系改革与食品技术法规建设》，《西北农林科技大学学报》2009 年第 4 期。

刘卫东、宋周莺、刘志高等：《"一带一路"建设研究进展》，《地理学报》2018 年第 4 期。

马爱进：《我国与国际食品法典委员会（CAC）婴幼儿食品标准存在的差异及建议》，《食品工业科技》2009 年第 7 期。

马述忠、黄祖辉：《农户、政府及转基因农产品——对我国农民转基因作物种植意向的分析》，《中国农村经济》2003 年第 4 期。

梅琳、吕方：《"新社会经济运动"：非政府组织与"私营标准"——基于公平贸易标签组织（FLO）案例的讨论》，《福建论坛》2015 年第 10 期。

倪国华、王赛男、JIN Yanhong：《中国现代化进程中的粮食安全政策选择》，《经济研究》2021 年第 11 期。

彭世广、周应恒、耿献辉：《SPS 措施对中国生鲜水果出口持续时间的影响》，《中国农村经济》2020 年第 12 期。

戚亚梅、钱永忠：《国际食品贸易中私营标准及其作用研究》，《国际经贸探索》2009 年第 11 期。

戚亚梅：《日本的 TBT 体系与应对机制》，《世界标准化与质量管理》2008 年第 4 期。

秦臻、倪艳：《SPS 措施对中国农产品出口贸易影响的实证分析——基于 HMR 法和极大似然法的比较》，《国际贸易问题》2014 年第 12 期。

师华：《论 WTO〈SPS 协定〉"适用地区"条款及我的对策》，《暨南学报》2012 年第 7 期。

宋海英：《质量安全标准的贸易效应分析：以浙江食品出口日本为例》，《华东经济管理》2013 年第 5 期。

苏小松、徐磊：《中国粮食市场的巨灾效应及风险评估——基于局部均衡模型的模拟分析》，《农业技术经济》2021 年第 6 期。

孙致陆、李先德：《中国粮食贸易逆差之谜：种类、价格抑或数量》，《国际贸易问题》2018 年第 9 期。

唐锋、谭晶荣、孙林：《中国农食产品标准"国际化"的贸易效应分析——基于不同标准分类的 Heckman 模型》，《现代经济探讨》2018 年第 4 期。

田曦、蔡晨晨：《限制性 TBT 措施视角下的农食产品出口——来自多市场企业的微观证据》，《东南大学学报》2020 年第 4 期。

吴宏、邹宇：《国际贸易中的私有标准及其对中国农产品国际化的启示》，《国际贸易》2008 年第 10 期。

吴建丽、胡小云、吴国昌、刘慧云：《国内外动物源性食品标准与法规比较》，《国际贸易问题》2003 年第 5 期。

武舜臣、赵策、胡凌啸：《转变中的粮食安全观：理论期待与新粮食安全观的构建》，《农业经济问题》2022 年第 3 期。

肖峰、周梦欣：《我国转基因食品信息立法的反思与重构——从转基因主粮化之争说起》，《理论与改革》2015 年第 5 期。

谢兰兰、陈东升、程都：《标准对农产品贸易影响的量化分析进展：研究评述》，《经济问题探索》2017 年第 12 期。

徐嵩龄：《品质标准内外无别——由二恶英事件看中国食品贸易》，《国际贸易》1999 年第 9 期。

杨丽娟、杜为公：《粮食标准与粮食进口：来自中国的经验证据》，《农业技术经济》2023 年第 11 期。

杨丽娟、全汝：《数字化转型背景下技术标准对经济高质量发展的影响研究》，《中国标准化》2023 年第 S1 期。

杨丽娟、薛伟敏、杜为公：《国家标准对中国与"一带一路"沿线国家农产品贸易的影响研究》，《世界农业》2021 年第 11 期。

杨丽娟、薛伟敏：《国家标准对我国服务贸易出口的影响研究》，《中国标准化》2021 年第 19 期。

杨丽娟：《标准对中国出口增长的影响》，《广东商学院学报》2012年第 6 期。

杨丽娟：《标准与国际贸易：理论与中国的经验证据》，经济日报出版社 2019 年版。

杨丽娟：《国家标准、国际标准与中国对外贸易发展》，《亚太经济》2012 年第 3 期。

杨丽娟：《基于标准的数字贸易网络治理对策研究》，《标准科学》2021 年第 S1 期。

杨丽娟：《技术标准对数字化转型的影响与对策研究》，《标准科学》2022 年第 S2 期。

杨丽娟：《技术标准对中美双边贸易的影响——基于 ICS 分类的实证研究》，《国际经贸探索》2013 年第 2 期。

杨丽娟：《丝绸之路上的贸易便利化和生态导向发展：技术标准视角》，《兰州大学学报》2015 年第 2 期。

杨丽娟：《完善国家标准体系促进国内国际贸易双循环》，《标准科学》2022 年第 1 期。

杨丽娟：《网络视角的标准竞争与标准化策略》，《标准科学》2012 年第 11 期。

杨丽娟：《我国服务贸易国家标准规模研究》，《标准科学》2021 年第 7 期。

于连超：《商标对质量标准的表达及其法律责任配置解析——关注食品安全私营标准》，《河北法学》2015 年第 9 期。

于连超：《私有标准及其反垄断法规制》，《北方法学》2012 年第 3 期。

张川方：《论 21 世纪的高标准贸易规则及中国的因应之策——以古典自由主义为视角》，《现代经济探讨》2018 年第 6 期。

张大伟、杨丽娟：《电子书标准化中的政府角色与"后发国策略"》，《新闻大学》2011 年第 4 期。

张芳：《私有标准的著作权保护——以标准的另一种分类为基础》，《科技与出版》2014 年第 12 期。

张华、宋明顺：《农产品国际贸易中的"标准元素"：体现、特性与应对》，《农业经济问题》2015 年第 7 期。

张瑞娟、许菲:《消费者转基因食品购买决策研究——转基因制度认知视角》,《农业技术经济》2022 年第 10 期。

赵雅玲、郑健翔:《食品标准跨国合作对我国食品标准工作的影响》,《生态经济》2013 年第 8 期。

郑泉、张增一:《转基因议题中科学话语的建构策略分析——以美国"智能平方"举办的一场转基因辩论为例》,《自然辩证法通讯》2018 年第 4 期。

周超:《保障转基因农业与非转基因农业共存的政策措施》,《宏观经济研究》2014 年第 2 期。

朱坤林:《新发展格局下中国粮食安全面临的问题及对策研究》,《农业技术经济》2022 年第 3 期。

刘星:《中华优秀传统文化传承发展研究》,中国社会科学出版社 2024 年版。

Abu Hatab A. , Hesse S. , Surry Y. , "EU's Trade Standards and the Export Performance of Small and Medium-Sized Agri-Food Export Firms in Egypt", *International Food and Agribusiness Management Review*, Vol. 22, No. 5, 2019.

Agnosteva D. , Anderson J. , Yotov Y. , "Intra-National Trade Costs: Assaying Regional Frictions", *European Economic Review*, Vol. 112, 2019.

Anderson J. E. , van Wincoop E. , "Gravity with gravitas: A Solution to the Border Puzzle", *American Economic Review*, Vol. 93, No. 1, 2003.

Anderson J. , "The Specific Factors Continuum Model, with Implications for Globalization and Income Risk", *Journal of International Economics*, Vol. 85, No. 2, 2011.

Andersson A. , "The Trade Effect of Private Standards", *European Review of Agricultural Economics*, Vol. 46, No. 2, 2019.

Augustin-Jean L. , Xie L. , "Food Safety, Agro-industries, and China's International Trade: A Standard - based Approach", *China Information*, Vol. 32, No. 3, 2018.

Barlow P. , Mckee M. , Stuckler D. , "The Impact of US Free Trade Agreements on Calorie Availability and Obesity: A Natural Experiment in Canada", *American Journal of Preventive Medicine*, Vol. 54, No. 5, 2018.

Beghin J. C. , Maertens M. , Swinnen J. , *Nontariff Measures and Standards in Trade and Global Value Chains*, Annual Review of Resource Economics, Vol 7, No. 1, 2015.

Berkowitz D. , Moenius J. , Pistor K. , "Trade, Law, and Product Complexity", *Review of Economics and Statistics*, Vol. 88, No. 2, 2006.

Blind K. , Lorenz A. , Rauber J. , "Drivers for Companies' Entry into Standard-setting Organizations", *IEEE Transactions on Engineering Management*, Vol. 68, No. 1, 2021.

Blind K. , Mangelsdorf A. , Niebel C. , et al. , "Standards in the Global Value Chains of the European Single Market", *Review of International Political Economy*, Vol. 25, No. 1, 2018.

Blind K. , Mangelsdorf, et al. , "Motives to Standardize: Empirical evidence from Germany", *Technovation: The International Journal of Technological Innovation, Entrepreneurship and Technology Management*, Vol. 48, 2016.

Blind K. , Mueller J. , "The Role of Standards in the Policy Debate on the EU-US Trade Agreement", *Journal of Policy Modeling*, Vol. 41, No. 1, 2019.

Blind K. , Petersen S. S. , Riillo C. A. F. , "The Impact of Standards and Regulation on Innovation in Uncertain Markets", *Research Policy*, Vol. 46, No. 1, 2017.

Blind K. , Ramel F. , Rochell C. (2022), "The Influence of Standards and Patents on Long-term Economic Growth", *Journal of Technology Transfer*, Volume 47, No. 4.

Blind K. , *The Economics of Standards: Theory, Evidence, Policy*, Edward Elgar Published Limited, 2004.

Bullock D. S. , Mittenzwei K. , Wangsness P. B. , "Balancing Public Goods in Agriculture Through Safe Minimum Standards", *European Review of Agricultural Economics*, Vol. 43, No. 4, 2016.

Castellari E. , Soregaroli C. , Venus T. J. , et al. , "Food Processor and Retailer non-GMO Standards in the US and EU and the Driving Role of Regulations", *Food Policy*, Vol. 78, 2018.

Chen M. X. , Mattoo A. , "Regionalism in Standards: Good or Bad for Trade", *Canadian Journal of Economics/revue Canadienne Déconomique*,

Vol. 41, No. 3, 2008.

Choia J. W., Yue C., "Investigating the Impact of Maximum Residue Limit Standards on the Vegetable Trade in Japan", *International Food and Agribusiness Management Review*, Vol. 20, No. 1, 2017.

Clougherty J. A., Grajek M., "International Standards and International Trade: Empirical Evidence from ISO 9000 Diffusion", *International Journal of Industrial Organization*, Vol. 36, 2014.

Clougherty J. A., Grajek M., "The Impact of ISO 9000 Diffusion on Trade and FDI: A New Institutional Analysis", *Journal of International Business Studies*, Vol. 39, 2008.

Curzi D., Luarasi M., Raimondi V., et al., "The (lack of) International Harmonization of EU Standards: Import and Export Effects in Developed Versus Developing Countries", *Applied Economics Letters*, Vol. 25, No. 21, 2018.

Czubala W., Shepherd B., Wilson J. S., "Help or Hindrance? The Impact of Harmonized Standards on African Exports", *Journal of African Economies*, Vol. 18, 2009.

Daugbjerg C., Botterill L. C., "Ethical Food Standard Schemes and Global Trade: Paralleling the WTO", *Policy and Society*, Vol. 31, No. 4, 2012.

de Lima F. A., Neutzling D. M., Gomes M., "Do Organic Standards Have a Real Taste of Sustainability? – A Critical Essay", *Journal of Rural Studies*, Vol. 81, 2021.

Devadason E. S., Chandran V. G. R., Kalirajan K., "Harmonization of Food Trade Standards and Regulations in ASEAN: the Case of Malaysia's Food Imports", *Agricultural Economics*, Vol. 49, No. 1, 2018.

Disdier A. C., Fondtaine L., Mimouni M, "The Impact of Regulations on Agricultural Trade: Evidence from the SPS and TBT Agreements", *American Journal of Agricultural Economics*, Vol. 90, No. 2, 2008.

Disdier A., Fontagne L., Cadot O., "North–South Standards Harmonization and International Trade", *World Bank Economic Review*, Vol. 29, No. 2, 2015.

Drogue S., DeMaria F., "Pesticide Residues and Trade, the Apple of

Discord", *Food Policy*, Vol. 37, No. 6, 2012.

Egger P. , Nigai S. , "Structural Gravity with Dummies Only: Constrained ANOVA-type Estimation of Gravity Models", *Journal of International Economics*, Vol. 97, No. 1, 2015.

Ehrich M. , Mangelsdorf A. , "The Role of Private Standards for Manufactured Food Exports from Developing Countries", *World Development*, Vol. 101, No. 1, 2018.

Fernandes A. M. , Ferro E. , Wilson J. S. , "Product Standards and Firms' Export Decisions", *World Bank Economic Review*, Vol. 33, No. 2, 2019.

Ferro E. , Otsuki T. , Wilson J. S. , "The Effect of Product Standards on Agricultural Exports", *Food Policy*, Vol. 50, 2015.

Fiankor D. D. , Haase O. , Bruemmer B. , "The Heterogeneous Effects of Standards on Agricultural Trade Flows", *Journal of Agricultural Economics*, Vol. 72, No. 1, 2021.

Fiankor D. D. , Martinez-Zarzoso I. , Bruemmer B. , "Exports and Governance: the Role of Private Voluntary Agrifood Standards", *Agricultural Economics*, Vol. 82, No. 3, 2019.

Fischer K. , Hess S. , "The Swedish Media Debate on GMO between 1994 and 2018: What Attention Was Given to Farmers' Perspectives", *Environmental Communication - A Journal of Nature and Culture*, Vol. 16, No. 1, 2022.

Fouilleux E. , Loconto A. , "Voluntary Standards, Certification, and Accreditation in the Global Organic Agriculture Field: a Tripartite Model of Techno-politics", *Agriculture and Human Values*, Vol. 34, 2017.

Ganslandt M. , Markusen J. R. , "National Standards and International Trade", Working Paper, 2001.

Garcia-Gonzalez D. L. , Tena N. , Romero I. , et al. , "A Study of the Differences Between Trade Standards Inside and Outside Europe", *Grasas Y Aceites*, Vol. 68, No. 3, 2017.

Ghozzi H. , Soregaroli C. , Boccaletti S. , et al. , "Impacts of non-GMO Standards on Poultry Supply Chain Governance: Transaction Cost Approach vs

Resource-based view", *Supply Chain Management-An International Journal*, Vol. 21, No. 6, 2016.

Giuntella O., Rieger M., Rotunno L., "Weight Gains from Trade in Foods:Evidence from Mexico", *Journal of International Economics*, Vol. 122, 2020.

Hou M. A., Grazia C., Malorgio G., "Food Safety Standards and International Supply Chain Organization: A Case Study of the Moroccan Fruit and Vegetable Exports", *Food Control*, Vol. 55, 2015.

Hudson J., Jones P., "International Trade in 'Quality Goods': Signaling Problems for Developing Countries", *Journal of International Development*, Vol. 15, No. 8, 2003.

Karemera D., Xiong B., Whitesides L., "A State-level Analysis of the Impact of a US-EU Harmonization of Food Safety Standards on US Exports of Fruits and Vegetables", *Applied Economic Perspectives and Policy*, Vol. 42, No. 4, 2020.

Karemera D., Xiong B., Whitesides L., "A State-Level Analysis of the Impact of a US-EU Harmonization of Food Safety Standards on US Exports of Fruits and Vegetables", *Applied Economic Perspectives and Policy*, Vol. 42, No. 4, 2020.

Maertens M., Swinnen J. F. M., "Trade,Standards, and Poverty: Evidence from Senegal", *World Development*, Vol. 37, No. 1, 2009.

Mangelsdorf A., Portugal-Perez A., Wilson J. S., "Food Standards and Exports: Evidence for China", *World Trade Review*, Vol. 11, No. 3, 2012.

Mangelsdorf A., "The Role of Technical Standards for Trade between China and the European Union", *Technology Analysis & Strategic Management*, Vol. 23, No. 7, 2011.

Maskus K. E., Otsuki T., Wilson J. S., "The Cost of Compliance with Product Standards for Firms in Developing Countries: an Econometric Study", *Social Science Electronic Publishing*, Vol. 3590, 2005.

Medin H., "Trade Barriers or Trade Facilitators? The Heterogeneous Impact of Food Standards in International Trade", *World Economy*, 2019.

Melitz M. , *International Economics*: *Theory and Policy*, Pearson Education Limited, 2018.

Meng D. , Maeda K. , Wang X. J. , "China's Agricultural Trade Cost Elasticity: Estimates from Using Translog Gravity Model", *Journal of the Faculty of Agriculture Kyushu University*, Vol. 63, No. 1, 2018.

Moenius J. , Trindade V. , *Networks, Standards and Intellectual Property rights*, Amsterdam: Elsevier-North Holland, 2008.

Moenius J. , "Information Versus Product Adaptation: the Role of Standards in Trade", *SSRN Electronic Journal*, 2004.

Mohammadi H. , Saghaian S. , Aminizadeh M. , et al. , "Food Safety Standards and Their Effects on Lran's Fish exports", *Iranian Journal of Fisheries Sciences*, Vol. 19, No. 6, 2020.

Mohammed R. , Zheng Y. , "International Diffusion of Food Safety Standards: the Role of Domestic Certifiers and International Trade", *Journal of Agricultural and Applied Economics*, Vol. 49, No. 2, 2017.

Nesadurai H. E. S. , "Transnational Private Governance as a Developmental Driver in Southeast Asia: The Case of Sustainable Palm Oil Standards in Indonesia and Malaysia", *Journal of Development Studies*, Vol. 55, No. 9, 2019.

Novy D. , "International Trade without CES: Estimating Translog Gravity", *Journal of International Economics*, Vol. 89, No. 2, 2013,

Peci J. , Sanjuan A. I. , "Regulatory Patterns in International Pork Trade and Similarity with the EU SPS/TBT standards", *Spanish Journal of Agricultural Research*, Vol. 18, No. 1, 2020.

Santeramo F. , Lamonaca E. , "On the Impact of Non-Tariff Measures on Trade Performances of the African Agri-Food Sector", *Agrekon*, Vol. 58, No. 4, 2019.

Santos Silva J. , Tenreyro S. , "The Log of Gravity", *The Review of Economics and Statistics*, Vol. 88, No. 4, 2006.

Saraithong W. , "Trade Restriction Rationale for Food Safety Implementation: Evidence from Southeast Asian Countries", *Cogent Economics and Finance*, Vol. 6, No. 1, 2018.

Schebesta H. , "The Potential of Private Standards for Valorizing Compli-ance with Access and Benefit Sharing Obligations of Genetic Resources and Tra-ditional Knowledge", *Agronomy-Basel*, Vol. 11, No. 9, 2021.

Schuster M. , Maertens M. , "The Impact of Private Food Standards on Developing Countries' Export Performance: An Analysis of Asparagus firms in Peru", *World Development*, Vol. 66, 2015.

Schuster M. , Maertens M. , "Worker Empowerment Through Private Standards. Evidence from the Peruvian Horticultural Export Sector", *Journal of Development Studies*, Vol. 53, No. 4, 2017.

Shepherd B. , Wilson N. L. W. , "Product Standards and Developing Country Agricultural Exports: The Case of the European Union", *Food Policy*, Vol. 42, 2013.

Shepherd B. , "Product Standards and Export Diversification", *Journal of Economic Integration*, Vol. 30, No. 2, 2015.

Shingal A. , Ehrich M. , Foletti L. , "Re-estimating the Effect of Heter-ogeneous Standards on Trade: Endogeneity Matters", *World Economy*, Vol. 44, No. 3, 2021.

Su H. , Dhanorkar S. , Linderman K. , "A Competitive Advantage from the Implementation Timing of ISO Management Standards", *Journal of Opera-tions Management*, Vol. 37, 2015.

Swann. , *The Economics of Standardization: An Update Report for the UK Department of Business, Innovation and Skills*. 2010.

Swinnen J. , "Economics and Politics of Food Standards, Trade, and Development", *Agricultural Economics*, Vol. 471, No. S1, 2016.

Swinnen J. ,"Some Dynamic Aspects of Food Standards", *American Jour-nal of Agricultural Economics*, Vol. 99, No. 2, 2017.

Terziovski M. , Guerrero J. , "ISO 9000 Quality System Certification and Its Impact on Product and Process Innovation Performance", *International Journal of Production Economics*, Vol. 158, 2014.

Thorlakson T. , Hainmueller J. , Lambin E. F. ,"Improving Environmen-tal Practices in Agricultural Supply Chains: The Role of Company-led Stand-ards", *Global Environmental Change-Human and Policy Dimensions*, Vol. 48,

2018.

Thow A. M. , Annan R. , Mensah L. , et al. , "Development, Implementation and Outcome of Standards to Restrict Fatty Meat in the Food Supply and Prevent NCDs: Learning from an Innovative Trade/food Policy in Ghana", *BMC public Health*, Vol. 14, 2014.

Tudela-Marco L, Maria Garcia - Alvarez - Coque J. , Marti - Selva L. , "Do EU Member States Apply food Standards Uniformly? A Look at Fruit and Vegetable Safety Notifications", *Jcms - Journal of Common Market Studies*, Vol. 55, No. 2, 2017.

United Nations Conference on Trade and Development. (2017), TRAINS: The Global Database on Non - Tariff Measures. Retrieved from https://unctad. org/system/files/official-document/ditctab2017d3_en. pdf.

Vanderhaegen K. , Akoyi K. T. , Dekoninck W. , et al. , "Do Private Coffee Standards 'Walk the Talk' in Improving Socio-economic and Environmental Sustainability", *Global Environmental Change-Human and Policy Dimensions*, Vol. 51, 2018.

Vigani M. , Raimondi V. , Olper A. , "International Trade and Endogenous Standards: the Case of GMO Regulations", *World Trade Review*, Vol. 11, No. 3, 2012.

Wongmonta S. , "Evaluating the Impact of Sanitary and Phytosanitary Measures on Agricultural Trade: Evidence from Thai Fruit Exports to China", *The Singapore Economic Review*, 2021.

World Trade Organization, World Trade Report 2018, Geneva: World Trade Organization. https://www. wto. org/english/res_e/publications_e/world_trade_report18_e. pdf.

Yang L. J. , Du W. G. , "Catalyst or Barrier? Heterogeneous Effects of Standards on Agricultural Trade between China and the Belt and Road countries", *International Studies of Economics*", Vol. 18, No. 1, 2023.

Yang L. J. , "The Economics of Standards: a Literature Review", *Journal of Economic Surveys*, Vol. 38, No. 3, 2024.

Yang L. J. , "Lead or Follow: Cases of Internationalization of Chinese Technical Standards", *Fudan Journal of the Humanities and Social Sciences*,

Vol. 17, No. 1, 2024.

Yang L. J., "Recommendations for metaverse governance based on technical standards", *Humanities and Social Sciences Communications*, Vol. 10, No. 1, 2023.

Yang L. J., "Standards – based hierarchical governance of a digital trade network", *Transnational Corporations Review*, Vol. 15, No. 4, 2023.

Yang L. J., "Trade Standards and China's Value-added Exports in Global Value Chains", *Economic research – Ekonomska istraživanja*, Vol. 36, No. 2, 2023.

Zheng Q., Wang H. H., "Do consumers View the Genetically Modified food Labeling Systems Differently? 'Contains GMO' Versus 'Non – GMO' Labels", *Chinese Economy*, Vol. 54, No. 6, 2021.

附　　录

　　　　　　　　　首批粮油国际标准研究中心名单

序号	单位名称	粮油国际标准研究中心名称
1	国际粮食和物资储备局科学研究院	粮油国际标准研究中心（原粮及制品）
2	河南工业大学	粮油国际标准研究中心（粮食储藏及流通）
3	江南大学	粮油国际标准研究中心（粮油制品）
4	武汉轻工大学	粮油国际标准研究中心（油脂油料）
5	南京财经大学	粮油国际标准研究中心（粮油食品质量监测）
6	湖北省粮油食品质量监督检测中心	粮油国际标准研究中心（油脂油料）

资料来源：国家粮食和物资储备局官方网站。

附表 2　　　　　　　　　　　　　国家和地方层面粮食政策

国家层面			
发布时间	发布部门	政策名称	重点内容
2015	国务院	国务院关于建立健全粮食安全省长责任制的若干意见	落实和完善粮食扶持政策。认真完善和落实粮食补贴政策，提高补贴精准性、指向性。新增粮食补贴要向粮食主产区和主产县倾斜，向新型粮食生产经营主体倾斜。加强补贴资金监管，确保资金及时、足额补贴到粮食生产者手中。引导和支持金融机构为粮食生产者提供信贷等金融服务。完善农业保险制度，对粮食作物保险给予支持
2016	国务院	国务院关于深化粮食购销体制改革的通知	加强市场管理。为维护粮食市场秩序，各级政府要组织工商、粮食、物价、公安、税务部门加强对粮食市场的监督管理和执法检查，坚决取缔无执照经营。对欺行霸市、哄抬粮价等扰乱粮食市场的行为要严加惩处。要加快制定粮食市场法规，逐步使市场行为规范化、法制化、现代化

国家层面			
发布时间	发布部门	政策名称	重点内容
2017	国务院办公厅	国务院办公厅关于加快推进农业供给侧结构性改革大力发展粮食产业经济的意见	推进"互联网+粮食"行动,积极发展粮食电子商务,推广"网上粮店"等新型粮食零售业态,促进线上线下融合。完善国家粮食电子交易平台体系,拓展物流运输、金融服务等功能,发挥其服务种粮农民、购粮企业的重要作用
2018	中共中央国务院	乡村振兴战略规划(2018—2022年)	坚持以我为主、立足国内、确保产能、适度进口、科技支撑的国家粮食安全战略,建立全方位的粮食安全保障机制。按照"确保谷物基本自给、口粮绝对安全"的要求,持续巩固和提升粮食生产能力
2019	国务院办公厅	国务院办公厅关于切实加强高标准农田建设提升国家粮食安全保障能力的意见	在永久基本农田保护区、粮食生产功能区、重要农产品生产保护区,集中力量建设高标准农田。粮食主产区要立足打造粮食生产核心区,加快区域化整体推进高标准农田建设。粮食主销区和产销平衡区要加快建设一批高标准农田,保持粮食自给率
2020	国务院办公厅	国务院办公厅关于防止耕地"非粮化"稳定粮食生产的意见	加强粮食生产功能区监管。各地区要把粮食生产功能区落实到地块,引导种植目标作物,保障粮食种植面积。组织开展粮食生产功能区划定情况"回头看",对粮食种植面积大但划定面积少的进行补划,对耕地性质发生改变、不符合划定标准的予以剔除并及时补划
2021	中共中央办公厅、国务院办公厅	粮食节约行动方案	完善运输基础设施和装备。建设铁路专用线、专用码头、散粮中转及配套设施,减少运输环节粮食损耗。推广粮食专用散装运输车、铁路散粮车、散装运输船、敞顶集装箱、港口专用装卸机械和回收设备。加强港口集疏运体系建设,发展粮食集装箱公铁水多式联运
2022	国家发展改革委	关于进一步做好粮食和大豆等重要农产品生产相关工作的通知	牢牢守住保障国家粮食安全这一底线,全面落实粮食安全党政同责,严格粮食安全责任制考核,稳定粮食播种面积
2022	国务院	国务院关于印发扎实稳住经济一揽子政策措施的通知	健全完善粮食收益保障等政策。针对当前农资价格依然高企情况,在前期已发放200亿元农资补贴的基础上,及时发放第二批100亿元农资补贴,弥补成本上涨带来的种粮收益下降。积极做好钾肥进口工作

续表

地方层面

发布时间	省市	政策名称	重点内容
2022	河南	河南省人民政府关于持续增加农民收入的指导意见	推动农机装备创新应用，加强果菜茶、畜牧水产、设施农业和农产品加工等设施装备研发推广，推进粮食作物生产全程机械化，培育专业化、综合性的农机服务组织，到2025年，主要农作物耕种收综合机械化率达到90%以上
2022	陕西	陕西省人民政府办公厅关于进一步抓好春季农业生产的通知	各地要加大对抗旱保春播、抓田管保夏粮、生产基地设施建设、配套农机研发推广方面的资金投入，保障全年粮食再获丰收
2022	甘肃	甘肃省人民政府关于印发甘肃省贯彻落实稳住经济一揽子政策措施实施方案的通知	健全完善粮食收益保障等政策。全力保障粮食收割入库，做好收割机械交通保畅工作。积极争取承担国家统筹补充耕地任务，推进与浙江、山东、广东开展城乡建设用地增减挂钩结余指标跨省域交易。加大粮食老旧危库改造提升，提高粮食仓储能力
2018	贵州	省人民政府办公厅关于加快推进农业供给侧结构性改革大力发展粮食产业经济的实施意见	适应农业产业结构调整新形势，在坚持提高省内粮食生产能力的基础上，加强与粮食主产省建立长期稳定的产销合作关系，充分利用省外粮食资源弥补我省粮食产需缺口。要建立引粮入黔政府补贴机制，积极支持省内粮食企业到主产区采购粮食，参与主产区粮食生产和收购
2022	云南	云南省人民政府关于贯彻落实扎实稳住经济一揽子政策措施的意见	兜牢粮食安全底线。省财政再新增安排2.9亿元种粮补贴。尽快发放第二批农资补贴。落实好2022年适当提高稻谷、小麦最低收购价水平的政策要求，根据市场形势及时启动收购，保护农民种粮积极性
2021	黑龙江	黑龙江省农业机械化"十四五"发展规划	建立粮食生产高质量机械化评价体系。按照现代农业发展要求，结合我省农机装备结构实际情况，探索建立黑龙江省粮食生产机械化高质量发展评价方法，准确掌握我省粮食生产农业机械化实际水平，科学评价农业机械装备水平、作业水平、管理水平、服务水平，引导智慧和生态农机化技术发展，加快现代农业机械化的发展进程

资料来源：中国日报网官方网站。

附表 3 涉及境外粮食的各级各类标准

各级	标准号	标准名称
国家市场监督管理总局、中国国家标准化管理委员会	GB/T 37710—2019	粮食物流名词术语
	GB/T 5494—2019	粮油检验粮食、油料的杂质、不完善粒检验
	GB/T 5513—2019	粮油检验粮食中还原糖和非还原糖测定
	GB/T 36867—2018	粮食钢罩棚设计规范
	GB/T 22504.2—2018	粮油检验粮食感官检验辅助图谱第 2 部分：玉米
	GB/T 22504.3—2018	粮油检验粮食感官检验辅助图谱第 3 部分：稻谷
中华人民共和国国家市场监督管理总局、中国国家标准化管理委员会	GB/T 35581—2017	粮食批发市场统一竞价交易管理规范
	GB/T 34790—2017	粮油检验粮食籽粒水分活度的测定仪器法
	GB 2715—2016	食品安全国家标准粮食
中华人民共和国环境保护部	GB/T 14553—93	粮食和果蔬质量有机磷农药的测定气相色谱法
全国粮油标准化技术委员会		粮食、油料检验扦样、分样法
国家卫生健康委员会	GB 5009.36—1985	粮食卫生标准的分析方法
廊坊市市场监督管理局	DB1310/T 283—2022	粮食类家庭农场管理规范
洛阳市市场监督管理局	DB4103/T 149—2022	流动商贩粮食购销行为规范
鹤壁市市场监督管理局	DB4106/T 80—2022	新收获粮食质量安全监测抽样规范
海关总署	SN/T 5538—2022	进境粮食散装运输疫情防控技术规范
	SN/T 0800.10—2019	进出口粮食、饲料大豆粉吸水率检验方法
黑龙江省市场监督管理局	DB23/T 3204—2022	粮食仓储及加工企业现场安全目视化管理规范
	DB23/T 3015—2021	粮食存储气象服务规范
	DB23/T 3015—2021	粮食存储气象服务规范
	DB23/T 2816—2021	粮食粉尘危险作业场所风险管控分区技术规定
	DB23/T 2816—2021	粮食粉尘危险作业场所风险管控分区技术规定
国家粮食和物资储备局	LS/T 1301—2022 GC/T 1801—2022	粮食和国家物资储备标准制定、修订程序和要求

续表

各级	标准号	标准名称
国家粮食和物资储备局	LS/T 1222—2020	粮食干燥机系统工艺设计技术规范
	LS/T 6139—2020	粮油检验粮食及其制品中有机磷类和氨基甲酸酯类农药残留的快速定性检测
	LS/T 6135—2018	粮油检验粮食中铅的快速测定稀酸提取—石墨炉原子吸收光谱法
	LS/T 3548—2018	粮油机械电动吸式包装粮食扦样器技术条件与试验方法
	LS/T 6134—2018	粮油检验粮食中镉的快速测定稀酸提取—石墨炉原子吸收光谱法
	LS/T 3547—2018	粮油机械电动散装粮食扦样器技术条件与试验方法
	DB32/T 4255—2021	粮食烘干输送成套设备通用技术规范
江苏省市场监督管理局	DB32/T 4097—2021	粮食生产农业信息服务规范
农业农村部	NY/T 3941—2021	粮食中植酸含量的测定高效液相色谱法
吉林省市场监督管理厅	DB22/T 3268—2021	粮食收储企业安全生产标准化评定规范
	DB22/T 3104—2020	粮食收储企业安全生产风险分级管控和隐患排查治理双重预防机制建设实施规范
美国材料与试验协会	ASTM A986/A986M—01 (2021)	连续粮食流量曲轴锻件磁粉检查标准规范
	ASTM A986/A986M—01 (2016)	连续粮食流量曲轴锻件磁粉检查标准规范
	ASTM A986/A986M—01 (2011)	连续粮食流量曲轴锻件磁粉检查标准规范
	ASTM A986/A986M—01 (2006)	连续粮食流量曲轴锻件磁粉检查标准规范
	ASTM A986/A986M—98	连续粮食流量曲轴锻件磁粉检查标准规范
	ASTM A986/A986M—01	连续粮食流量曲轴锻件磁粉检查标准规范
湖南省市场监督管理局	DB43/T 1891—2020	粮食产后服务中心服务规范
	DB43/T 1890—2020	粮食产后服务中心建设技术规范

续表

各级	标准号	标准名称
中国团体标准	T/CIMA 0017—2020	粮食农残速测试剂盒
	T/CCOA 5—2019	粮食流通基础数据元
国家能源局	NB/T 10418—2020	空气源热泵粮食烘干机
泰州市市场监督管理局	DB3212/T 1020—2020	粮食仓储服务和管理规范
安徽省市场监督管理局	DB34/T 1640—2020	农产品追溯信息采集规范粮食
工业和信息化部	JB/T 13628—2020	循环式粮食干燥机
	QC/T 456—2018	颗粒粮食散装车辆
行业标准—粮食	LS/T 6138—2020	粮油检验粮食中黄曲霉毒素的测定免疫磁珠净化超高效液相色谱法
	LS/T 1703—2017	粮食信息分类与编码粮食及加工产品分类与代码
	LS/T 6401—2016	粮油检验仪器水浸悬浮法粮食容重仪技术条件与试验方法
	LS/T 6113—2015	粮油检验粮食中脱氧雪腐镰刀菌烯醇测定胶体金快速定量法
	LS/T 6112—2015	粮食检验粮食中玉米赤霉烯酮测定胶体金快速定量法
	LS/T 6114—2015	粮油检验粮食中赭曲霉素 A 测定胶体金快速定量法
	LS/T 6111—2015	粮油检验粮食中黄曲霉毒素 B1 测定胶体金快速定量法
	LS/T 1713—2015	库存粮食识别代码
	LS/T 6103—2010	粮油检验粮食水分测定水浸悬浮法
	LS/T 8009—2010	粮食物流园区总平面设计规范
	LS/T 8006—2010	粮食工程可行性研究报告编制深度规定
	LS/T 8007—2010	粮食工程建设标准体系
	LS 8004—2009	粮食仓房维修改造技术规程
	LS 8001—2007	粮食立筒库设计规范
	LS/T 8003—2007	粮食工程施工图设计文件审查要点

各级	标准号	标准名称
行业标准—粮食	LS/T 8002—2007	粮食工程设计文件编制深度规定
	LS 1206—2005	粮食仓库安全操作规程
	LS 1207—2005	粮食仓库机电设备安装技术规程
	LS/T 1708.2—2004	粮食信息分类与编码·粮食加工第2部分：技术经济指标分类与代码
	LS/T 1702—2004	粮食信息分类与编码·粮食属性分类与代码
	LS/T 1707.2—2004	粮食信息分类与编码·粮食仓储第2部分：粮情检测分类与代码
	LS/T 1710—2004	粮食信息分类与编码·粮食仓储业务统计分类与代码
	LS/T 1709—2004	粮食信息分类与编码·储粮病虫害分类与代码
	LS/T 1705—2004	粮食信息分类与编码·粮食设施分类与代码
	LS/T 1701—2004	粮食信息分类与编码·粮食企业分类与代码
	LS/T 1707.3—2004	粮食信息分类与编码·粮食仓储第3部分：器材分类与代码
	LS/T 1703—2004	粮食信息分类与编码·粮食及加工产品分类与代码
	LS/T 1712—2004	粮食信息分类与编码·粮食贸易业务统计分类与代码
	LS/T 1708.1—2004	粮食信息分类与编码·粮食加工第1部分：加工作业分类与代码
	LS/T 1706—2004	粮食信息分类与编码·粮食设备分类与代码
	LS/T 1707.1—2004	粮食信息分类与编码·粮食仓储第1部分：仓储作业分类与代码
	LS/T 1700—2004	粮食信息分类与编码·粮食行政、事业机构及社会团体分类与代码
	LS/T 1711—2004	粮食信息分类与编码·财务会计分类与代码
	LS/T 1704.1—2004	粮食信息分类与编码·粮食检验第1部分：指标分类与代码
	LS/T 1704.2—2004	粮食信息分类与编码·粮食检验第2部分：质量标准分类与代码

续表

各级	标准号	标准名称
行业标准—粮食	LS/T 1704.3—2004	粮食信息分类与编码·粮食检验第 3 部分：标准方法分类与代码
	LS/T 1205—2002	粮食烘干机操作规程
	LS/T 3514—1992	粮食斗式提升机
	LS/T 3515—1992	粮食带式输送机
	LS/T 3516—1988	粮食干燥机技术条件
	LS/T 3519—1988	粮食初清筛试验方法
	LS/T 1102—1988	粮食、油料及其加工产品性质和质量的名词术语
	LS/T 3802—1988	粮食包装面粉袋
	LS/T 3801—1987	粮食包装麻袋
	LS/T 12222—2020	粮食干燥机系统工艺设计技术规范
	LS/T 1301—2022 GC/T 1801—2022	粮食和国家物资储备标准制定、修订程序和要求
	LS/T 1801—2016	粮食信息术语仓储
	LS/T 1802—2016	粮食仓储业务数据元
	LS/T 1803—2016	省级粮食信息应用平台技术规范
	LS/T 1804—2016	粮食出入库业务信息系统技术规范
	LS/T 1805—2016	粮食数据采集技术规范政策性粮食收购
	LS/T 6130—2017	粮油检验粮食中伏马毒素 B1、B2 的测定超高效液相色谱法
广州市市场监督管理局	DB4401/T 10.29—2019	反恐怖防范管理第 29 部分：粮食和物资储备仓库
北京市市场监督管理局	DB11/T 1322.80—2019	安全生产等级评定技术规范第 80 部分：粮食仓库
国际标准化组织	ISO 4254—16—2018	农业机械—安全第 16 部分：便携式农业粮食输送设备
	ISO 5687：2018	收割设备—联合收割机—粮食罐容量和卸载装置性能的确定和指定
	ISO 5526：2013	谷物、豆类及其他粮食——命名法
	ISO 7971—3—2009	粮食·以每百升质量表示的散装密度的测定第 3 部分：常规方法

续表

各级	标准号	标准名称
国际标准化组织	ISO 7971—1—2009	粮食·以每百升质量表示的散装密度的测定 第1部分：基准方法
	ISO 7971—2—2009	粮食·以每百升质量表示的散装密度的测定 第2部分：通过参照国际标准测量追踪性方法
	ISO 4112—1990	谷物和豆类关于粮仓中粮食贮存温度测量的指南
	ISO 5526：1986	谷物、豆类和其他粮食·命名法
河北省质量技术监督局	DB13/T 2821—2018	气吸式粮食干燥机通用技术要求
国家粮食和物资储备局	LS/T 1820—2018	粮食大数据资源池设计规范
	LS/T 1816—2018	粮食仓储数据元熏蒸
	LS/T 1819—2018	粮食流通电子标识数据规范
	LS/T 1709—2018	粮食信息分类与编码储粮病虫害分类与代码
	LS/T 1815—2018	粮食电子地图图示表达
	LS/T 1814—2018	粮食电子地图地理要素
	LS/T 6126—2017	粮油检验粮食中赭曲霉毒素A的测定超高效液相色谱法
	LS/T 6127—2017	粮油检验粮食中脱氧雪腐镰刀菌烯醇的测定超高效液相色谱法
	LS/T 6128—2017	粮油检验粮食中黄曲霉毒素B1、B2、G1、G2的测定超高效液相色谱法
	LS/T 6129—2017	粮油检验粮食中玉米赤霉烯酮的测定超高效液相色谱法
	LS/T 1706—2017	粮食信息分类与编码粮食设备分类与代码
	LS/T 1702—2017	粮食信息分类与编码粮食属性分类与代码
	LS/T 1807—2017	粮食信息安全技术规范
	LS/T 1808—2017	粮食信息术语通用
	LS/T 1806—2017	粮食信息系统网络设计规范
	LS/T 1705—2017	粮食信息分类与编码粮食设施分类与代码
	LS/T 1707.2—2017	粮食信息分类与编码粮食仓储 第2部分：粮情检测分类与代码

各级	标准号	标准名称
国家粮食和物资储备局	LS/T 1707.3—2017	粮食信息分类与编码粮食仓储　第3部分：器材分类与代码
	LS/T 1707.1—2017	粮食信息分类与编码粮食仓储第1部分：仓储作业分类与代码
国家质量监督检验检疫总局	SN/T 4988—2017	进口粮食指定口岸要求
	SN/T 4861—2017	进境粮食蒸热处理设施设备基本要求
	SN/T 4551—2016	过境粮食检验检疫管理规范
	SN/T 0800.7—2016	出口粮食、油料及饲料不完善粒检验方法
山东省市场监督管理局	DB37/T 2526.5—2017	农业社会化服务　第5部分：粮食烘干
国家标准	PN A74014—1968	粮食及其制品灰分的测定
	PN A74013—1964	粮食制粉产品小麦和燕麦感官研究
	PN A74039—1964	粮食制粉产品的测定脂肪含量
天津市质量技术监督局	DB12/T 639—2016	天津市行政许可事项操作规程粮食收购资格许可
行业标准—商品检验	SN/T 0800.4—2015	出口粮食、饲料检验　第4部分：尿素酶活性测定方法
	SN/T 2911—2011	进出口粮食制品检验规程
	SN/T 1882.1—2007	进出口粮食储运卫生规范第1部分：粮食储藏
	SN/T 1882.2—2007	进出口粮食储运卫生规范　第2部分：粮食运输
	SN/T 1048—2002	进出口粮食、饲料大麦品种鉴定·蛋白质电泳分析法
	SN/T 0800.17—1999	进出口粮食、饲料·类型纯度及互混检验方法
	SN/T 0800.18—1999	进出口粮食、饲料·杂质检验方法
	SN/T 0800.10—1999	进出口粮食、饲料·吸水率检验方法
	SN/T 0800.12—1999	进出口粮食、饲料·整碎组成检验方法
	SN/T 0800.7—1999	进出口粮食、饲料·不完善粒检验方法
	SN/T 0800.4—1999	进出口粮食、饲料·尿素酶活性测定方法
	SN/T 0800.5—1999	进出口粮食、饲料·淀粉含量检验方法

各级	标准号	标准名称
行业标准—商品检验	SN/T 0800.13—1999	进出口粮食、饲料·加工精度检验方法
	SN/T 0800.2—1999	进出口粮食、饲料·粗脂肪检验方法
	SN/T 0800.3—1999	进出口粮食、饲料·粗蛋白质检验方法
	SN/T 0800.15—1999	进出口粮食、饲料·粒度检验方法
	SN/T 0800.6—1999	进出口粮食、饲料·灰分含量检验方法
	SN/T 0800.9—1999	进出口粮食、饲料·单宁含量检验方法
	SN/T 0800.14—1999	进出口粮食、饲料·发芽势、发芽率检验方法
	SN/T 0800.11—1999	进出口粮食、饲料·含盐量检验方法
	SN/T 0800.8—1999	进出口粮食、饲料·粗纤维含量检验方法
	SN/T 0800.19—1999	进出口粮食、饲料·水分及挥发物检验方法
	SN/T 0800.16—1999	进出口粮食、饲料检验方法
吉林省质量技术监督局	DB22/T 2320—2015	粮食产品追溯标识设计要求
	DB22/T 2321—2015	粮食质量安全追溯系统设计指南
	DB22/T 1937—2013	粮食产品质量安全追溯数据采集规范
	DB22/T 1936—2013	粮食产品质量安全追溯编码与标识指南
	DB22/T 1821—2013	粮食中产单端孢霉烯族化合物真菌的 PCR 检测
	DB22/T 1820—2013	粮食中串珠镰刀菌的 PCR 检测
广东省质量技术监督局	DB44/T 1650—2015	基于 RFID 技术的粮食仓储管理规范
北京市质量技术监督局	DB11/T 1171—2015	粮食仓储企业仓储管理规范
上海市质量技术监督局	DB31/T 830—2014	粮食储备仓库技术管理规范
江苏省质量技术监督局	DB32/T 2629—2014	粮食流通信息基础数据元规范
衢州市市场监督管理局	DB3308/T 21—2018	网上粮食市场竞价交易规则
	DB3308/T 22—2018	网上粮食市场竞价交割细则
河南省质量技术监督局	DB41/T 860—2013	粮食质量安全监督抽查检验规范
检验方法与规程专业（理化）	DB S22/005—2012	粮食中多组分除草剂残留量的测定液相色谱—串联质谱法
黑龙江省质量技术监督局	DB23/T 1533—2013	粮食储存场所消防安全管理技术规范

续表

各级	标准号	标准名称
德国标准化学会	DIN EN ISO 5526—2013	谷物，豆类及其他粮食·命名（ISO 5526—2013）；多语言版本 EN ISO 5526—2013
	DIN EN 15791—2009	粮食·动物饲料中赤霉病毒素的测定·免疫亲和柱层净化高效液相色谱法，德文版本 EN 15791：2009
	DIN 10355—1991	粉状粮食制品·要求·类型和试验
行业标准—安全生产	AQ 4229—2013	粮食立筒仓粉尘防爆安全规范
	AQ 4230—2013	粮食平房仓粉尘防爆安全规范
行业标准—农业	NY/T 2333—2013	粮食、油料检验脂肪酸值测定
	NY 1644—2008	粮食干燥机运行安全技术条件
	NY 1410—2007	粮食清选机安全技术要求
	NY/T 5336—2006	无公害食品粮食生产管理规范
	NY/T 1005—2006	移动式粮食干燥机质量评价技术规范
	NY 861—2004	粮食（含谷物、豆类、薯类）及制品中铅、铬、镉、汞、硒、砷、铜、锌八种元素限量
	NY/T 463—2001	粮食干燥机质量评价规范
法国标准化协会	NF V00-251—2013	谷物，豆类及其他粮食·命名
	NF V03-719-3—2009	粮食·以每百升质量表示的散装密度的测定 第3部分：常规方法
	NF V03-711-1—2009	食品·检查使用中的测试计性能第1部分：粮食测试计
行业标准—机械	JB/T 10200—2013	种子加工机械与粮食处理设备产品型号编制规则
	JB/T 7721—2011	复式粮食清选机
	JB/T 10200—2000	种子加工与粮食处理设备·产品型号编制规则
	JB/T 51241—1999	粮食清选机产品质量分等
	JB/T 7722—1995	粮食清选机·试验方法
	JB/T 7721—1995	粮食清选机·技术条件
	JB/T 12339—2015	固定式粮食扦样机

续表

各级	标准号	标准名称
欧洲标准化委员会	EN ISO 5526—2013	谷物·豆类及其他粮食·命名（ISO 5526—2013）
	EN 13951—2012	液体泵·安全要求·粮食加工设备；保证使用卫生的设计规则
	EN 15791—2009	粮食·动物饲料中赤霉病毒素的测定·免疫亲和柱层净化高效液相色谱法
	EN 14132—2009	粮食·大麦和烘焙咖啡中赭曲霉素 A 的测定·带免疫亲和柱净化的高效液相色谱（HPLC）法
	EN 15607—2009	粮食·HPLC 法测定维生素 D
	EN 14133—2009	粮食·酒和啤酒中赭曲霉素 A 的测定·带免疫亲和柱净化的高效液相色谱（HPLC）法
	EN 15652—2009	粮食·使用高效液相色谱法（HPLC）测定烟酸
	CEN/TS 15731—2008	粮食及粮食制品·普通面粉（普通小麦）·在适应商业或试验面粉水化性条件下生面团特性和试验加工方法的测定
	CEN EN 15505—2008	粮食·痕量元素测定·利用火焰原子吸收光谱法测定钠和镁含量
	CEN EN 15517—2008	粮食·痕量元素测定·利用氢化物原子吸收光谱法（HGAAS）测定酸萃取后海藻中无机砷含量
	EN 13951—2003	液泵·安全要求·粮食加工设备保证使用中的卫生保健设计规程·包含修改件 A1—2008
安徽省质量技术监督局	DB34/T 1640—2012	农产品追溯信息采集规范粮食
陕西省质量技术监督局	DB61/T 519—2011	粮食注氮控氧储藏系统设计、施工与验收规范
韩国标准	KS C IEC 61563—2009	辐射防护仪器·测量粮食中 γ. 辐射放射性核素的比活度用的设备
	KS C IEC 61563—2009	辐射防护仪器·测量粮食中 γ. 辐射放射性核素的比活度用的设备

续表

各级	标准号	标准名称
韩国标准	KS H ISO 4112—2009	谷物和豆类·关于粮仓中粮食贮存温度测量的指南
	KS C IEC 61562—2005	辐射防护仪器·测量粮食中 β. 辐射放射性核素的比活度用的便携设备
河北省标准	DB13/T 846—2007	无公害粮食、油料作物产地环境条件
印度尼西亚标准	SNI 19-7056—2004	粮食组织工作场所中工人的健康和职业安全培训课程
	SNI 13-6347. 1—2000	由粮食计数法测定矿物的比例
国际电工委员会	IEC 61563—2001	辐射防护仪器测量粮食中 γ-辐射放射性核素的比活度用的设备
	IEC 61562—2001	辐射防护仪器测量粮食中 β-辐射放射性核素的比活度用的便携设备
行业标准—汽车	QC/T 456—1999	颗粒粮食散装车技术条件
行业标准—商业	SB/T 10290—1997	粮食定量包装机
加拿大通用标准委员会	CGSB 43. 167-96-CAN/CGSB—1996	货盘装运出口粮食援助—鱼罐头箱代替部分 CAN/CGSB-43. 164-M90
	CGSB 43. 44-96-CAN/CGSB—1996	粮食援助运输用袋
	CGSB 43. 166-95-CAN/CGSB—1995	出口粮食援助—鱼罐头用纤维板箱代替部分 CAN/CGSB-43. 162-M91
	CGSB 43. 165-95-CAN/CGSB—1995	出口粮食援助—油用塑料桶、纤维板箱与托盘代替 43-GP-163M 包括部分 CAN/CGSB-43. 162-M91 和 CAN/CGSB-43. 164-M90 1998 年 7 月第 1 次修正
丹麦标准化协会	DS/EN 277—1990	食品运输袋·聚丙烯编织袋
国家计量检定规程	JJG（粮食）2—1990	面粉定量包装自动秤检定规程
台湾地方标准	CNS 3287—1989	粮食类检验法
	CNS 10253—1983	船舶冷藏粮食库用玻璃纤维强化塑料门
行业标准—电子	SJ 1152—1977	粮食温度电子测量仪器技术条件

资料来源：国家标准化管理委员会官方网站。

附表 4　　　　　　　　　　涉及境外粮食的标准

标准号	标准名称
GB/Z 37925—2019	粮食集装化包装仓储作业技术要求
GB/T 31578—2015	粮油检验粮食及制品中粗蛋白测定杜马斯燃烧法
GB 50320—2014	粮食平房仓设计规范
GB/T 30466—2013	粮食干燥系统安全操作规范
GB/T 30467—2013	横流粮食干燥机单位耗热量与处理量折算规则
GB/T 28668—2012	粮油储藏·粮食烘干安全操作规程
GB/T 5510—2011	粮油检验·粮食、油料脂肪酸值测定
GB 50322—2011	粮食钢板筒仓设计规范
GB/T 26550—2011	粮食干燥机同比热效率的测试与评价
GB/T 26629—2011	粮食收获质量调查和品质测报技术规范
GB/T 5508—2011	粮油检验·粉类粮食含砂量测定
GB/T 5516—2011	粮油检验·粮食运动黏度测定·毛细管黏度计法
GB/T 25222—2010	粮油检验粮食中磷化物残留量的测定分光光度法
GB/T 5517—2010	粮油检验粮食及制品酸度测定
GB/T 25220—2010	粮油检验粮食中赭曲霉毒素 A 的测定高效液相色谱法和荧光光度法
GB/T 25221—2010	粮油检验粮食中麦角甾醇的测定正相高效液相色谱法
GB/T 24904—2010	粮食包装·麻袋
GB/T 24905—2010	粮食包装·小麦粉袋
GB/T 22725—2008	粮油检验·粮食、油料纯粮（质）率检验
GB/T 17109—2008	粮食销售包装
GB/T 5522—2008	粮油检验·粮食、油料的过氧化氢酶活动度的测定
GB/T 5512—2008	粮油检验·粮食中粗脂肪含量测定
GB/T 5492—2008	粮油检验粮食、油料的色泽、气味、口味鉴定
GB/T 22504.1—2008	粮油检验·粮食感官检验辅助图谱第 1 部分：小麦
GB/T 5518—2008	粮油检验·粮食、油料相对密度的测定
GB/T 5513—2008	粮油检验·粮食中还原糖和非还原糖测定
GB/T 5523—2008	粮油检验·粮食、油料的脂肪酶活动度的测定
GB/T 5494—2008	粮油检验粮食、油料的杂质、不完善粒检验
GB/T 5514—2008	粮油检验·粮食、油料中淀粉含量测定
GB/T 22515—2008	粮油名词术语·粮食、油料及其加工产品
GB/T 5515—2008	粮油检验·粮食中粗纤维素含量测定·介质过滤法

续表

标准号	标准名称
GB/T 21399—2008	粮食干燥机自动控制系统评定规则
GB/T 21162—2007	顺流粮食干燥机单位耗热量与处理量折算规则
GB/T 6970—2007	粮食干燥机试验方法
GB/T 16714—2007	连续式粮食干燥机
GB/T 20264—2006	粮食、油料水分两次烘干测定法
GB/T 19878—2005	电容法和电阻法粮食水分测定仪通用技术条件
GB 2715—2005	粮食卫生标准
GB/T 14553—2003	粮食、水果和蔬菜中有机磷农药测定的气相色谱法
GB/T 5009.165—2003	粮食中 2，4—滴丁酯残留量的测定
GB/T 5009.184—2003	粮食、蔬菜中噻嗪酮残留量的测定
GB/T 5009.36—2003	粮食卫生标准的分析方法
GB/T 5009.133—2003	粮食中绿麦隆残留量的测定
GB/T 5009.175—2003	粮食和蔬菜中 2，4—滴残留量的测定
GB/T 5009.73—2003	粮食中二溴乙烷残留量的测定
GB 50322—2001	粮食钢板筒仓设计规范
GB 50320—2001	粮食平房仓设计规范
GB/T 17913—1999	粮食仓库磷化氢环流熏蒸装备
GB/T 17109—1997	粮食销售包装
GB/T 16714—1996	连续式粮食干燥机
GB/T 5009.36—1996	粮食卫生标准的分析方法
GB/T 14553—1993	粮食和果蔬质量有机磷农药的测定气相色谱法
GB/T 5519—1988	粮食和油料千粒重的测定法
GB 8934—1988	粮食、油料及其加工产品性质和质量的名词术语
GB 8869—1988	粮食、油料及其加工产品的名词术语
GB/T 8697—1988	粮食初清筛试验方法
GB/T 6970—1986	粮食干燥机试验方法
GB 6970—1986	粮食干燥机试验方法
GB/T 5512—1985	粮食、油料检验粗脂肪测定法
GB/T 5496—1985	粮食、油料检验黄粒米及裂纹粒检验法
GB/T 5495—1985	粮食、油料检验稻谷出糙率检验法
GB/T 5500—1985	粮食、油料检验甘薯片纯质率检验法

续表

标准号	标准名称
GB/T 5513—1985	粮食、油料检验还原糖和非还原糖测定法
GB/T 5492—1985	粮食、油料检验色泽、气味、口味鉴定法
GB/T 5497—1985	粮食、油料检验水分测定法
GB 5496—1985	粮食、油料检验黄粒米及裂纹粒检验法
GB 5491—1985	粮食、油料检验扦样、分样法
GB/T 5515—1985	粮食、油料检验粗纤维素测定法
GB/T 5511—1985	粮食、油料检验粗蛋白质测定法
GB/T 5494—1985	粮食、油料检验杂质、不完善粒检验法
GB/T 5498—1985	粮食、油料检验容重测定法
GB/T 5493—1985	粮食、油料检验类型及互混检验法
GB/T 5499—1985	粮食、油料检验带壳油料纯仁率检验法
GB/T 5517—1985	粮食、油料检验粮食酸度测定法
GB/T 5502—1985	粮食、油料检验米类加工精度检验法
GB/T 5490—1985	粮食、油料及植物油脂检验一般规则
GB/T 5520—1985	粮食、油料检验种子发芽试验
GB/T 5507—1985	粮食、油料检验粉类粗细度测定法
GB/T 5505—1985	粮食、油料检验灰分测定法
GB/T 5504—1985	粮食、油料检验小麦粉加工精度检验法
GB/T 5501—1985	粮食、油料检验鲜薯检验方法
GB/T 5518—1985	粮食、油料检验粮食比重测定法
GB/T 5510—1985	粮食、油料检验脂肪酸值测定法
GB/T 5509—1985	粮食、油料检验粉类磁性金属物测定法
GB/T 5523—1985	粮食、油料检验脂肪酶活动度测定法
GB/T 5516—1985	粮食、油料检验粮食黏度测定法
GB/T 5506—1985	粮食、油料检验面筋测定法
GB/T 5522—1985	粮食、油料检验过氧化氢酶活动度测定法
GB/T 5503—1985	粮食、油料检验碎米检验法
GB/T 5514—1985	粮食、油料检验淀粉测定法
GB/T 5508—1985	粮食、油料检验粉类含砂量测定法
GB 2715—1981	粮食卫生标准

续表

标准号	标准名称
GB 2763—1981	粮食，蔬菜等食品中六六六、滴滴涕残留量标准
GB 4790—1984	粮食中二溴乙烷残留量卫生标准及检验方法
GB/T 51239—2017	粮食钢板筒仓施工与质量验收规范

附表 5　　　　　　　　中国标准按照制定主体进行分类

标准类别	制定机构	标准内容
国家标准	国务院标准化行政主管部门	由国家标准机构通过并公开发布。分为强制性国家标准、推荐性国家标准。对保障人身健康和生命财产安全、国家安全、生态环境安全以及满足经济社会管理基本需要的技术要求，应当制定强制性国家标准
行业标准	国务院有关行政主管部门	对没有国家标准而又需要在全国某个行业范围内统一的技术要求所制定的标准，是组织制定的公益类标准
地方标准	省级标准化行政主管部门和经其批准的设区的市级标准化行政主管部门	为满足地方自然条件、风俗习惯等特殊技术要求，可以在农业、工业、服务业以及社会事业等领域制定地方标准
团体标准	协调相关市场主体共同制定	依法成立的社会团体，为满足市场和创新需要制定标准
企业标准	企业	对企业范围内需要协调、统一的技术要求、管理要求和工作要求所制定的标准

附表 6　　　　　　　　涉及境外粮食进口的主要标准领域

标准分类	领域
国际标准分类	农用建筑物、结构和装置、食品综合、谷物、豆类及其制品、农业和林业、食品试验和分析的一般方法、农业机械、工具和设备、长度和角度测量、食品工艺、食品工业厂房和设备、洗衣设备、公司（企业）的组织和管理、事故和灾害控制、标准化总则、地质学、气象学、水文学、职业安全、工业卫生、钢铁产品、分析化学、犯罪行为防范、信息技术应用、特种车辆、饲料、服务、储藏设备、质量、消防、包装材料和辅助物、词汇、防爆、泵、烟草、烟草制品和烟草工业设备、辐射防护、茶、咖啡、可可、饮料、水果、蔬菜及其制品、术语学、微生物学、养蜂、奶和奶制品、辐射测量、采矿和挖掘、玻璃、小型船、造船和海上构筑物综合、建筑物结构、电学、磁学、电和磁的测量

标准分类	领域
中国标准分类	基础标准与通用方法、经济管理、食品加工与制品综合、农林牧渔业建筑工程、农机具、粮食加工与制品、技术管理、标志、包装、运输、贮存、物质成分分析仪器与环境监测仪器综合、食品卫生、动植物体内有毒害物质分析方法、粮食与油脂加工机械、农林机械与设备综合、商业、贸易、合同、植物检疫、病虫害防治、生产环境安全卫生设施、电化学、热化学、光学式分析仪器、劳动安全技术综合、农牧副渔业汽车标准化、质量管理、分类编码、工业与民用建筑工程、技术管理、数据元表示方法、消防综合、基础标准与通用方法、畜禽饲料与添加剂、泵、居住与公共建筑工程、农牧、农垦工程、核仪器与核探测器综合、标志、贮存、土壤与农作物测试仪器、包装、运输、食品发酵、酿造综合、水产罐头、标准化、质量管理、集装箱、托盘、货架、力学计量、农林机械与设备、电子测量与仪器综合

附表 7　　　　现行粮油国家标准目录（2022 年 7 月 1 日）

序号		标准名称	执行标准代号	分类	实施日期
一、原粮与油料					
（一）原粮					
1	1	稻谷	GB 1350—2009	产品	2009-7-1
2	2	小麦	GB 1351—2008	产品	2008-5-1
3	3	大豆	GB 1352—2009	产品	2009-9-1
4	4	玉米	GB 1353—2018	产品	2019-2-1
5	5	高粱	GB/T 8231—2007	产品	2008-5-1
6	6	粟	GB/T 8232—2008	产品	2009-1-20
7	7	淀粉发酵工业用玉米	GB/T 8613—1999	产品	2000-4-1
8	8	荞麦	GB/T 10458—2008	产品	2009-1-20
9	9	蚕豆	GB/T 10459—2008	产品	2009-1-20
10	10	豌豆	GB/T 10460—2008	产品	2009-1-20
11	11	小豆	GB/T 10461—2008	产品	2009-1-20
12	12	绿豆	GB/T 10462—2008	产品	2009-1-20
13	13	青稞	GB/T 11760—2021	产品	2021-10-1
14	14	黍	GB/T 13355—2008	产品	2009-1-20
15	15	稷	GB/T 13357—2008	产品	2009-1-20
16	16	莜麦	GB/T 13359—2008	产品	2009-1-20
17	17	优质稻谷	GB/T 17891—2017	产品	2018-7-1

续表

序号		标准名称	执行标准代号	分类	实施日期
18	18	优质小麦强筋小麦	GB/T 17892—1999	产品	2000-4-1
19	19	优质小麦弱筋小麦	GB/T 17893—1999	产品	2000-4-1
20	20	糯玉米	GB/T 22326—2008	产品	2008-12-1
21	21	富硒稻谷	GB/T 22499—2008	产品	2009-1-20
22	22	高油玉米	GB/T 22503—2008	产品	2009-1-20
23	23	工业用高粱	GB/T 26633—2011	产品	2011-11-1
（二）油料					
24	1	花生	GB/T 1532—2008	产品	2009-1-20
25	2	芝麻	GB/T 11761—2021	产品	2022-5-1
26	3	油菜籽	GB/T 11762—2006	产品	2007-4-1
27	4	棉籽	GB/T 11763—2008	产品	2009-1-20
28	5	葵花籽	GB/T 11764—2008	产品	2009-1-20
29	6	亚麻籽	GB/T 15681—2008	产品	2009-1-20
二、粮油制品					
（一）粮食制品					
30	1	大米	GB/T 1354—2018	产品	2019-5-1
31	2	小麦粉	GB/T 1355—2021	产品	2023-1-1
32	3	高筋小麦粉	GB/T 8607—1988	产品	1988-7-1
33	4	低筋小麦粉	GB/T 8608—1988	产品	1988-7-1
34	5	工业用甘薯片	GB/T 8609—2008	产品	2009-1-1
35	6	玉米粉	GB/T 10463—2008	产品	2009-1-20
36	7	小米	GB/T 11766—2008	产品	2009-1-20
37	8	黍米	GB/T 13356—2008	产品	2009-1-20
38	9	稷米	GB/T 13358—2008	产品	2009-1-20
39	10	莜麦粉	GB/T 13360—2008	产品	2009-1-1
40	11	糙米	GB/T 18810—2002	产品	2003-2-1
41	12	小麦粉馒头	GB/T 21118—2007	产品	2008-1-1
42	13	营养强化小麦粉	GB/T 21122—2007	产品	2008-1-1
43	14	谷朊粉	GB/T 21924—2008	产品	2008-10-1
44	15	玉米糁	GB/T 22496—2008	产品	2009-1-20

续表

序号		标准名称	执行标准代号	分类	实施日期
45	16	荞麦粉	GB/T 35028—2018	产品	2018-12-1
46	17	挂面	GB/T 40636—2021	产品	2022-5-1
47	18	方便面	GB/T 40772—2021	产品	2022-5-1
（二）油料制品					
48	1	花生油	GB/T 1534—2017	产品	2018-7-1
49	2	大豆油	GB/T 1535—2017	产品	2018-7-1
50	3	菜籽油	GB/T 1536—2021	产品	2022-5-1
51	4	棉籽油	GB/T 1537—2019	产品	2020-1-1
52	5	芝麻油	GB/T 8233—2018	产品	2018-12-1
53	6	蓖麻籽油	GB/T 8234—2009	产品	2010-1-1
54	7	亚麻籽油	GB/T 8235—2019	产品	2020-1-1
55	8	葵花籽油	GB/T 10464—2017	产品	2018-7-1
56	9	油茶籽油	GB/T 11765—2018	产品	2018-12-1
57	10	食用大豆粕	GB/T 13382—2008	产品	2009-1-1
58	11	食用花生饼、粕	GB/T 13383—2008	产品	2009-2-1
59	12	棕榈油	GB/T 15680—2009	产品	2009-10-1
60	13	玉米油	GB/T 19111—2018	产品	2018-5-1
61	14	米糠油	GB/T 19112—2003	产品	2003-10-1
62	15	营养强化维生素 A 食用油	GB/T 21123—2007	产品	2008-1-1
63	16	低温食用豆粕	GB/T 21494—2008	产品	2008-8-1
64	17	核桃油	GB/T 22327—2019	产品	2020-1-1
65	18	葵花籽粕	GB/T 22463—2008	产品	2009-1-1
66	19	大豆皂苷	GB/T 22464—2008	产品	2009-1-1
67	20	红花籽油	GB/T 22465—2008	产品	2009-1-20
68	21	芝麻粕	GB/T 22477—2008	产品	2009-1-20
69	22	葡萄籽油	GB/T 22478—2008	产品	2009-1-20
70	23	花椒籽油	GB/T 22479—2022	产品	2022-10-1
71	24	大豆低聚糖	GB/T 22491—2008	产品	2009-1-1
72	25	大豆肽粉	GB/T 22492—2008	产品	2009-1-1
73	26	大豆蛋白粉	GB/T 22493—2008	产品	2009-1-1

续表

	序号	标准名称	执行标准代号	分类	实施日期
74	27	大豆膳食纤维粉	GB/T 22494—2008	产品	2009-1-1
75	28	菜籽粕	GB/T 22514—2008	产品	2009-1-20
76	29	橄榄油、油橄榄果渣油	GB/T 23347—2021	产品	2022-5-1
77	30	氢化蓖麻籽油	GB/T 24301—2009	产品	2010-1-1
78	31	茶叶籽油	GB/T 35026—2018	产品	2018-12-1
79	32	油茶籽饼、粕	GB/T 35131—2017	产品	2018-7-1
80	33	玉米胚	GB/T 35870—2018	产品	2018-9-1
81	34	元宝枫籽油	GB/T 37748—2019	产品	2020-1-1
82	35	起酥油	GB/T 38069—2019	产品	2020-5-1
83	36	牡丹籽油	GB/T 40622—2021	产品	2022-5-1
84	37	食用调和油	GB/T 40851—2021	产品	2022-6-1
85	38	杏仁油	GB/T 41386—2022	产品	2022-10-1

三、检测方法

（一）通用方法

	序号	标准名称	执行标准代号	分类	实施日期
86	1	粮油检验一般规则	GB/T 5490—2010	方法	2010-11-1
87	2	粮食、油料检验扦样、分样法	GB/T 5491—1985	方法	1986-7-1
88	3	粮油检验粮食、油料的色泽、气味、口味鉴定	GB/T 5492—2008	方法	2009-1-20
89	4	粮油检验类型及互混检验	GB/T 5493—2008	方法	2009-1-20
90	5	粮油检验粮食、油料的杂质、不完善粒检验	GB/T 5494—2019	方法	2019-12-1
91	6	粮油检验容重测定	GB/T 5498—2013	方法	2014-4-11
92	7	粮油检验粉类粗细度测定	GB/T 5507—2008	方法	2009-1-20
93	8	粮油检验粉类粮食含砂量测定	GB/T 5508—2011	方法	2011-11-1
94	9	粮油检验粉磁性金属物测定	GB/T 5509—2008	方法	2009-1-20
95	10	粮油检验粮食、油料脂肪酸值测定	GB/T 5510—2011	方法	2011-12-1
96	11	粮油检验粮食中还原糖和非还原糖测定	GB/T 5513—2019	方法	2019-12-1
97	12	粮油检验粮食中粗纤维素含量测定 介质过滤法	GB/T 5515—2008/ISO 6865：2000	方法	2008-12-1
98	13	粮油检验粮食运动粘度测定毛细管粘度计法	GB/T 5516—2011	方法	2011-11-1

序号		标准名称	执行标准代号	分类	实施日期
99	14	粮油检验粮食、油料相对密度的测定	GB/T 5518—2008	方法	2009-1-20
100	15	谷物与豆类千粒重的测定	GB/T 5519—2018	方法	2018-9-1
101	16	粮油检验发芽试验	GB/T 5520—2011	方法	2011-11-1
102	17	粮油检验粮食、油料的过氧化氢酶活动度的测定	GB/T 5522—2008	方法	2009-1-20
103	18	粮油检验粮食、油料的脂肪酶活动度的测定	GB/T 5523—2008	方法	2009-1-20
104	19	粮油检验谷物不溶性膳食纤维的测定	GB/T 9822—2008	方法	2009-1-20
105	20	粮食、油料水分两次烘干测定法	GB/T 20264—2006	方法	2006-9-1
106	21	谷物、油料和豆类单向气流穿过散粮的单位压力损失测定	GB/T 22481—2008-ISO 4174：1998	方法	2009-2-1
107	22	粮油检验粮食、油料纯粮（质）率检验	GB/T 22725—2008	方法	2009-1-20
108	23	粮油检验粮食中麦角甾醇的测定正相高效液相色谱法	GB/T 25221—2010	方法	2011-3-1
109	24	粮油检验粮食中磷化物残留量的测定分光光度法	GB/T 25222—2010	方法	2011-3-1
110	25	粮油加工环境要求	GB/T 26433—2010	方法	2011-6-1
111	26	粮油检验粮食及制品中粗蛋白测定杜马斯燃烧法	GB/T 31578—2015	方法	2015-11-23
112	27	粮油检验粮食籽粒水分活度的测定仪器法	GB/T 34790—2017	方法	2018-5-1
113	28	粮油检验谷物及其制品水溶性膳食纤维的测定酶重量法	GB/T 37492—2019	方法	2019-12-1
114	29	粮油检验谷物、豆类中可溶性糖的测定铜还原—碘量法	GB/T 37493—2019	方法	2019-12-1
115	30	粮油检验实际与理论 ECN42 甘三酯含量差值的测定	GB/T 37512—2019	方法	2019-12-1

（二）稻谷及制品检测方法

116	1	粮油检验稻谷出糙率检验	GB/T 5495—2008	方法	2009-1-20
117	2	粮食、油料检验黄粒米及裂纹粒检验法	GB/T 5496—1985	方法	1986-7-1

序号		标准名称	执行标准代号	分类	实施日期
118	3	粮油检验大米加工精度检验	GB/T 5502—2018	方法	2018-9-1
119	4	粮油检验碎米检验法	GB/T 5503—2009	方法	2009-12-1
120	5	粮油检验谷物及其制品中α—淀粉酶活性的测定比色法	GB/T 5521—2008	方法	2009-1-1
121	6	粮油检验谷物及淀粉糊化特性测定黏度仪法	GB/T 14490—2008	方法	2008-12-1
122	7	粮油检验稻谷、大米蒸煮食用品质感官评价方法	GB/T 15682—2008	方法	2009-1-20
123	8	大米直链淀粉含量的测定	GB/T 15683—2008/ISO 6647—1：2007	方法	2009-1-20
124	9	谷物碾磨制品脂肪酸值的测定	GB/T 15684—2015	方法	2015-11-2
125	10	米类加工精度异色相差分染色检验法（IDS法）	GB/T 18105—2000	方法	2000-10-1
126	11	涂渍油脂或石蜡大米检验	GB/T 21309—2007	方法	2008-2-1
127	12	大米稻谷和糙米潜在出米率的测定	GB/T 21499—2008/ISO 6646：2000	方法	2008-8-1
128	13	稻谷整精米率检验法	GB/T 21719—2008	方法	2008-8-1
129	14	粮油检验大米胶稠度的测定	GB/T 22294—2008	方法	2008-12-1
130	15	粮油检验大米颜色黄度指数测定	GB/T 24302—2009	方法	2010-1-1
131	16	粮油检验稻谷粒型检验方法	GB/T 24535—2009	方法	2009-12-1
132	17	大米及米粉糊化特性测定快速黏度仪法	GB/T 24852—2010	方法	2011-1-1
133	18	粮油检验稻谷水分含量测定近红外法	GB/T 24896—2010	方法	2011-11-1
134	19	粮油检验稻谷粗蛋白质含量测定近红外法	GB/T 24897—2010	方法	2011-11-1
135	20	大米蒸煮过程中米粒糊化时间的评价	GB/T 25226—2010/MOD，ISO14864：1998	方法	2011-3-1
136	21	大米加工企业良好操作规范	GB/T 26630—2011	方法	2011-11-1
137	22	粮油检验谷物及制品脂肪酸值测定仪器法	GB/T 29405—2012	方法	2013-6-20
138	23	粮油检验稻谷整精米率测定图像分析法	GB/T 35865—2018	方法	2018-9-1

序号		标准名称	执行标准代号	分类	实施日期
139	24	粮油检验谷物及其制品中钙、钾、镁、钠、铁、磷、锌、铜、锰、硼、钡、钼、钴、铬、锂、锶、镍、硫、钒、硒、铷含量的测定电感耦合等离子体发射光谱法	GB/T 35871—2018	方法	2018-9-1
140	25	粮油检验谷物及其制品中钠、镁、钾、钙、铬、锰、铁、铜、锌、砷、硒、镉和铅的测定电感耦合等离子体质谱法	GB/T 35876—2018	方法	2018-9-1
141	26	粮油检验稻谷黄粒米含量测定图像分析法	GB/T 35881—2018	方法	2018-9-1
（三）小麦及制品检测方法					
142	1	粮油检验小麦粉加工精度检验	GB/T 5504—2011	方法	2011-11-1
143	2	小麦和小麦粉面筋含量第1部分：手洗法测定湿面筋	GB/T 5506.1—2008	方法	2009-1-1
144	3	小麦和小麦粉面筋含量第2部分：仪器法测定湿面筋	GB/T 5506.2—2008/ISO 21415-2：2006	方法	2009-1-1
145	4	小麦和小麦粉面筋含量第3部分：烘箱干燥法测定干面筋	GB/T 5506.3—2008/ISO 21415-3：2006	方法	2009-1-1
146	5	小麦和小麦粉面筋含量第4部分：快速干燥法测定干面筋	GB/T 5506.4—2008/ISO 21415-4：2006	方法	2009-1-1
147	6	粮油检验小麦粉破损淀粉测定 α—淀粉酶法	GB/T 9826—2008	方法	2009-1-1
148	7	小麦、黑麦及其面粉，杜伦麦及其粗粒粉降落数值的测定 Hagberg—Perten 法	GB/T 10361—2008	方法	2009-1-1
149	8	粮油检验小麦粉面包烘焙品质试验直接发酵法	GB/T 14611—2008	方法	2009-1-1
150	9	粮油检验小麦粉面包烘焙品质试验中种发酵法	GB/T 14612—2008	方法	2009-1-1
151	10	粮油检验全麦粉发酵时间试验（Pelshenke 试验）	GB/T 14613—2008	方法	2008-12-1
152	11	粮油检验小麦粉面团流变学特性测试粉质仪法	GB/T 14614—2019/ISO 5530-1：1997	方法	2019-12-1
153	12	小麦粉面团流变特性测定吹泡仪法	GB/T 14614.4—2005	方法	2006-9-1

续表

序号		标准名称	执行标准代号	分类	实施日期
154	13	粮油检验小麦粉面团流变学特性测试拉伸仪法	GB/T 14615—2019/ISO 5530—2：1997	方法	2019-12-1
155	14	粮油检验小麦沉淀指数测定 SDS 法	GB/T 15685—2011	方法	2011-11-1
156	15	小麦粉中过氧化苯甲酰的测定方法	GB/T 18415—2001	方法	2001-9-1
157	16	小麦粉中溴酸盐的测定离子色谱法	GB/T 20188—2006	方法	2006-6-1
158	17	小麦沉降指数测定法 Zeleny 试验	GB/T 21119—2007/ISO 5529：1992	方法	2008-5-1
159	18	小麦粉与大米粉及其制品中甲醛次硫酸氢钠含量的测定	GB/T 21126—2007	方法	2008-5-1
160	19	小麦硬度测定硬度指数法	GB/T 21304—2007	方法	2008-2-1
161	20	小麦粉中过氧化苯甲酰的测定高效液相色谱法	GB/T 22325—2008	方法	2008-12-1
162	21	粮油检验小麦粉蛋糕烘焙品质试验海绵蛋糕法	GB/T 24303—2009	方法	2010-1-1
163	22	小麦、黑麦及其粉类和淀粉糊化特性测定快速粘度仪法	GB/T 24853—2010	方法	2011-1-1
164	23	粮油检验小麦粉粗蛋白质含量测定近红外法	GB/T 24871—2010	方法	2011-1-1
165	24	粮油检验小麦粉灰分含量测定近红外法	GB/T 24872—2010/MOD AACC 08—21：2000	方法	2011-1-1
166	25	粮油检验小麦水分含量测定近红外法	GB/T 24898—2010	方法	2011-1-1
167	26	粮油检验小麦粗蛋白质含量测定近红外法	GB/T 24899—2010	方法	2011-1-1
168	27	粮油检验小麦谷蛋白溶胀指数测定第1部分：常量法	GB/T 26627.1—2011	方法	2011-11-1
169	28	粮油检验小麦粉粉色、麸星的测定	GB/T 27628—2011	方法	2012-4-1
170	29	粮油检验小麦粉损伤淀粉测定安培计法	GB/T 31577—2015	方法	2015-11-23
171	30	粮油检验小麦粉溶剂保持力的测定	GB/T 35866—2018	方法	2018-9-1
172	31	粮油检验小麦粉面包烘焙品质评价快速烘焙法	GB/T 35869—2018	方法	2018-9-1
173	32	粮油检验小麦粉面条加工品质评价	GB/T 35875—2018	方法	2018-9-1
174	33	粮油检验小麦粉馒头加工品质评价	GB/T 35991—2018	方法	2018-9-1

序号		标准名称	执行标准代号	分类	实施日期
175	34	粮油检验小麦粉膨胀势的测定	GB/T 37510—2019	方法	2019-12-1
176	35	粮油检验小麦粉面团流变学特性测试混合试验仪法	GB/T 37511—2019	方法	2019-12-1
（四）其他粮食及制品检测方法					
177	1	粮油检验玉米水分测定	GB/T 10362—2008	方法	2009-1-20
178	2	粮油检验鲜薯检验	GB/T 5501—2008	方法	2009-1-20
179	3	粮油检验甘薯片纯质率检验	GB/T 5500—2008	方法	2009-1-20
180	4	高粱单宁含量的测定	GB/T 15686—2008	方法	2009-1-20
181	5	粮油检验大豆粗蛋白质、粗脂肪含量的测定近红外法	GB/T 24870—2010/MOD AACC 39—20：1999	方法	2011-1-1
182	6	粮油检验玉米水分含量测定近红外法	GB/T 24900—2010	方法	2011-1-1
183	7	粮油检验玉米粗蛋白质含量测定近红外法	GB/T 24901—2010	方法	2011-1-1
184	8	粮油检验玉米粗脂肪含量测定近红外法	GB/T 24902—2010	方法	2011-1-1
185	9	粮油检验玉米淀粉含量测定近红外法	GB/T 25219—2010	方法	2011-3-1
186	10	粮油检验卵磷脂中磷脂含量的测定高效液相色谱蒸发光散射检测法	GB/T 35867—2018	方法	2018-9-1
（五）油脂产品检测方法					
187	1	植物油脂检验比重测定法	GB/T 5526—1985	方法	1986-7-1
188	2	植物油脂透明度、气味、滋味鉴定法	GB/T 5525—2008	方法	2008-8-1
189	3	动植物油脂扦样	GB/T 5524—2008/ISO 5555：2001	方法	2009-1-1
190	4	动植物油脂折光指数的测定	GB/T 5527—2010	方法	2011-3-1
191	5	粮油检验植物油脂加热试验	GB/T 5531—2018	方法	2018-9-1
192	6	动植物油脂碘值的测定	GB/T 5532—2008	方法	2009-1-1
193	7	粮油检验植物油脂含皂量的测定	GB/T 5533—2008	方法	2009-1-1
194	8	动植物油脂皂化值的测定	GB/T 5534—2008	方法	2009-1-1
195	9	动植物油脂不皂化物测定第1部分：乙醚提取法	GB/T 5535.1—2008/ISO 3596：2000	方法	2008-12-1

序号		标准名称	执行标准代号	分类	实施日期
196	10	动植物油脂不皂化物测定第2部分：己烷提取法	GB/T 5535.2—2008/ISO 18609：2000	方法	2008-12-1
197	11	植物油脂检验熔点测定法	GB/T 5536—1985	方法	1986-7-1
198	12	粮油检验磷脂含量的测定	GB/T 5537—2008	方法	2009-1-20
199	13	粮油检验油脂定性试验	GB/T 5539—2008	方法	2009-1-20
200	14	植物油料含油量测定	GB/T 14488.1—2008	方法	2009-1-1
201	15	动植物油脂试样的制备	GB/T 15687—2008	方法	2009-1-20
202	16	动植物油脂不溶性杂质含量的测定	GB/T 15688—2008	方法	2009-1-1
203	17	植物油料含油量测定连续波低分辨率核磁共振测定法（快速法）	GB/T 15690—2008/ISO 5511：1992	方法	2009-1-20
204	18	植物油脂烟点测定	GB/T 20795—2006	方法	2007-3-1
205	19	动植物油脂氧化稳定性的测定（加速氧化测试）	GB/T 21121—2007/ISO 6886：2006	方法	2008-5-1
206	20	动植物油脂具有顺，顺1，4—二烯结构的多不饱和脂肪酸的测定	GB/T 21495—2008/ISO 7847：1987	方法	2008-8-1
207	21	动植物油脂油脂沉淀物含量的测定离心法	GB/T 21496—2008/ISO 15301：2001	方法	2008-8-1
208	22	动植物油脂定温闪燃测试彭斯克—马丁闭口杯法	GB/T 21497—2008/ISO 15267：1998	方法	2008-8-1
209	23	食用植物油中叔丁基对苯二酚（TBHQ）的测定	GB/T 21512—2008	方法	2008-8-1
210	24	动植物油脂1—单甘酯和游离甘油含量的测定	GB/T 22328—2008/ISO 7366：1987	方法	2008-12-1
211	25	动植物油脂罗维朋色泽的测定	GB/T 22460—2008/ISO 15305：1998	方法	2009-1-1
212	26	动植物油脂聚乙烯类聚合物的测定	GB/T 22480—2008/ISO 6656：2002	方法	2009-1-20
213	27	动植物油脂紫外吸光度的测定	GB/T 22500—2008/ISO 3656：2002	方法	2009-1-20
214	28	动植物油脂橄榄油中蜡含量的测定气相色谱法	GB/T 22501—2008	方法	2009-1-20
215	29	粮油检验酶改性磷脂中1—和2—溶血磷脂酰胆碱的测定高效液相色谱法	GB/T 22506—2008	方法	2009-1-20

序号		标准名称	执行标准代号	分类	实施日期
216	30	动植物油脂茴香胺值的测定	GB/T 24304—2009/ IDT ISO 6885：2006	方法	2010-1-1
217	31	动植物油脂在开口毛细管中熔点（滑点）的测定	GB/T 24892—2010/ IDT ISO 6321：2002	方法	2011-1-1
218	32	动植物油脂多环芳烃的测定	GB/T 24893—2010/ IDT ISO 15753：2006	方法	2011-1-1
219	33	动植物油脂甘三酯分子2—位脂肪酸组分的测定	GB/T 24894—2010	方法	2011-1-1
220	34	动植物油脂甾醇组成和甾醇总量的测定气相色谱法	GB/T 25223—2010/IDT ISO 12228：1999	方法	2011-3-1
221	35	动植物油脂植物油中豆甾二烯的测定第2部分：高效液相色谱法	GB/T 25224.2— 2010/IDT ISO 15788-2：2003	方法	2011-3-1
222	36	动植物油脂挥发性有机污染物的测定气相色谱—质谱法	GB/T 25225—2010/IDT ISO 15303：2001	方法	2011-3-1
223	37	动植物油脂水分含量测定卡尔费休法（无吡啶）	GB/T 26626—2011	方法	2011-11-1
224	38	动植物油脂脱色能力指数（DOBI）的测定	GB/T 26634—2011	方法	2011-11-1
225	39	动植物油脂生育酚及生育三烯酚含量测定高效液相色谱法	GB/T 26635—2011	方法	2011-11-1
226	40	动植物油脂聚合甘油三酯的测定高效空间排阻色谱法（HPSEC）	GB/T 26636—2011	方法	2011-11-1
227	41	动植物油脂铜、铁和镍的测定石墨炉原子吸收法	GB/T 31576—2015	方法	2015-11-28
228	42	粮油检验芝麻油中芝麻素和芝麻林素的测定高效液相色谱法	GB/T 31579—2015	方法	2015-11-28
229	43	动植物油脂脉冲核磁共振法测定固体脂肪含量直接法	GB/T 31743—2015	方法	2015-11-2
230	44	动植物油脂常规单位体积质量（每升在空气中的重量）的测定	GB/T 33916—2017	方法	2018-2-1
231	45	动植物油脂2—硫代巴比妥酸值的测定直接法	GB/T 35252—2017	方法	2018-7-1
232	46	粮油检验动植物油脂冷冻试验	GB/T 35877—2018	方法	2018-9-1
233	47	动植物油脂矿物油的检测	GB/T 37514—2019	方法	2019-12-1

续表

序号		标准名称	执行标准代号	分类	实施日期
234	48	动植物油脂脉冲核磁共振法测定固体脂肪含量间接法	GB/T 37517—2019	方法	2019-12-1
（六）油料及饼粕检测方法					
235	1	粮油检验带壳油料纯仁率检验法	GB/T 5499—2008	方法	2008-11-1
236	2	油料饼粕水分及挥发物含量的测定	GB/T 10358—2008/ ISO 771：1977	方法	2009-1-20
237	3	油料饼粕扦样	GB/T 10360—2008/ ISO 5500：1986	方法	2009-2-1
238	4	油料杂质含量的测定	GB/T 14488.2—2008	方法	2009-1-20
239	5	油料水分及挥发物含量测定	GB/T 14489.1—2008/ ISO 665：2000	方法	2009-1-20
240	6	油菜籽叶绿素含量测定分光光度计法	GB/T 22182—2008/ ISO 10519：1997	方法	2008-11-1
241	7	粮油检验花生中白藜芦醇的测定高效液相色谱法	GB/T 24903—2010	方法	2011-1-1
242	8	粮油检验大豆异黄酮含量测定高效液相色谱法	GB/T 26625—2011	方法	2011-11-1
四、粮油储藏					
243	1	粮油储藏磷化氢环流熏蒸装备	GB/T 17913—2008	储藏	2009-1-1
244	2	稻谷储存品质判定规则	GB/T 20569—2006	储藏	2006-12-1
245	3	玉米储存品质判定规则	GB/T 20570—2015	储藏	2015-6-1
246	4	小麦储存品质判定规则	GB/T 20571—2006	储藏	2006-12-1
247	5	玉米干燥技术规范	GB/T 21017—2021	储藏	2021-12-1
248	6	散粮汽车卸车装置	GB/T 21489—2008	储藏	2008-8-1
249	7	粮油储藏熏蒸剂使用准则	GB/T 22497—2008	储藏	2009-1-20
250	8	粮油储藏防护剂使用准则	GB/T 22498—2008	储藏	2009-1-20
251	9	谷物与豆类隐蔽性昆虫感染的测定 第1部分：总则	GB/T 24534.1—2009/ IDT ISO 6639—1：1986	储藏	2009-12-1
252	10	谷物与豆类隐蔽性昆虫感染的测定 第2部分：取样	GB/T 24534.2—2009	储藏	2009-12-1
253	11	谷物与豆类隐蔽性昆虫感染的测定 第3部分：基准方法	GB/T 24534.3—2009	储藏	2009-12-1

续表

序号		标准名称	执行标准代号	分类	实施日期
254	12	谷物与豆类隐蔽性昆虫感染的测定第4部分：快速方法	GB/T 24534.4—2009	储藏	2009-12-1
255	13	粮油检验近红外分析定标模型验证和网络管理与维护通用规则	GB/T 24895—2010	储藏	2011-1-1
256	14	粮食包装麻袋	GB/T 24904—2010	储藏	2011-7-1
257	15	粮食包装小麦粉袋	GB/T 24905—2010	储藏	2011-7-1
258	16	粮食加工、储运设备现场监测装置技术规范	GB/T 25227—2010	储藏	2011-3-1
259	17	粮油储藏平房仓气密性要求	GB/T 25229—2010	储藏	2011-3-1
260	18	粮油检验储粮真菌标准图谱第1部分：曲霉属	GB/T 26628.1—2011	储藏	2011-11-1
261	19	粮食收获质量调查和品质测报技术规范	GB/T 26629—2011	储藏	2011-11-1
262	20	粮油名词术语粮油仓储设备与设施	GB/T 26632—2011	储藏	2011-11-1
263	21	粮油储藏平房仓隔热技术规范	GB/T 26879—2011	储藏	2011-12-1
264	22	粮油储藏就仓干燥技术规范	GB/T 26880—2011	储藏	2011-12-1
265	23	粮油储藏通风自动控制系统基本要求	GB/T 26881—2011	储藏	2011-12-1
266	24	粮油储藏粮情测控系统第1部分：通则	GB/T 26882.1—2011	储藏	2011-12-1
267	25	粮油储藏粮情测控系统第2部分：分机	GB/T 26882.2—2011	储藏	2011-12-1
268	26	粮油储藏粮情测控系统第3部分：软件	GB/T 26882.3—2011	储藏	2011-12-1
269	27	粮油储藏粮情测控系统第4部分：信息交换接口协议	GB/T 26882.4—2011	储藏	2011-12-1
270	28	粮油储藏粮食烘干安全操作规程	GB/T 28668—2012	储藏	2012-11-1
271	29	粮油储藏谷物冷却机应用技术规程	GB/T 29374—2012	储藏	2013-7-1
272	30	谷物和豆类储存第1部分：谷物储存的一般建议	GB/T 29402.1—2012IDT ISO 6322—1：1996	储藏	2013-6-20
273	31	谷物和豆类储存第2部分：实用建议	GB/T 29402.2—2012/IDT ISO 6322—2：2000	储藏	2013-6-20

序号		标准名称	执行标准代号	分类	实施日期
274	32	谷物和豆类储存第3部分：有害生物的控制	GB/T 29402.3—2012/IDT ISO 6322—3：1989	储藏	2013-6-20
275	33	粮油储藏技术规范	GB/T 29890—2013	储藏	2014-4-11
276	34	食用植物油散装运输规范	GB/T 30354—2013	储藏	2014-6-22
277	35	粮油名词术语原粮油料形态学和结构学	GB/T 30765—2014	储藏	2014-10-27
278	36	大豆储存品质判定规则	GB/T 31785—2015	储藏	2015-11-20
279	37	粮食批发市场统一竞价交易管理规范	GB/T 35581—2017	储藏	2018-7-1
280	38	低氧防治储粮害虫一般规则	GB/T 37491—2019	储藏	2020-1-1
281	39	食用油运载容器技术条件	GB/T 37509—2019	储藏	2019-12-1
282	40	粮食物流名词术语	GB/T 37710—2019	储藏	2020-1-1
283	41	粮油储藏储粮害虫检验辅助图谱第1部分：拟步甲科	GB/T 37719.1—2019	储藏	2020-1-1
284	42	粮食集装化包装仓储作业技术要求	GB/Z 37925—2019	储藏	2020-3-1
285	43	储粮害虫防治技术应用评价方法	GB/T 38773—2020	储藏	2020-11-1
286	44	粮油储藏储粮机械通风均匀性评价方法	GB/T 40150—2021	储藏	2021-12-1
287	45	谷物和豆类储存仓储害虫的诱捕检测指导	GB/T 41278—2022	储藏	2022-10-1
五、粮油机械					
288	1	电容法和电阻法粮食水分测定仪通用技术条件	GB/T 19878—2005	机械	2006-3-1
289	2	谷物检验筛	GB/T 22183—2008/ ISO 5223：1995	机械	2008-11-1
290	3	粮油机械产品包装通用技术条件	GB/T 24854—2010	机械	2010-1-1
291	4	粮油机械装配通用技术条件	GB/T 24855—2010	机械	2010-1-1
292	5	粮油机械铸件通用技术条件	GB/T 24856—2010	机械	2010-1-1
293	6	粮油机械板件、板型钢构件通用技术条件	GB/T 24857—2010	机械	2010-1-1
294	7	粮油机械产品涂装通用技术条件	GB/T 25218—2010	机械	2011-3-1
295	8	粮油机械打麸机	GB/T 25230—2010	机械	2011-3-1
296	9	粮油机械喷风碾米机	GB/T 25231—2010	机械	2011-3-1

序号		标准名称	执行标准代号	分类	实施日期
297	10	粮油机械刷麸机	GB/T 25232—2010	机械	2011-3-1
298	11	粮油机械袋式除尘器	GB/T 25233—2010	机械	2011-3-1
299	12	粮油机械叶轮闭风器	GB/T 25234—2010	机械	2011-3-1
300	13	粮油机械组合清理筛	GB/T 25235—2010	机械	2011-3-1
301	14	粮油机械检验用锤片粉碎机	GB/T 25236—2010	机械	2011-3-1
302	15	粮油机械淀粉洗涤旋流器	GB/T 25237—2010	机械	2011-3-1
303	16	粮油机械重力曲筛	GB/T 25238—2010	机械	2011-3-1
304	17	粮油机械微量喂料器	GB/T 25239—2010	机械	2011-3-1
305	18	粮油机械螺旋脱水机	GB/T 25727—2010	机械	2011-3-1
306	19	粮油机械气压磨粉机	GB/T 25728—2010	机械	2011-3-1
307	20	粮油机械撞击松粉机	GB/T 25729—2010	机械	2011-3-1
308	21	粮油机械清粉机	GB/T 25730—2010	机械	2011-3-1
309	22	粮油机械长管蒸发器	GB/T 25731—2010	机械	2011-3-1
310	23	粮油机械液压榨油机	GB/T 25732—2010	机械	2011-3-1
311	24	粮油机械重力谷糙分离机	GB/T 26590—2011	机械	2011-9-11
312	25	粮油机械糙米精选机	GB/T 26591—2011	机械	2011-9-11
313	26	粮油机械单螺旋榨油机	GB/T 26883—2011	机械	2011-12-1
314	27	粮油机械浸出器	GB/T 26884—2011	机械	2011-12-1
315	28	粮油机械螺旋清仓机	GB/T 26885—2011	机械	2011-12-1
316	29	粮油机械压力曲筛	GB/T 26886—2011	机械	2011-12-1
317	30	粮油机械蒸脱机	GB/T 26887—2011	机械	2011-12-1
318	31	粮油机械磁选器	GB/T 26888—2011	机械	2011-12-1
319	32	粮油机械淀粉气流干燥机	GB/T 26889—2011	机械	2011-12-1
320	33	粮油机械磨辊磨光拉丝机	GB/T 26890—2011	机械	2011-12-1
321	34	粮油机械双螺旋榨油机	GB/T 26891—2011	机械	2011-12-1
322	35	粮油机械玉米破糁脱胚机	GB/T 26892—2011	机械	2011-12-1
323	36	粮油机械圆筒初清筛	GB/T 26893—2011	机械	2011-12-1
324	37	粮油机械振动清理筛	GB/T 26894—2011	机械	2011-12-1
325	38	粮油机械重力分级去石机	GB/T 26895—2011	机械	2011-12-1
326	39	粮油机械砻碾组合米机	GB/T 26896—2011	机械	2011-12-1
327	40	粮油机械铁辊碾米机	GB/T 26897—2011	机械	2011-12-1
328	41	粮油机械螺旋精选机	GB/T 27626—2011	机械	2012-4-1
329	42	粮油机械碟片精选机	GB/T 27627—2011	机械	2012-4-1

续表

序号		标准名称	执行标准代号	分类	实施日期
330	43	粮油机械大米色选机	GB/T 29884—2013	机械	2014-4-11
331	44	粮油机械胶辊砻谷机	GB/T 29898—2013	机械	2014-4-11
332	45	粮油机械高方平筛	GB/T 32137—2015	机械	2016-5-1
333	46	粮油机械平面回转筛	GB/T 32138—2015	机械	2016-5-1
334	47	粮油机械油脂叶片过滤机	GB/T 32949—2016	机械	2017-3-1
335	48	粮油机械磨辊	GB/T 34669—2017	机械	2018-5-1
336	49	粮油机械环形浸出器	GB/T 34785—2017	机械	2018-5-1
337	50	粮油机械齿辊式破碎机	GB/T 34786—2017	机械	2018-5-1
338	51	粮油机械滚筒精选机	GB/T 34787—2017	机械	2018-5-1
339	52	粮油机械大米抛光机	GB/T 34788—2017	机械	2018-5-1
340	53	粮油机械砂辊碾米机	GB/T 35322—2017	机械	2018-7-1
341	54	粮油机械蒸炒锅	GB/T 35323—2017	机械	2018-7-1
342	55	粮油机械凸齿脱胚磨	GB/T 35324—2017	机械	2018-7-1
343	56	粮油机械网带初清筛	GB/T 35325—2017	机械	2018-7-1
344	57	粮油机械检验用粮食容重器	GB/T 35864—2018	机械	2018-9-1
345	58	粮油机械粉质仪	GB/T 35943—2018	机械	2018-9-1
346	59	粮油机械检验用辊式小麦磨粉机	GB/T 35944—2018	机械	2018-9-1
347	60	粮油机械容积式配麦器	GB/T 35992—2018	机械	2018-10-1
348	61	粮油机械面筋测定仪	GB/T 35993—2018	机械	2018-10-1
349	62	粮油机械面团拉伸仪	GB/T 35994—2018	机械	2018-10-1
350	63	粮油机械检验用粮食选筛	GB/T 36091—2018	机械	2018-10-1
351	64	粮油机械产品型号编制方法	GB/T 36139—2018	机械	2018-12-1
352	65	粮油机械低能耗碾米机	GB/T 36864—2018	机械	2019-4-1
353	66	粮油机械螺旋输送机	GB/T 36865—2018	机械	2019-4-1
354	67	粮油机械拖链浸出器	GB/T 36866—2018	机械	2019-4-1
355	68	粮食钢罩棚设计规范	GB/T 36867—2018	机械	2019-4-1
356	69	粮油机械轧坯机	GB/T 37494—2019	机械	2019-12-1
357	70	粮油机械碟式汽提塔	GB/T 37495—2019	机械	2019-12-1
358	71	粮油机械平转浸出器	GB/T 37496—2019	机械	2019-12-1
359	72	粮油机械软化锅	GB/T 37497—2019	机械	2019-12-1
360	73	粮油机械低破碎斗式提升机	GB/T 37513—2019	机械	2019-12-1

续表

序号		标准名称	执行标准代号	分类	实施日期
361	74	粮油机械斗式提升机	GB/T 37519—2019	机械	2019-12-1

六、粮油基础与管理

（一）粮油基础

序号		标准名称	执行标准代号	分类	实施日期
362	1	粮油名词术语制粉工业	GB/T 8872—2011	基础	2011-11-1
363	2	粮油名词术语油脂工业	GB/T 8873—2008	基础	2009-1-20
364	3	粮油通用技术、设备名词术语	GB/T 8874—2008	基础	2009-1-20
365	4	粮油术语碾米工业	GB/T 8875—2008	基础	2009-1-1
366	5	粮油工业用图形符号、代号第1部分：通用部分	GB/T 12529.1—2008	基础	2009-1-20
367	6	粮油工业用图形符号、代号第2部分：碾米工业	GB/T 12529.2—2008	基础	2009-1-1
368	7	粮油工业用图形符号、代号第3部分：制粉工业	GB/T 12529.3—2008	基础	2009-1-20
369	8	粮油工业用图形符号、代号第4部分：油脂工业	GB/T 12529.4—2008	基础	2009-1-20
370	9	粮油工业用图形符号、代号第5部分：仓储工业	GB/T 12529.5—2010	基础	2011-3-1
371	10	粮食销售包装	GB/T 17109—2008	基础	2009-1-20
372	11	食用植物油销售包装	GB/T 17374—2008	基础	2009-1-20
373	12	粮油检验粮食感官检验辅助图谱第1部分：小麦	GB/T 22504.1—2008	基础	2009-1-20
374	13	粮油检验粮食感官检验辅助图谱第2部分：玉米	GB/T 22504.2—2018	基础	2018-12-1
375	14	粮油检验粮食感官检验辅助图谱第3部分：稻谷	GB/T 22504.3—2018	基础	2018-12-1
376	15	粮油检验感官检验环境照明	GB/T 22505—2008	基础	2009-1-20
377	16	粮油名词术语粮食、油料及其加工产品	GB/T 22515—2008	基础	2009-1-20
378	17	粮油名词术语理化特性和质量	GB/T 26631—2011	基础	2011-11-1

（二）粮油管理

序号		标准名称	执行标准代号	分类	实施日期
379	1	谷物和豆类散存粮食温度测定指南	GB/T 22184—2008/ ISO 4112：1990	管理	2008-11-1

注：编制单位：国家粮食和物资储备局标准质量中心。编制时间：2022-6-29。请登录国家标准化管理委员会官方网站查看国家标准文本。

附表 8 中国粮食标准体系

粮食标准体系	内容
中国粮食标准体系包括产品标准、卫生标准、检验方法、生产造作规范、机械设备技术规范等，标准总数达到 400 余项，涵盖粮食及产品，以及粮食收购、加工、运输、销售等环节	根据《中华人民共和国标准化法》的规定：国家标准、行业标准分为强制性标准和推荐性标准。保障人体健康，人身、财产安全的标准和法律、行政法规规定强制执行的标准是强制性标准，其他标准是推荐性标准。《中华人民共和国标准化法》同时规定：强制性标准，必须执行。不符合强制性标准的产品，禁止生产、销售和进口。推荐性标准，国家鼓励企业自愿采用
	强制性国家标准： • 稻谷、小麦、玉米、大豆等主要粮食质量标准 • 大米、小麦粉、食用植物油等粮油产品质量标准 • 粮食卫生标准 • 食品中农药最大残留量限定标准 • 食品中真菌毒素限量标准 • 食品中污染物限量标准 • 饲料卫生标准

粮食相关的标准被划分为四个层次：国家标准、行业标准、地方标准和企业标准。这四个层次的标准在标准化的目标、应用领域及有效范围上有所不同，但具有内在固有的联系。上级标准为下级标准制定提供参考和依据，下级标准则作为对上级标准的补充。国家标准、行业标准和地方标准之间应避免内容的重复制定

附表 9 2023 年粮食进口关税配额申请企业

粮食品种	申请企业
小麦	申请企业总共有 356 家，主要集中在山东 92 家（26%），河南 61 家（17%），广东 23 家（6%），广西 22 家（6%），青岛 21 家（6%），河北 19 家（6%），安徽 18 家（5%），江苏 17 家（5%）
玉米	申请企业总共有 1232 家，其中集中在山东 230 家（19%），广东 157 家（13%），广西 91 家（7%），四川 78 家（6%），湖南 77 家（6%），江西 71 家（6%），江苏 70 家（6%），湖北 69 家（6%），安徽 58 家（5%）
大米	长粒米申请企业总共有 395 家，其中集中在广东 73 家（18%），湖南 42 家（11%），深圳 35 家（9%），福建 30 家（8%），安徽 28 家（7%），湖北 24 家（6%）
	中短粒米申请企业总共有 179 家，广东 33 家（18%），福建 17 家（9%），深圳 16 家（9%），安徽 10 家（6%）

资料来源：国家发展和改革委员会官方网站。

附表 10　　《粮食流通执行执法办法》（2023 年 1 月 1 日施行）

章	内容
第一章	总则
	粮食流通行政执法过程中，可以行使以下职权： （一）进入粮食经营者经营场所，查阅有关资料、凭证； （二）检查粮食数量、质量和储存安全情况； （三）检查粮食仓储设施、设备是否符合有关标准和技术规范； （四）向有关单位和人员调查了解相关情况； （五）查封、扣押非法收购或者不符合国家粮食质量安全标准的粮食，用于违法经营或者被污染的工具、设备以及有关账簿资料； （六）查封违法从事粮食经营活动的场所； （七）法律、法规规定的其他职权
第三章	立案调查
第十三条	粮食经营者存在下列情形之一的，属于第十二条规定的应当立案调查的违法违规行为： （一）粮食收购企业、仓储单位未按照规定备案，或者提供虚假备案信息； （二）粮食收购企业未及时向售粮者支付售粮款，时间三十日以上且涉及金额三千元以上，或者其他粮食收购者未及时向售粮者支付售粮款被举报； （三）粮食收购者违反《粮食流通管理条例》相关规定，代扣、代缴税、费和其他款项； （四）粮食收购者收购粮食，未按照国家有关规定进行质量安全检验，涉及粮食数量较大。 （五）粮食收购者收购粮食，未按照国家有关规定进行质量安全检验，涉及粮食数量较大； （六）粮食收购者收购粮食，对不符合食品安全标准的粮食未作为非食用途单独储存； （七）粮食储存企业未按照规定进行粮食销售出库质量安全检验，涉及粮食数量五吨以上； （八）粮食收购者、粮食储存企业非法销售不得作为食用用途销售的粮食； （九）从事粮食收购、销售、储存、加工的经营者以及饲料、工业用粮企业，未按要求建立粮食经营台账，或者未按规定报送粮食基本数据和有关情况
第五章	行政处罚决定
第一节	简易程序
第三十四条	粮食和储备部门在作出行政处罚决定时，应当遵循公正、公开、过罚相当、处罚与教育相结合的原则，正确行使粮食流通行政处罚裁量权。 省级粮食和储备部门、国家粮食和物资储备局垂直管理局应当参照本办法，结合地区实际制定并公开行政处罚裁量权基准，包括违法行为、法定依据、裁量阶次、适用条件和具体标准等内容

　　注：《粮食流通执行执法办法》已经国家发展和改革委员会第 23 次委员会第 23 次委务会议审议通过，现予公布，自 2023 年 1 月 1 日起施行。

附表 11　　　　　　　　　　　　　　　粮食分类及检测

		分类
用途		口粮
		饲料
		工业用粮
		种子用粮
品种	小麦	春小麦、冬小麦、燕麦、黑小麦、荞麦、大麦
	米类	大米、黄米、籼米、芡实、西米、江米、粳米、糙米、香米、黑米、糯米、薏米
	薯类	甘薯、木薯、紫薯
	谷类	谷子、高粱、糜子
	豆类	黑豆、青豆、绿豆、红豆
定义		麦类、稻谷、粗粮（大麦、玉米、黑麦）、水稻等
其他		青稞、麦片、面条、方便面、粉丝、米粉、馒头、面粉、淀粉等

注：在狭义的定义中，粮食仅指代禾本科植物的种子；在广义的定义中，粮食也包括如马铃薯等植物的食用根部和块茎。主要的营养成分在粮食中为碳水化合物，其中淀粉为主，其次则是蛋白质。

附表 12　　　　　　　　　　　　　　　粮食检测项目

项目	内容
感官指标	色泽、颜色、黏度、比重、气味、滋味、杂质、粒型、饱满度、不完善粒、净含量检测、加工精度、新鲜度检测、出糙率等
理化指标	PH 值、水分、灰分、湿度、酸度检测、过氧化值、密度、灼烧残渣、干燥失重、蒸发残渣、不溶物、淀粉含量、粗纤维检测等
微生物指标	霉菌检测、酵母菌、金黄色葡萄球菌、菌落总数、大肠菌群，其他致病菌，商业无菌检测等
食品安全	农残（有机氯农药、有机磷农药、菊酯类农药、氨基甲酸甲酯农药等）、重金属（铅、汞、铬、镉、砷）、黄曲霉毒素检测、食品添加剂检测、污染物检测
其他检测	成分分析、成分含量检测、营养价值分析、提取物分析、定性定量分析、未知物分析、指标检测等

附表 13　　　　　　　　　　　　　　　粮食检测标准

标准名称	标准号
粮食、油料粗纤维测定	GB/T 5515—1985
粮食、油料中淀粉含量测定	GB/T 5514—2008

续表

标准名称	标准号
粉类粗细度测定	GB/T 5507—1985
粮食、油料检验灰分测定	GB/T 5505—1985
水分测定	GB 5497—1985
杂质、不完善粒检验	GB/T 5494—1985
色泽、气味、口味测定	GB/T 5492—2008
粮食比重测定	GB/T 5518—1985
粮食及制品酸度测定	GB/T 5517—2010
粮食黏度测定	GB/T 5516—1985
粮食卫生标准	GB 2715—2005
粮食、油料及其加工产品	GB 8869—1988
粮食和油料千粒重的测定	GB 5519—1988

附表 14　　　　　　　三大谷物前五大出口国家/地区

（2021 年小麦、玉米和大米出口量）

	国家/地区	出口/万吨
2021 年小麦出口量 出口前五	俄罗斯	3300
	欧盟	3100
	澳大利亚	2700
	美国	2175
	乌克兰	1900
2021 年玉米出口量 出口前五	美国	6350
	阿根廷	4250
	巴西	3400
	乌克兰	2300
	欧盟	520
2021 年大米出口量 出口前五	印度	2100
	泰国	700
	越南	650
	巴基斯坦	435
	美国	270

资料来源：美国农业部、中国海关总署

附表 15　　　　　　　三大谷物前五大进口国家/地区

	国家/地区	进口/万吨
2021 年小麦进口量 进口前五	埃及	1200
	印度尼西亚	1100
	中国	977
	土耳其	930
	阿尔及利亚	780
2021 年玉米进口量 进口前五	中国	2835
	墨西哥	1750
	欧盟	1600
	日本	1540
	韩国	1170
2021 年大米进口量 进口前五	中国	496
	菲律宾	300
	尼日利亚	220
	欧盟	210
	科特迪瓦共和国	145

资料来源：美国农业部、中国海关总署。

附表 16　　　　　"一带一路"共建国家参加 ISO 会员国情况

国家	会员资格	参与技术委员会数	参与政策发展委员会数
阿富汗	正式成员	5	1
阿尔巴尼亚	通信成员	5	4
亚美尼亚	正式成员	58	3
巴林	正式成员	29	2
孟加拉国	正式成员	24	2
白俄罗斯	正式成员	173	4
不丹	通信成员	19	2
波斯尼亚和黑塞哥维那	正式成员	98	4
文莱	通信成员	5	4
保加利亚	正式成员	344	4
柬埔寨	通信成员	12	1
中国	正式成员	732	5
克罗地亚	正式成员	192	3

续表

国家	会员资格	参与技术委员会数	参与政策发展委员会数
捷克	正式成员	690	4
埃及	正式成员	322	4
爱沙尼亚	正式成员	108	2
格鲁吉亚	通信成员	7	2
匈牙利	正式成员	508	4
印度	正式成员	661	4
印度尼西亚	正式成员	261	4
伊朗	正式成员	642	4
伊拉克	正式成员	41	4
以色列	正式成员	256	4
约旦	正式成员	56	3
哈萨克斯坦	正式成员	119	4
科威特	正式成员	16	2
吉尔吉斯斯坦	通信成员	3	1
老挝	通信成员	5	0
拉脱维亚	正式成员	20	4
黎巴嫩	正式成员	33	3
立陶宛	正式成员	57	4
马来西亚	正式成员	287	5
摩尔多瓦	通信成员	47	4
蒙古国	正式成员	248	4
黑山	通信成员	67	2
缅甸	通信成员	9	3
尼泊尔	正式成员	10	3
北马其顿	正式成员	15	2
阿曼	正式成员	25	3
巴基斯坦	正式成员	196	3
巴勒斯坦	通信成员	15	3
菲律宾	正式成员	161	3
波兰	正式成员	634	4
卡塔尔	正式成员	38	3
罗马尼亚	正式成员	688	4
俄罗斯	正式成员	670	5
沙特阿拉伯	正式成员	228	4
新加坡	正式成员	173	3
斯洛伐克	正式成员	473	3

续表

国家	会员资格	参与技术委员会数	参与政策发展委员会数
斯洛文尼亚	正式成员	110	4
斯里兰卡	正式成员	202	3
塔吉克斯坦	通信成员	9	1
泰国	正式成员	315	4
土耳其	正式成员	384	4
土库曼斯坦	通信成员	5	2
乌克兰	正式成员	367	4
阿拉伯联合酋长国	正式成员	48	3
乌兹别克斯坦	正式成员	23	4
越南	正式成员	89	4

资料来源：国际标准化组织官方网站，作者整理。

附表 17　　　　　　　　　中国对进口粮食的管理

部分	内容	详细规定
第一部分：入境前的要求	1. 贸易前的产品准入制度	海关总署对不同来源国/地区的进口粮食实施检疫准入管理。查阅拟进境粮食种类及来源国/地区是否获得中国准入。 条款引用：根据《进出境粮食检验检疫监督管理办法》第八条规定，首次从输出国家或者地区进口某种粮食，应当由输出国家或者地区官方主管机构向海关总署提出书面申请，并提供该种粮食种植及储运过程中发生有害生物的种类、危害程度及防控情况和质量安全控制体系等技术资料。特殊情况下，可以由进口企业申请并提供技术资料。海关总署可以组织开展进境粮食风险分析、实地考察及对外协商
	2. 境外企业注册登记制度	海关总署对不同来源国/地区的进口粮食实施检疫准入管理。海关总署对进境粮食境外生产、加工、存放企业（以下统称"境外生产加工企业"）实施注册登记制度。 条款引用：根据《进出境粮食检验检疫监督管理办法》第六条规定，境外生产加工企业应当符合输出国家或者地区法律法规和标准的相关要求，并达到中国有关法律法规和强制性标准的要求。实施注册登记管理的进境粮食境外生产加工企业，经输出国家或者地区主管部门审查合格后向海关总署推荐。海关总署受到推荐材料后进行审查确认，符合要求的国家或者地区的境外生产加工企业，予以注册登记。 如何查询在中国注册登记的境外生产加工企业名单：可在海关总署门户网站→动植物检疫司→企业信息→允许进口粮食境外注册登记企业名单栏目查阅

续表

部分	内容	详细规定
第一部分：入境前的要求	3. 境外考察制度条款引用	根据《进出境粮食检验检疫制度监督管理办法》第一节额外条款，根据情况需要，海关总署组织专家赴境外实施体系性考察，开展疫情调查、生产、加工、存放企业检查及预检监装等工作
	4. 检疫审批制度	海关对进口粮食实施检疫许可制度。 根据《进境动植物检疫审批管理办法》申请办理检疫审批手续，取得《检疫许可证》，并将国家粮食质量安全要求、植物检疫要求及《检疫许可证》中规定的相关要求列入贸易合同。 条款引用：根据《进出境粮食检验检疫监督管理办法》规定，办理《检疫许可证》时，申请单位须明确进境粮食信息、运输信息、境内生产加工存放单位信息、境外生产加工单位信息、随附书面信息、进境防疫措施材料、上一次《检疫许可证》等材料，进境粮食加工地与进境口岸所属不同辖区时，还须提供加工厂所在地海关出具《进口粮食检疫初审联系单》。 《检疫许可证》申请流程。 可以通过"互联网+海关"平台申请《检疫许可证》，在行政审批模块选择"进境（过境）植物及其产品检疫审批"项目，填写提交资料。 特别注意：一是企业应当在贸易合同签订前获得《检疫许可证》。二是未取得《检疫许可证》的粮食，不得进境。 原有检疫申请流程，企业向所在地直属海关报审后，须经直属海关初审，合格后由直属海关将所有材料上报海关总署审核。 2021年10月之后，总署将840种进境动植物及其产品的检疫审批终审权限授权给具备条件的直属海关。 注：授权开展进境粮食等植物产品检疫审批的直属海关和产品类别名单以及植物产品检疫审批产品目录详见海关总署2022年第22号公告 条款引用： 根据海关总署公告2022年第22号《关于授权直属海关开展进境粮食等植物产品检疫审批事宜的公告》，为深入落实"放管服"改革要求，进一步优化口岸营商环境、促进外贸稳增长，依据《中华人民共和国行政许可法》《中华人民共和国进出境动植物检疫法》以及实施条例、《进境动植物检疫审批管理办法》等有关法律法规规定，海关总署决定将进境粮食等植物产品的检疫审批终审权限，授权给具备条件和资质的直属海关，被授权的直属海关具有本关区辖区相关授权产品进境动植物检疫审批终审权限。授权直属海关开展进境检疫审批的进境粮食等植物产品，应为已获得中国检疫准入允许开展贸易的产品。进口企业申请办理相关进境植物产品检疫审批的方式不变

续表

部分	内容	详细规定
第二部分：入境时的要求	1. 制定监管场地制度	制定监管场地条件及管理规范由海关总署制定。 条款引用。根据《进出境粮食检验检疫监督管理办法》第九条规定，进境粮食应当从海关总署指定的口岸入境。口岸条件及管理规范由海关总署制定。 如何查询进境粮食指定监管场地：指定监管场地名单可在海关总署门户网站—专题专栏—业务专栏—指定监管场地名单栏目查询。 特别提示：并非所有的口岸都能进口粮食
	2. 口岸查验制度和实验室检疫制度	进口粮食可能会被抽中实施现场查验。 海关按照相关工作程序及标准，对现场查验抽取的样品及发现的可疑物进行实验室检测鉴定，并出具检验检疫结果单
		现场查验包括： （一）货证核查。核对证单与货物的名称、数（重）粮、出口储存加工企业名称及其注册登记号等信息。船舶散装的，应当核查上一航次装载货物及清仓检验情况，评估对装载粮食的质量安全风险；集装箱装载的，应当核查集装箱箱号、封识等信息。 （二）现场查验。重点检查粮食是否水湿、发霉、变质，是否携带昆虫及杂草籽等有害生物，是否有混杂粮谷、植物病残体、土壤、熏蒸剂残渣、种衣剂污染、动物尸体、动物排泄物及其他禁止进境物等。 （三）抽取样品。根据有关规定和标准抽取样品送实验室检测。 （四）其他现场查验活动
	3. 检疫处理制度	进境粮食有下列情形之一的，应当在海关监督下，在口岸锚地、港口或者制定的检疫监管场所实施熏蒸、消毒或者其他除害处理： （一）发现检疫性有害生物或者其他具有检疫风险的活体有害昆虫，且可能造成扩散的； （二）发现种衣剂、熏蒸剂污染、有害杂草籽超标等安全卫生问题，且有有效技术处理措施的； （三）其他原因造成粮食质量安全受到危害的。 特别注意： 进境粮食有如下情形之一的，作退运或者销毁处理： 1. 未列入海关总署进境准入名单，或者无法提供输出粮食国家或者地区主管部门出具的《植物检疫证书》等单证的，或者无《检疫许可证》等； 2. 有毒有害物质以及其他安全卫生项目检测结果不符合国家技术规范的强制性要求，且无法改变用途或者无有效处理方法的； 3. 检出转基因成分，无《农业转基因生物安全证书》，或者与证书不符的； 4. 发现土壤、建议性有害生物以及其他禁止进境物且无有效建议处理方法的； 5. 因水湿、发霉等造成腐败变质或者受到化学、放射性等污染，无法改变用途或者无有效处理方法的； 6. 其他原因造成粮食质量安全受到严重危害的

附表 18　　　　　　　　　　　国际农产品认证的主要阶段

阶段	内容
种子认证初期阶段	农产品的早期认证形式起源于种子认证。在 19 世纪末 20 世纪初，美国推出一系列由政府机关授权的程序，用以对农户和种子制造者使用的种子来源及其制种过程进行质量监督，确保其满足既定的标准规范。种子认证机制在推动国际种子交易中发挥关键作用，为不同国家、地区以及种子生产和经营企业提供了统一的评估标准，大幅度助推了种子的国际贸易活动
农产品质量和安全阶段	自 20 世纪开始，人们对农产品质量安全的关注点从产品的质量规格转向了化学物质对农产品污染及其对消费者健康的潜在风险。在这一时期，对农产品的质量安全进行有效评估和确认成为紧迫任务，推动农产品认证方式经历一系列创新和进步。1967 年，英国土壤协会率先制定了全球首个有机农业标准。此后，1973 年，美国加州有机农民协会也发布了自己的有机食品标准，宣传有机农业和有机农产品的生产理念。随后，一系列国际性和区域性的有机农业组织相继成立，其中 1972 年成立的有机农业运动国际联盟发挥了关键作用，开始在国际范围内制定有机农业基本标准。至 1980 年，有机农业运动国际联盟发布了有机农业全球基本标准，为众多组织和机构制定有机农业及有机农产品的相关规定提供了关键参考。除有机认证外，这一时期还出现了如日本的 JAS 认证等关键农产品品质规格的认证体系。这种认证在市场上为产品带来显著的竞争力。从 20 世纪 80 年代开始，如欧洲、美国、日本和澳大利亚等国家和地区都启动了各自的农产品认证项目，例如法国的优质农产品标识（红色标签）和生态农业产品标志（AB 标志），以及 1999 年英国推出的"小红拖拉机"标志等，都展现了农产品认证在这一时期的日益发展和成就
全链条控制阶段	进入 21 世纪以来，社会对农产品质量安全的焦点，由仅限于关注最终产品的质量逐渐转变为强调种植和养殖过程也必须遵循安全、环境友好和可持续的准则。这导致了从农场到餐桌全链条控制的农产品质量安全理念的确立。在这一背景下，诸如食品安全管理体系（ISO 22000）认证、BRC 全球食品安全认证、良好农业规范（Global GAP）认证、食品安全质量 SQF（Safe Quality Food）认证和 IFS 国际食品标准认证等体系得到了广泛推广和应用。此外，还涌现出一系列关注特定领域的专业认证，例如 BSCI 社会责任认证（Business Social Compliance Initiative）、IP 非转基因身份保持认证和 MSC 渔业监管链认证（Marine Stewardship Council Chain of Custody Certification）等。在中国，也出现了绿色食品认证、无公害认证和绿色市场认证体系等。这些建立的标准体系全面覆盖了农产品的全生命周期，从农业生产、食品处理到运输和销售等各个阶段。随着这些标准在国际和国内贸易中的广泛应用，农产品认证的重要性和必要性逐步加强。经过多年演进和优化，这些标准体系也逐渐趋于完善。例如，至 2012 年，Global GAP 标准已经升级至第 4 版，而 BRC 和 IFS 已经更新至第 6 版。与此同时，相关的认证管理制度也变得更加成熟和规范化

附表 19　　　　　　　　　　美国小麦分类标准

小麦分类	美国小麦根据其粒色、粒质、地域分为七大类
硬质红色春小麦（HRS）：蛋白质高达 12%—15%	①深色北部硬红春麦（DNS）：含有 75% 或以上的深色、硬质的玻璃质颗粒的硬质红色春小麦
	②北部硬红春麦（NSW）：含有 25% 或以上，但不少于 75% 的深色、硬质的玻璃质颗粒的硬质红色春小麦
	③硬红春麦（RSW）：含有小于 25% 的深色、硬质的玻璃质颗粒的硬质红色春小麦
杜伦小麦（DW）：是一种硬度最高的小麦，蛋白质含量 8%—11%	①硬质琥珀色杜伦小麦（HAD）：含有 75% 或以上的琥珀色硬质和玻璃质颗粒的杜伦小麦
	②琥珀色杜伦小麦（Amber Durum Wheat）：含有 60% 或以上，但少于的琥珀色硬质和玻璃质颗粒的杜伦小麦
	③杜伦小麦（Durum Wheat）：含有小于 60% 的琥珀色硬质和玻璃质颗粒的杜伦小麦
硬质红色冬小麦（HRW）：蛋白质含量 9.5%—13.5%	
软质红色春小麦（SRW）：蛋白质含量 9%—10%	
白色小麦	①硬质白色春小麦（HWW）：含有 75% 或以上的硬质颗粒的白色小麦，可以含有不超过 10% 的白色密穗小麦，其蛋白质含量在 10.5%—12%
	②软质白色小麦（SW）：含有少于 75% 的硬质颗粒的白色小麦，可以含有不超过 10% 的白色密穗小麦，蛋白质 8%—10%
	③白色密穗小麦（WCW）：含有不超过 10% 的其他白色小麦的白色密穗小麦
	④西部白色小麦（WW）：含有 10% 以上的白色密穗小麦及 10% 以上的其他白色小麦。
不列级别小麦（Unclassed Wheat）：不能应用小麦标准中的规格进行划分的	
混合小麦（Mixed Wheat）：由 90% 以下的一种小麦和 10% 以上的另一种小麦所组成，或由符合小麦定义的数种小麦混合而成	

资料来源：中国面粉信息网官网。

附表 20　　　　　　　　　　　　　　**美国小麦等级标准**

等级		1	2	3	4	5
容重 （磅/蒲式耳）	硬度春麦、白色密穗小麦	58.0	57.0	55.0	53.0	50.0
	所有其他小麦	60.0	58.0	56.0	54.0	51.0
大限度（%）	热伤粒	0.2	0.2	0.5	1.0	3.0
	热伤粒（总计）	2.0	4.0	7.0	10.0	15.0
	杂质	0.5	1.0	2.0	3.0	5.0
	皱缩粒和碎粒	3.0	5.0	8.0	12.0	20.0

注：1 磅/蒲式耳 = 12.872g/L。

资料来源：中国面粉信息网官网。

本书主要缩略语

英文缩写	外文全称	中文释义
AACC	American Association of Cereal Chemists	美国谷物化学家协会
AOCS	American Oil Chemists' Society	美国油脂化学家协会
ASEAN	Association of Southeast Asian Nations	东南亚国家联盟
BRI	Belt and Road Initiative	"一带一路"倡议
CAC	Codex Alimentarius Commission	国际食品法典委员会
CCAFRICA	Codex Coordinating Committee for Africa	非洲食品标准化委员会
CCEURO	Codex Coordinating Committee for Europe	欧洲食品标准化委员会
CCFO	Codex Committee on Fats and Oils	食用油标准化委员会
CCPFV	Codex Committee on Processed Fruits and Vegetables	水果蔬菜规程标准化委员会
EFTA	European Free Trade Association	欧洲自由贸易联盟
EU	European Union	欧盟
FAO	Food and Agriculture Organization	联合国粮食及农业组织
FDA	Food and Drug Administration	美国食品药品管理局
FGIS	Federal Grain Inspection Service	联邦粮谷检验署
FOSFA	Federation of Oil Seed and Fats Association	含油种子和脂肪协会联盟
GCC	Global Commodity Chains	全球商品链
Global GAP	Global Good Agricultural Practice	全球良好农业操作认证
GMM	Generalized Method of Moments	广义矩估计
HS	Harmonized System	商品名称和编码协调体系
ICS	International Classification for Standards	国际标准分类
IFS	International Featured Standard	国际特色标准
IOC	International Olive Council	国际橄榄理事会
ISO	International Organization for Standardization	国际标准化组织
ISPM	International Plant Protection Convention	植物检疫措施国际标准

续表

英文缩写	外文全称	中文释义
ITPGRFA	International Treaty on Plant Genetic Resources for Food and Agriculture	粮食和农业植物遗传资源国际条约
IUMS	International Union of Microbiological Societies	国际微生物学会联合会
IUPAC	International Union of Pure and Applied Chemistry	国际纯粹与应用化学联合会
IUPAC	International Union of Pure and Applied Chemistry	国际理论和应用化学联合会
MAPA	Ministério da Agricultura, Pecuária e Abastecimento	巴西农业、畜牧和供应部
MFA	Ministry of Foreign Affairs of the People's Republic of China	中国外交部
MRLs	Maximum Residue Limits	最大残留限量
NGO	Non-Governmental Organizations	非政府组织
PGS	Participatory Guarantee Systems	参与式保障体系
PPML	Poisson Pseudo-Maximum Likelihood	泊松伪最大似然估计
PSM	Propensity Score Matching	差异倾向得分匹配
RASFF	Rapid Alert System for Food and Feed	食品和饲料快速警报系统
SC	Significant Characteristics	特殊特性
SMSs	Safe Minimum Standards	安全最低标准
SPS	Sanitary and Phytosanitary Measures	卫生与植物卫生措施
TBT	Technical Barriers to Trade	技术性贸易壁垒
TC	Technical Committee	技术委员会
TPC	Third Party Certificate	第三方认证
TPP	Trans-Pacific Partnership	跨太平洋伙伴关系协议
TRAINS	Trade Analysis Information System	技术性条款与贸易分析信息系统
TSR	Tripartite Standards Regime	三元标准治理体系
UNCTAD	United Nations Conference on Trade and Development	联合国贸易和发展会议
USDA	United States Department of Agricultural	美国农业部
WFP	World Food Programme	世界粮食计划署
WHO	World Health Organization	世界卫生组织
WTO	World Trade Organization	世界贸易组织